智·慧·商·业
创新型人才培养系列教材

U0734304

数字营销基础与实务

微课版

韩红梅 王佳／主编

黄增健 杨大蓉 李忠美／副主编

人民邮电出版社

北 京

图书在版编目（CIP）数据

数字营销基础与实务：微课版／韩红梅，王佳主编
. -- 北京：人民邮电出版社，2023.4
智慧商业创新型人才培养系列教材
ISBN 978-7-115-61257-1

Ⅰ．①数… Ⅱ．①韩… ②王… Ⅲ．①网络营销—高
等职业教育—教材 Ⅳ．①F713.365.2

中国国家版本馆CIP数据核字（2023）第036408号

内 容 提 要

　　作为数字经济时代新营销的重要形式，数字营销已经成为“互联网+”变革的重要方向和企业竞
争的热点，是当前企业追求高增长的必然选择。本书紧跟时代发展的潮流，采用项目任务式的教学方
式，深度诠释了数字营销的常见渠道和策略。本书共分为7个项目，分别为数字营销概述、App营销、
小程序营销、新媒体营销、社交营销、搜索引擎营销和推荐引擎营销，引领读者全面了解数字营销，
并提升数字营销的能力。

　　本书可以作为高等职业院校市场营销、国际贸易、工商管理等相关专业数字营销课程的教材，也
可以作为从事市场营销、市场运营与管理相关工作人员的参考书。

　◆ 主　　编　韩红梅　王　佳
　　　副 主 编　黄增健　杨大蓉　李忠美
　　　责任编辑　白　雨
　　　责任印制　王　郁　彭志环
　◆ 人民邮电出版社出版发行　　北京市丰台区成寿寺路 11 号
　　　邮编　100164　电子邮件　315@ptpress.com.cn
　　　网址　https://www.ptpress.com.cn
　　　三河市兴达印务有限公司印刷
　◆ 开本：787×1092　1/16
　　　印张：13.5　　　　　　　　　　2023 年 4 月第 1 版
　　　字数：365 千字　　　　　　　2024 年 12 月河北第 5 次印刷

定价：56.00 元

读者服务热线：(010)81055256　印装质量热线：(010)81055316
反盗版热线：(010)81055315
广告经营许可证：京东市监广登字 20170147 号

前言
FOREWORD

党的二十大报告提出："加快发展数字经济，促进数字经济和实体经济深度融合，打造具有国际竞争力的数字产业集群。"在这样的时代背景下，数字经济已经成为我国经济发展的一种核心驱动力，有力地推动了围绕数字化、产业化的变革升级。数字技术与实体经济深度融合，赋能传统产业转型升级，不断降低媒体通道的技术成本和经济成本，以互联网、移动互联网和户外电子媒体为代表的新兴数字媒体平台发展迅速，利用这些平台开展数字营销成为企业市场营销发展的新趋势和必然选择。

数字营销是利用网络技术、数字技术和移动通信技术等手段，借助各种数字媒体平台，针对明确的目标用户，为推广产品或服务、实现营销目标而开展的精准化、个性化、定制化的实践活动，是企业在数字时代与用户建立联系的一种独特的营销方式，具有高度互动性、目标精准性、平台多样性和服务个性化与定制化等特征。

在数字营销时代，广告主在传统媒体时代简单的广告营销逐渐被注重官方网站、"两微一端"和搭建营销平台的"自营销"取代，而传统媒体也已经开展以内容运营、用户运营和活动运营为主的数字媒体运营。

移动互联网的普及改变了人们的生活方式，导致人们的媒介使用习惯和消费行为都发生了重大改变，数据资源成为企业争夺的重要生产要素，也成为数字营销的核心竞争力。

数字营销的本质就是借助数据与算法，依靠实时数据跟踪，使营销方式由粗放向精准发展，使渠道由单一向多元发展，使企业由经验决策转变为智能决策，帮助企业实现营销的精准化、智能化和营销效果的可量化，构建消费者全渠道触达、精准互动和交易的数字化营销平台。

数字营销时代已然来临，技术引领、规则重构、市场变革是不争的事实。为了让广大读者全面了解数字营销，掌握数字营销的方法和技巧，提升数字营销实战能力，我们策划并编写了本书。

本书主要具有以下特色。

- **体系完善，知识新颖。** 本书紧跟时代发展的潮流，对数字营销的常见渠道和策略进行了深度诠释，内容新颖，注重实用，并充分考虑课程要求与教学特点，以必需和实用为准则，在简要而准确地介绍概念和理论的基础上，重点传授行之有效的数字化营销方法，着重培养读者的数字营销能力，解决数字营销中的痛点和难点。

- **案例丰富，融会贯通。** 本书通过诸多案例，深入解析数字营销策略，读者可以从案例中汲取成功经验，掌握数字营销的精髓。另外，每个项目都设有"案例链接"模块，以帮助读者理解、掌握和运用其中的数字营销方法，从而达到融会贯通的学习效果。

- **开拓思维，注重实训。** 本书将重点放在思维的开拓和实操技能的培养上。无论是刚接触数字营销行业的新手，还是在数字营销行业工作多年的人，都能从本书中学到有价值的实战经验和技巧，并应用到工作实践中。同时，本书非常注重实操训练，每个项目最后均设有实训模块，让读者在学中练、在练中学。

- **资源丰富，拿来即用。**本书提供了丰富的立体化教学资源，其中包括 PPT 课件、教学大纲、教案、课程标准等，用书老师可以登录人邮教育社区（www.ryjiaoyu.com）下载获取资源。同时，本书配套微课视频，读者扫描下方二维码，登录人邮学院（www.rymooc.com）即可免费观看视频。

扫一扫

人邮学院

本书由苏州经贸职业技术学院韩红梅、王佳担任主编，由苏州经贸职业技术学院黄增健、杨大蓉、李忠美担任副主编，参与本书编写工作的还有刘曼璐、司慧娟。尽管编者在编写过程中力求准确、完善，但书中难免有疏漏之处，恳请广大读者批评指正。

编　者

2023 年 1 月

目录
CONTENTS

项目一

数字营销概述

知识目标

➢ 了解数字营销的概念、构成要素和数字营销模型。
➢ 了解数字营销的主要渠道和策划数字营销渠道的策略。
➢ 了解客户画像的定义、标签体系和客户消费行为分析的原则与意义。
➢ 了解客户生命周期的阶段和裂变营销。
➢ 了解数字营销岗位的类型、工作内容和能力要求。

技能目标

➢ 能够进行数字营销渠道的策划。
➢ 能够构建客户画像。
➢ 能够实施客户价值分析。
➢ 能够做好客户留存和客户活跃。
➢ 能够实施客户生命周期营销。

素养目标

➢ 树立合规意识，合理合法地进行数字营销。
➢ 提升数据分析能力和市场洞察力，提高专业素养。
➢ 培养锐意进取精神，不断提升专业能力和加深对工作的理解。

知识导图

扫一扫

引导案例

扫一扫

任务一　初识数字营销

随着数字技术的不断发展，媒介组织形式也在不断更新迭代，于是出现了各种形态的数字媒体。在这一背景下，营销呈现出从传统媒体走向数字媒体、由线下转向线上的总体趋势，并形成了以精准化、个性化、定制化为特征的数字营销方式。

（一）数字营销的概念

数字营销又称在线营销，是指利用网络技术、数字技术和移动通信技术等技术手段，借助各种数字媒体平台，针对明确的目标用户，为推广产品或服务、实现营销目标而开展的精准化、个性化、定制化的实践活动。它是数字时代与用户建立联系的一种独特的营销方式。

数字技术的升级推动数字经济的发展与营销方式的变革，数字营销逐渐成为数字经济时代最重要的营销手段之一。

实施数字营销主要有 3 个途径：一是通过传统大众媒体（如数字电视）进行营销，二是利用采用数字技术的互联网媒体进行营销，三是利用基于移动通信网络的手机、移动车载电视等进行营销。目前，企业实施数字营销主要采用第二种途径和第三种途径，网络媒体成为数字营销的主战场。

数字营销主要具有以下 4 个特征。

1. 用户参与性与互动性强

在数字营销时代，如何与用户积极互动，使用户更直接地参与品牌价值构建，成为品牌营销的重心。同时，数字营销时代也产生了两个方向性的变化：一是消费趋势发生变化，由功能导向型转变为参与体验式导向型；二是营销趋势发生变化，由信息告知式转变为参与互动式。

互动性是数字营销的本质特征，在数字技术的发展下，大部分数字媒体具有互动功能，可以为用户提供双向或多向的信息传播渠道，进而使用户完成从信息收集、参与互动到购买及反馈的一系列行为。

数字媒体具有开放性和互动性的特征，这会使用户在营销传播过程中产生一定的卷入度，并对用户心理和行为产生重要的影响。高卷入度用户会对品牌产生较强的情绪反应和参与感，并在思维和行动层面对品牌形成认知，甚至在病毒式传播过程中让品牌形成口碑效应。

对于企业来说，企业通过与用户的积极互动，可以实现良好的传播效果，原因有以下 3 个。

首先，互动是企业洞察用户的有效途径，用户在数字媒体上参与互动会留下可供企业进行分析的数据，企业可以根据这些数据构建用户画像，准确捕捉用户的真实意图和需求。

其次，互动可让企业探究用户行为之上的心理效果。以前用户单纯通过媒介和渠道来了解品牌信息，在形成品牌认知后再做出购买行为，数字营销则可以通过互动传播使用户在认知基础上对产品或品牌形成动态元认知并主动思考和质疑，而品牌要站在用户的角度，重新审视和构建广告营销效果。

最后，互动可转化为数字营销的即时销售效果。在数字营销中，传播与营销实现一体化，减少了用户消费行为中的不确定因素，用户在产生购买意识后，可以随时与品牌建立联系，并在此基础上进行对比分析，促使购买意识及时转化为购买行为。

2. 利于实施精准营销

在数字营销背景下，企业的营销模式已经从传统的注重渠道曝光转变为以用户需求为核心，通过多维数据驱动形成精准营销。于是，通过精准定位用户，实现资源的精确投放，避免浪费，实现传播效果最大化，逐渐成为企业的营销目标。

用户画像是企业实现精准营销的基础，数字平台可通过用户画像向用户推荐适合的场景、渠道、产品等，从而完成精准投放。数字技术为收集和分析用户信息提供了良好的条件，企业可以根据用户的一些基础属性、兴趣、产品使用时间、媒介接触规律、消费习惯，以及对用户短期和长期行为进行对比分析，实现品牌传播需求和用户实际需求的结合，从而告别粗放式传播，实现精准营销。

3．平台多样化

在数字时代，数字营销的渠道和平台逐渐多样化，包括传统的网站、微博、微信、直播平台和短视频平台等。在媒介融合的生态环境下，数字化信息的承载和表达方式呈现出多样化的特征。在"人人都是自媒体"的时代，信息传播者和信息接收者之间的身份界限也变得模糊。

在这一背景下，数字营销在丰富企业营销触角的同时，也给企业带来了很多新问题，例如多入口、多平台的管理与整合问题，以及在各种传播渠道沉淀下来的数据的分析和利用问题等。因此，企业要在营销传播的过程中关注每一类营销传播主体和接触点，积极构建全方位的营销传播平台，打造品牌独有的信息传播生态系统。

4．服务的个性化和定制化

企业固然要不断地创新产品，但如果只有产品本身的创新，是无法支撑品牌全面发展的。企业需要实现从生产模式到终端平台的全方位营销传播创新，才能驱动品牌长久发展。而这一切的前提是实现服务的个性化和定制化。服务的个性化和定制化是在对用户数据进行分析的基础上，从策略层面精准定位用户，制定适合用户的传播方式，以反馈于品牌本身。

（二）数字营销的构成要素

数字营销的构成要素主要是人、场、品、单。

1．人

数字营销中的"人"既包括用户，又包括企业的营销代表、客服经理等人员。不同的人有不同的诉求，关注的信息内容也不同。良好的体验始于对人的个性化理解，这就需要借助用户画像来达成。营销领域的用户画像对于品牌建设来说是非常重要的。

2．场

数字营销中的"场"是企业与用户进行互动的交互场景和企业营销活动的展现形式。交互场景有很多种形式，如网站、小程序、App 等，每一种交互场景都是一个营销渠道。

不同的交互场景具有不同的特点，企业要以用户为中心，想用户之所想，为用户提供各种必要的场景，实行全渠道营销。从营销人员的角度看，全渠道营销更利于实现高效率的数字化营销。在广告活动中，使用 3 个渠道以上的多渠道营销，所产生的用户购买和参与率比单渠道营销高很多。

3．品

数字营销中的"品"即营销内容，包括有形的产品、无形的服务、品牌和用户之间的互动、用户之间的社交互动、相关的资讯等。

4．单

数字营销中的"单"是指企业与用户之间的交流互动记录与结果，如意向单、销售线索、订单、服务请求、用户评价等，这是营销活动中商业价值的流转、转化和体现。对于企业来说，营销活动的目标是使用户满意、业务增长，这就需要通过各种"单"来实现。

（三）数字营销模型

数字营销常用的模型有以下 4 个。

1. AIPL 模型

AIPL 模型包含 4 个要素，分别是认知（awareness）、兴趣（interest）、购买（purchase）和忠诚（loyalty），如表 1-1 所示。

表 1-1　AIPL 模型

模型要素	行为体现
认知	曝光、点击、浏览
兴趣	关注、互动、搜索、收藏、加入购物车
购买	支付下单
忠诚	正向评论、分享、转发、重复购买

从竖向来看，该模型就是一个常见的漏斗模型，每一步都有一定的成交转化率，成交转化率越高越好。该模型为企业提供了把用户资产链路化的分析思路。当某个品牌看到其他品牌的用户兴趣—购买的转化率比自己高很多时，就要分析自身哪里存在问题，是定价不合适还是促销方式不当，然后尽快做出调整。

2. FAST 模型

FAST 模型是基于 AIPL 模型而构建的，其要素分别是可运营人群（fertility）、人群转化率（advancing）、高价值人群总量（superiority）和高价值人群活跃率（thriving）。这 4 个要素又可归类为两类指标，即数量指标（可运营人群和高价值人群总量）和质量指标（人群转化率和高价值人群活跃率）。

可运营人群是指全网消费人群的总量，人群转化率是指 AIPL 人群转化率。

高价值人群总量指的是会员总量，会员和粉丝对于品牌而言价值巨大，他们可以为品牌大促提供惊人的爆发力，企业可以通过线上线下联动或者借助平台的新零售场景来扩大品牌的会员量级，为后续的会员运营打下基础。

高价值人群活跃率是指会员活跃率。企业可以借助大促来提高会员的活跃度，激活会员的潜在价值，为完成品牌的销量目标提供助力；还可以对会员进行分级、分层运营，优化激活效率，将公域流量和私域流量相结合，赋能会员运营。

3. 5A 模型

5A 模型以"现代营销之父"菲利普·科特勒的"5A 客户行动路径"为理论基础，其构成要素分别是了解（aware）、吸引（appeal）、问询（ask）、行动（act）和拥护（advocate），对应了内容能见度、内容吸引度、内容引流力、内容获客力、内容转粉力等 5 个维度的数据指标，如图 1-1 所示。5A 模型与 AIPL 模型非常类似，只是将"兴趣"分为"吸引"和"问询"两部分。该模型可以帮助品牌全链路、分场景追踪营销效果，从而进行有针对性的提升和优化。

4. GROW 模型

GROW 模型主要适用于快消品类。快消品类是指极易被用户接受，在实现购买后，用户能够在短期内消费完毕并可能重复购买的日常生活用品，包括母婴用品、食品、个护、家用清洁品等。

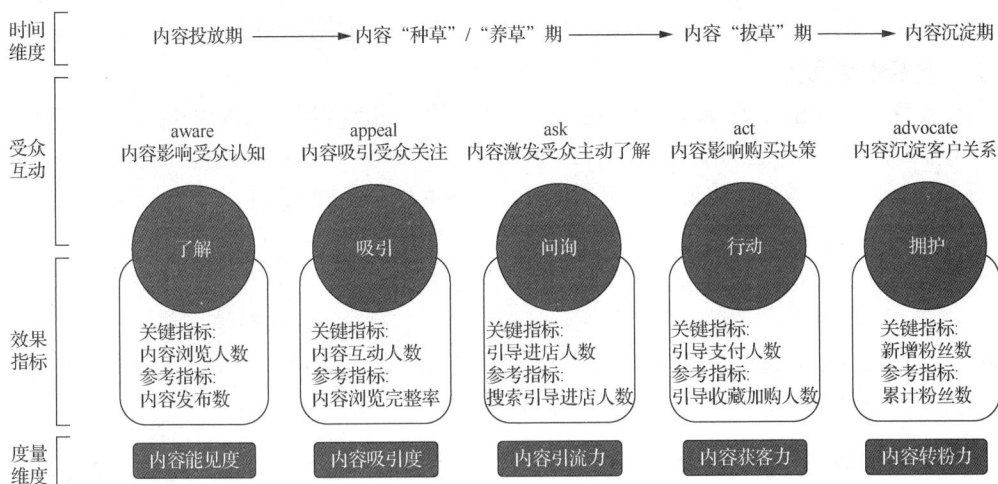

图 1-1　5A 模型

GROW 模型的要素分别是渗透力（gain）、复购力（retain）、价格力（boost）和延展力（widen），如表 1-2 所示。

表 1-2　GROW 模型

模型要素	说明
渗透力	用户购买更多品类或产品对品牌总增长机会的贡献
复购力	用户更频繁、重复购买同一件产品对品牌总增长机会的贡献
价格力	用户购买价格升级产品对品牌总增长机会的贡献
延展力	用户购买其他关联品类产品对品牌总增长机会的贡献

GROW 模型可以帮助企业解决品类增长模式方向不清、缺乏品类增长抓手、品类增长效率低等问题。

任务二　规划数字营销渠道

在激烈的市场竞争中，企业要为自己的品牌制造声誉，提高声量，就需要借助营销渠道，而在数字化转型阶段，数字营销渠道尤为关键。在实行数字营销之前，企业的营销人员要规划好数字营销渠道，这样才能提高营销效率和销售转化率。

（一）数字营销的主要渠道

数字营销渠道主要包括搜索引擎营销、搜索引擎优化、社交媒体营销、内容营销、联盟营销、展示广告等。

1. 搜索引擎营销

搜索引擎营销（Search Engine Marketing，SEM）是指企业通过竞价的方式在搜索结果页面刊登广告，从而接触互联网用户的营销方式。搜索引擎营销又叫点击付费广告（Pay Per Click，PPC），即当用户点击广告时企业才付费，如果用户只是看到广告而没有点击，企业不需要支付任何费用。

利用搜索引擎营销，企业可以根据用户的人口特征（如年龄或性别）对用户进行细分，甚至可以针对用户的特定兴趣或地点分类投放广告，从而显著提高品牌识别度、认知度和转化率。

2. 搜索引擎优化

搜索引擎优化（Search Engine Optimization，SEO）是指利用搜索引擎的规则提高网站在搜索结果页面的自然排名的营销方式。企业实施搜索引擎优化的主要目的是让品牌在相关搜索结果页面中占据靠前的位置，更好地吸引用户关注，从而获得品牌收益。

3. 社交媒体营销

社交媒体营销是指企业为了达到营销目的，在社交网络平台创造特定的信息或内容来吸引用户的注意，引起用户的讨论，并鼓励用户通过其个人的社交网络传播这些营销内容，进而拉近品牌与用户的关系，提高用户的品牌满意度的营销策略。社交媒体营销的优势是企业能够与用户进行直接联系和互动，从而加强用户对品牌的认知、信任感。

📖 **案例链接**

饿了么"免单1分钟"，引爆传播

作为饿了么"夏季行动"的主打活动之一，"免单1分钟"自2022年6月21日上线以来，热度居高不下，引发大量用户在社交平台讨论与参与，营销效果非常好。

饿了么在活动上线前首选一波免单用户作为种子流量，为活动热度的提高打下基础。这一批用户不是官方随机抽选的，而是结合用户的历史交易情况、分享行为筛选出来的。这一批免单用户在社交平台发送关于"免单"的话题，引发其他用户对"饿了么免单属于平台系统错误"的猜测，随着该话题热度的升高，"大量用户收到饿了么免单"的话题登上热搜。就在"大量用户收到饿了么免单"热搜话题的热度即将降低时，饿了么正式宣布"免单1分钟"活动上线。

饿了么"免单1分钟"的玩法来自传统的猜灯谜游戏，结合外卖业务场景，用户根据官方设置的题目，在活动开启的城市，找到免单时间和免单的外卖品类，在规定的时间内下单，即可获得最高免单200元的机会。

这场竞猜游戏规则简单、清晰，降低了用户对活动规则的认知门槛，而且饿了么通过各种媒介和图片形式为活动造势，有效提高了活动的趣味性；且活动中的题目具有一定的难度和挑战性，激发了网民对答案的讨论，很多平台都有关于饿了么"免单1分钟"活动的攻略，如图1-2所示。

图1-2　关于饿了么"免单1分钟"活动的攻略

饿了么官方随时与用户保持互动，以拉近自身和用户的距离，同时和名人、其他官方账号互动出题，提高活动热度。

由于外卖是具有时间需求性的业务，所以活动期间每天有多个免单时段。这一活动不仅促使产生了用户早餐、午餐和下午茶等多次复购的消费场景，而且饿了么在活动详情页通过"免单商家推荐"来为商家引流，实现了饿了么平台和商家的双赢。

4. 内容营销

内容营销指的是以图片、文字、动画、视频等介质向用户传达品牌的相关信息，使用户对品牌形成认知，并产生从企业购买产品的意愿，从而实现网络营销的目的。内容营销的核心是企业持续生产优质的营销内容，同时建立传播渠道，以便于让内容精确触达每一位目标用户。

📖 **案例链接**

伊利推出品牌视频，提出自己的中秋主张

中秋节是我国传统佳节，多年来，团圆在这一天是多数游子与父母共同期盼的事情。不论是"举头望明月，低头思故乡"的切切相思，还是"但愿人长久，千里共婵娟"的美好期盼，都是"佳节就应该团圆"的真实写照。

在外打拼的游子，中秋节回家自然要给父母准备礼物，但是据相关调查，大多数子女在选择礼物时无法挑选到真正贴合父母心意的。伊利精准洞察到用户的这一痛点，推出了"爱VS AI：中秋礼物挑战"品牌视频，旨在通过子女与AI之间进行挑选礼物挑战，让鲜有时间陪伴在父母身边的子女看到被自己忽略的父母的日常；同时伊利也借此提出了自己的中秋主张：关爱父母不只在中秋佳节，更要有细水长流的日常关心。

这个视频在反映伊利社会责任感的同时，也为伊利的品牌精神做了注解：伊利可以是促进家人关系的"亲情催化剂"，也可以充当日常陪伴家人的重要角色。

5. 联盟营销

联盟营销是一种按营销效果付费的网络营销方式，企业利用专业联盟营销机构（如淘宝客、淘宝联盟等）提供的网站联盟服务拓展其线上及线下业务，扩大销售空间和销售渠道，推广者在每次销售或引流时也可获得佣金。

6. 展示广告

展示广告是指互联网上的多媒体广告，通常以图片、视频等形式直接展示品牌或产品的特点和优势，属于硬广，主要用来提高品牌的曝光度。为了减少对用户的干扰，企业在投放展示广告时要选定特定的受众群体，在感兴趣或有需求的用户浏览信息时展示广告。

🎓 **课堂讨论**

在以上提到的各种数字营销渠道中，作为用户，你接触最多的是哪种渠道？你觉得这种渠道对企业的品牌营销有什么作用？你对企业使用这种渠道进行营销是否有印象深刻的案例？请和同学们进行讨论。

（二）数字营销渠道策划

营销人员在策划数字营销渠道时需要注意以下4个方面的事项。

1. 深入理解用户需求

理解用户需求是数字营销的起点，营销人员要明确用户想要的是什么，自己可以为其提供怎样的体验。这就需要营销人员收集详细的用户数据，以为决策分析提供依据。

营销人员要全面地了解跨渠道的用户行为，从而更好地理解用户，使营销充分发挥效用。个性化的全渠道营销活动可细分营销信息，做到精准触达。

2. 细化营销内容

数字营销的内容可以体现品牌的核心价值，使目标用户对品牌产生认同感。但是并非所有的渠道都支持同样的表达方式，营销人员很难制作统一内容分发到每个渠道。例如，视频内容非常适合抖音、快手等社交媒体平台，但在论坛、博客等平台产生的营销效果就不太理想。因此，营销人员要针对自己的内容选择适合的营销渠道，细化营销内容。

3. 选择营销渠道

营销人员在选择营销渠道时，可以依据不同的标准做出不同的选择。

● 按照产品类型来选择。专业、成熟、有通用叫法的产品种类，建议投放搜索引擎广告，通过用户的主动搜索获取精准流量；名称不统一、新兴的产品种类，通过展示类型的营销渠道更容易获得用户的青睐，建议使用社交媒体渠道和展示广告渠道。

● 按照目标来选择。营销人员首先要确定营销目标是什么，是建立品牌知名度、提高销量，还是吸引更多用户关注？在明确营销目标之后，营销人员就可以按照营销目标来选择营销渠道，具体如表 1-3 所示。

表 1-3　按照目标选择渠道

目标	选择的渠道
加强用户对品牌的认识	展示广告、社交媒体营销、内容营销
加强用户对产品或服务提供的解决方案的认识	内容营销、社交媒体营销
增加流量	搜索引擎营销、搜索引擎优化
进一步提高品牌知名度	全渠道营销

● 按照预算和资源来选择。可用预算、资源和时间也会影响营销渠道的选择。搜索引擎营销、展示广告和社交媒体营销可以很快产生流量并提高品牌知名度。然而，这些营销渠道的费用可能非常高，如果成本超过可获得的收益，它们可能不是最佳选择。一家资源有限的小型企业，其战略优势若取决于企业拥有的人才和资源，营销人员在选择营销渠道时，就要充分利用现有的人才。例如，如果雇用创意人员和优秀文案人员，也许内容营销将会非常有效。

4. 审核当前策略

营销人员要定期审核当前的营销策略，查看每个营销渠道的营销数据。例如，营销人员可以结合使用用户购买数据、数字跟踪数据，发现过去的真实投资回报率以及未来的增长机会，寻找可以在数字营销策略中修复或改进的部分，在实施新策略时尽可能涵盖所有内容。

任务三　开发数字化客户

企业在生产经营的过程中，需要激发目标客户的购买欲望，促使其做出购买行为，将潜在客户转化为现实客户，这一过程就是客户开发。客户开发是数字营销中重要的一环，利用数字技术，通过多种渠道不断开发数字化客户是实现品牌客户增长的关键步骤。

（一）客户画像的构建

在数字化时代，客户的购买行为在企业面前是可以量化和追溯的，企业内部会保存大量业务数据和原始数据。借助于大数据技术，企业的关注点在于如何通过精细化运营实现精准营销。企业要想实现这个目标，首先要做的就是构建客户画像。

1. 客户画像的定义

客户画像是指客户信息的标签化，即企业通过收集客户的社会属性、消费习惯、偏好特征等各个维度的数据，对客户的需求和特征进行刻画，并分析、统计，挖掘潜在价值信息，从而抽象出客户的信息全貌。

客户画像的核心价值体现在以下 3 个方面。

- 对产品的价值：帮助企业了解客户需求，确定产品功能和设计，有助于企业不断迭代和调整产品。
- 对市场的价值：有助于企业调整和优化营销内容、营销策略和营销渠道选择。
- 对销售的价值：有助于企业调整销售团队的结构和销售策略，帮助销售人员筛选客户并找到有效客户，提高转化率，完成业绩目标。

客户画像是企业实施大数据运营的根基，是业务增长的前提条件，为企业实现数据驱动运营奠定基础。因此，对于企业来说，从海量数据中挖掘出有价值的客户信息就变得越来越重要。

很多企业觉得，只要销售人员多和客户进行社交互动，拉近关系，再加上产品质量过关，就可以维护好客户，不需要大数据。这些企业不重视大数据，把大数据做得和报表没有区别，这样它们自然感受不到数据在完成目标过程中所能提供的帮助和价值。很多时候，处理数据的人员把客户信息以表格的形式提交给管理层之后，管理层在开会时直接搬运表格的数据，这种数据就是静止的，没有在推进工作过程中发挥太大价值。

构建客户画像可以让大数据走出数据库，协助企业对客户进行个性化推荐，实现精准营销，并为客户提供个性化服务。

一般来说，不同的业务内容可以产生不同的数据，不同的业务目标也需要使用不同的数据。在互联网领域，客户画像数据一般包括表 1-4 所示的内容。

表 1-4　客户画像数据

数据类型	具体内容
人口属性	性别、年龄等客户的基本信息
兴趣特征	浏览的内容、收藏内容、购买物品偏好等
消费特征	类目偏好、购物频次、价格敏感度、消费层级等
位置特征	客户所处的城市、居住的区域、移动轨迹等
设备属性	客户使用的终端特征
行为数据	访问时间、浏览路径等客户在网上的行为日志数据
社交数据	客户在社交网站上产生的相关数据

2. 客户画像的标签体系

标签是某一种客户特征的符号表示，是一种内容组织形式，也是关联性很强的关键字，可以帮助企业方便地找到合适的内容及内容分类。标签解决的是描述或命名的问题，但在实际应用中还要解决数据之间的关联问题，因此通常将标签作为一个体系来设计。

客户画像标签体系一般包含4个方面的内容。

（1）标签分类

客户画像标签可以分为人物基础属性标签和行为属性标签。人物基础属性标签主要包括客户的基本资料，如性别、年龄、所在地、兴趣、爱好、婚恋状况、学历、消费能力等，行为属性标签主要包括消费特征、设备属性、行为数据、社交数据等。

（2）标签级别

标签体系通常具有以下层级结构。

- 原始输入层：主要包括客户的历史数据信息，如会员信息、消费信息、网络行为信息，这些标签经过数据清洗，从而达到客户标签体系的事实层。
- 事实层：客户信息的准确描述层，可以从客户身上得到确定与肯定的验证，如客户的人口属性、性别、年龄、籍贯等。
- 模型预测层：通过利用统计建模、数据挖掘、机器学习，对事实层的数据进行分析与利用，从而得到更为深刻的描述客户的信息。
- 营销模型预测：利用模型预测层的结果通过打标签的方式对不同客户群体建立营销模型，从而分析客户的活跃度、忠诚度、流失率、影响力等营销数据。
- 业务层：业务逻辑的直接体现，如"有车一族""有房一族"等。

（3）标签命名与赋值

企业可以将标签分为不同层级，并在最后的层级为标签赋值，即提供符合标签类型的实际数据。例如，我们以"人物基础属性"为一级分类，"人口特征""性格特点"等为二级分类，"人口特征"中的"个体""国家""信仰""位置""职业"等为三级分类，"个体"中的"年龄""婚恋状况""学历"等为四级分类，在"年龄"中会设置"生日""生肖"等标签，然后为"生日"赋值，即具体的年、月、日，为"生肖"赋值，即从十二生肖中确定客户的具体生肖。

（4）标签属性

标签属性是指针对标签进行的再标注，以帮助人们理解标签赋值的来源，进而理解标签的含义。标签属性主要包括固有属性、推导属性、行为属性、态度属性和测试属性，如表1-5所示。

表1-5　标签属性

标签属性	说明	举例
固有属性	这些标签的赋值体现的是客户生而有之或事实存在的，不以外界条件或自身认知的改变而改变的属性	性别、年龄、婚恋状况
推导属性	由其他属性推导而来的属性	客户的品类偏好可以通过客户日常购买的品类来推导
行为属性	实际发生的行为被记录后形成的赋值	客户在页面的停留时长、客户登录某 App 的时间
态度属性	客户自我表达的态度和意愿	通过电子调查问卷询问客户一些问题，并形成标签。例如，是否喜欢某个品牌
测试属性	不是客户直接表达的内容，而是对客户表达进行分析并做结构化处理后得出的测试结论	在客户填写一系列的电子调查问卷后，由此推出客户的价值观类型

（二）客户消费行为分析

企业在制定产品运营策略时，如果没有前期的客户调研，就难以使产品准确满足客户的需求，容易造成新产品与目标市场客户需求相脱离的情况。因此，关注并深入了解客户消费行为的变化对企业实施营销有着十分重要的作用。

1. 客户消费行为分析的原则

企业在分析客户消费行为时需要遵循以下原则。

（1）客观性原则

分析人员在收集资料、分析资料，以及得出结论的过程中，不能掺杂任何主观因素，不能脱离实际，而要严格按照资料的本来面貌进行考察和分析。

（2）发展性原则

由于一切事物都处于不断变化的过程中，客户的消费观念、消费动机、消费趋向也在不断变化，所以分析人员要用发展的眼光来分析客户的消费行为及其心理现象，遵循发展性原则，在客户消费行为产生、延续、变动的连续过程中研究客户消费时的心理现象，不断探寻客户消费心理和行为规律，以便为企业制定营销策略提供依据。

（3）科学性原则

分析人员在分析客户的消费行为时，要采用科学的方法，建立具有科学性的体系，主要体现为在不同的范围内科学地选择和抽取样本，正确运用定量资料和定性资料总结和分析问题。

（4）全面性原则

客户的消费行为存在各种各样的影响因素，如需求、动机、态度等，这些因素相互联系、相互制约，因此分析人员在分析客户消费行为时要坚持全面性原则，对客户消费行为进行全面的、系统的分析研究。

2. 客户消费行为分析的意义

客户的消费行为是一个整体、一个过程，深入、系统地分析和研究客户的消费心理及行为具有重大意义，可以使企业掌握客户消费行为的特征并以此为依据制定切实可行的营销策略，提升企业市场营销活动的效果，让企业获得更多效益。

从以下 5 个方面可以看出，对客户消费行为的研究对企业营销策略的制定具有重要意义。

（1）市场细分

市场细分是指将整体市场进行细分，找出具有相同或类似需求的客户群体。每一个细分市场都有相对独立的需求，企业要找到目标市场，根据目标市场的需求特点制定相应的营销策略，以最大限度地满足目标市场上客户的独特需求。

（2）产品定位

产品定位是企业根据市场竞争状况和自身资源条件挖掘自身产品的差异化特征，以使产品满足客户需求，获得竞争优势。要想达到这个效果，企业就应当了解产品在目标客户心目中的位置，了解产品或品牌如何被客户接受和认可。

（3）产品开发

产品开发是在对客户需求进行分析的前提下，确定客户所需的产品特征，据此有针对性地开发新产品。对客户消费行为的分析研究是检验新产品能否被接受以及如何完善的重要依据。

（4）产品定价

产品定价是以分析研究客户消费行为为基础的，企业会根据客户消费行为理论预测产品价格变化对客户造成的影响。例如，当产品定价高于客户的承受能力或客户对产品价值的认知时，产品即使再好也很难打开市场。

（5）销售渠道

选择有效的销售渠道可以让客户在产生购买需求的时候顺利买到产品。企业要想选择出有效的销售渠道，就要对客户的消费行为进行分析研究，了解目标客户的购买习惯和偏好，知道他们喜欢在哪里购买、如何购买，从而有针对性地选择销售渠道，最大限度地提高产品的销量。

3. 客户购买决策的过程

客户在购买产品或服务的过程中，一般要经历需求确认、收集信息、评估方案、做出决策和购后行为 5 个阶段。

（1）需求确认

需求是客户购买行为的起点，客户只有意识到自己的实际状态与期望状态之间的差距，才会产生购买产品的欲望。企业要想激发客户的购买动机，就应使期望状态与实际状态之间的差距达到一定的程度，差距不能过小，同时问题的重要性也应相对较大，这样客户才会有动力做出购买行为来解决问题。例如，某客户拥有一辆已经开了 6 年的普通轿车，他打算购买一辆新款高级轿车，尽管这二者之间有很大的差距，但当客户同时面临孩子上大学和购房等更重要的事情时，他有可能会在权衡之后放弃购买高级轿车。

（2）收集信息

客户在确认需求以后就会开始收集信息，以获取可以解决问题的产品信息。根据信息来源，客户收集信息的过程可以分为内部信息收集和外部信息收集。

- 内部信息收集是指客户从长期记忆中提取对解决问题有帮助的产品信息，客户一般会在确认需求后首先进行内部信息收集。例如，客户回忆起某个能够满足自己需求的品牌后，可能就会购买该品牌的产品，进而停止进一步收集信息。
- 外部信息收集的主要渠道包括个人经验、人际关系网络、公共关系等非商业性信息来源和广告、经销商、推销员、产品包装和展览会等商业性信息来源。

（3）评估方案

客户收集到的各种信息可能是重复或互相矛盾的，客户需要将这些信息加以整理和分析才能得到可供选择的方案。客户在制定并评估方案之前一般会建立评估标准，这样有利于其对各品牌进行比较。评估方案主要取决于以下 3 个方面。

- 产品属性，即产品能够满足客户需要的特性，如果汁的甜度、包装的颜色、产品样式、产品加工工艺流程等。
- 属性权重，即客户对产品有关属性所赋予的重要性权数，它常会受到客户所具备知识的影响。当企业觉得现有的产品属性无法与竞争对手抗衡时，可为产品开发新的属性，并通过营销活动提高产品在客户心中的重要程度。当然，产品属性并非多多益善，如果企业在产品不断迭代的时候在原有产品上叠加太多的功能，会导致客户降低对产品可用性的评分甚至转而使用其他功能更少的产品。
- 品牌可信度，即客户对包含在品牌中的产品定位信息的信任程度，一般包括诚信与专业技能两个维度。企业要想让客户信赖品牌，就要持续让客户感知到自己自愿履行承诺的态度，并且有能力履行承诺，这样做有利于削弱环境中不确定因素对客户的影响，并影响客户决策和客户对品牌的忠诚度。

（4）做出决策

经过评估方案以后，客户便形成对某个品牌的偏好与购买意向，但即使如此，客户也不一定会做出购买行为，因为客户是否会做出最终的购买决策还会受到以下 3 个因素的影响。

- 他人的态度。客户很多时候在做购买决策时会受到他人态度的影响，或者征求他人意见，或者在他人参与的情况下共同做出决策。一般来说，他人对客户偏爱的品牌越持否定态度，同时他人与客户的关系越密切，客户就越有可能改变自己的购买意向。

- 意外情况。客户在遇到某些突发事件和意外情况时，也会改变其购买意向。例如，客户的收入锐减，就可能推迟或取消购买。

- 可认知风险。客户购买的某一产品会让客户产生满足感，也会给客户带来潜在的危害或损失。这些风险的大小与客户支出费用的多少、产品属性的不确定程度和客户的自信程度密切相关，当客户对这些风险的认识达到一定程度时就有可能改变之前的购买意向。

（5）购后行为

在客户购买产品后，整个购买过程并没有完全结束，而是进入购后行为阶段。客户在这一阶段会使用并评价产品，表达自己对产品的认可或不满，如果客户不再使用该产品，还会面临产品处置的问题。

购后行为会影响客户的重复购买决策：当客户对产品很满意时，重复购买的可能性就很大；反之，客户就有可能停止购买。购后行为还会对其他客户的购买行为产生影响；当客户对产品很满意时，他可能会自发宣传产品，使产品形成口碑效应，使得产品的美誉度得到提高；当客户对产品不满意时，客户就会向其他人表达不满，使企业、品牌和产品的信誉受损。

因此，企业不仅要如实宣传产品，还要耐心倾听客户的反馈意见，提高售后服务的质量，时刻跟进客户，在发现客户产生不满时立即采取补救措施。

（三）客户价值分析

客户价值是指企业从与其具有长期稳定关系、愿意为其提供的产品或服务支付合适价格的客户中获得的利润，即客户为企业所做的利润贡献。偶尔与企业接触的客户和经常与企业保持联系的客户有巨大差别，因此，对于企业来说，不同的客户具有不同的价值。

客户价值的构成要素主要有 5 个，分别是客户购买价值、客户口碑价值、客户信息价值、客户知识价值和客户交易价值，如表 1-6 所示。

表 1-6　客户价值的构成要素

构成要素	说明
客户购买价值	客户直接购买企业产品而为企业提供的利益的总和
客户口碑价值	客户向他人推荐和宣传企业产品而创造的价值
客户信息价值	客户为企业提供的基本信息的价值，包括企业在为客户建档时由客户无偿提供的信息，以及在企业与客户双向互动的过程中，客户以不同方式向企业提供的各类信息
客户知识价值	关于客户的知识能够给企业带来的直接或间接利益，关于客户的知识包括客户名称、客户需求、客户特征、客户偏好、客户的交易历史、与客户再次交易的可能性、客户环境和客户关系网等知识
客户交易价值	企业在获得客户信赖与忠诚的基础上，通过联合销售、提供市场准入、转卖等方式与其他市场合作获取的直接或间接利益

企业在运营过程中要做好客户价值分析，这不仅有利于实现企业对客户统一的有效识别管理，还有利于指导企业在实施客户关系管理时科学有效地配置战略性资源和制定客户服务营销策略。

客户价值分析主要涉及以下 4 个方面。

1. RFM 模型

RFM 模型是衡量客户价值和客户创造利益能力的重要工具，在众多客户关系管理的分析模式中被广泛提及。它包括最近一次消费的时间间隔（recency）、消费频率（frequency）和消费金额（monetary）等指标。

（1）最近一次消费的时间间隔

最近一次消费的时间间隔指的是上一次购买与最近一次购买的时间间隔。从理论上来说，最近一次消费的时间间隔较小的客户是比较优质的客户，他们对即时的产品或服务很有可能做出反应。

如果想要提高销售业绩、争夺竞争对手的市场占有率，企业的营销人员就要密切注意客户的购买行为，其最近的一次消费就是营销人员第一个要利用的工具。营销人员通过观察会发现，客户最近一次消费距离上一次消费的时间越短，客户就越能接受营销信息，因此消费间隔时间为0～6个月的客户收到的营销信息明显多于消费间隔时间为31～36个月的客户收到的营销信息。

通过观察大量客户的最近一次消费的时间间隔，营销人员可以掌握企业的销售趋势。如果最近一次消费的时间间隔较短的客户数量增加，通常表明企业稳健成长；如果最近一次消费的时间间隔较短的客户数量越来越少，通常说明企业的发展不利，企业需要尽快做出调整。

（2）消费频率

消费频率是指客户在限定的时间内购买产品的次数，经常购买同一件产品的客户是满意度很高的客户，一般其忠诚度也较高。客户增加购买次数时，就意味着企业从竞争对手处争夺了市场占有率，从他人手中赚取了销售额。

（3）消费金额

消费金额是客户在限定的时间内所消费的金额总和，一般遵循帕累托法则——企业80%的收入来自20%的客户。

RFM模型动态地显示了一个客户的全部消费轮廓，为企业定制个性化的沟通和服务提供了依据，同时对客户进行长期观察能够帮助企业比较准确地判断客户的长期价值。改善以上3项指标的状况可以为企业制定营销决策提供支持。

2. 客户分类

根据RFM模型3项指标的数值高低，企业可以将客户分为8类，并针对不同类型的客户采取不同的管理措施。客户分类如表1-7所示（其中1代表高，0代表低）。

表1-7　客户分类

客户类型	R	F	M	管理措施
重要价值客户	1	1	1	客户最近一次消费的时间距现在的时间近，消费频率和消费金额都很高，属于企业的VIP客户，企业应对其进行重点关注，跟踪其消费行为，并及时为其提供有效、高质量的服务
重要保持客户	0	1	1	客户最近一次消费的时间距现在的时间较远，但消费频率和消费金额都很高，这类客户属于最近一段时间没有购买企业的产品或服务的忠诚客户，企业需要主动与其保持联系
重要发展客户	1	0	1	客户最近一次消费的时间距现在的时间近，消费金额高，但消费频率不高，属于忠诚度不高但很有潜力的客户，企业需要重点发展这类客户
重要挽留客户	0	0	1	客户最近一次消费的时间距现在的时间较远，消费频率也不高，但消费金额高，属于将要流失或正处于流失边缘的客户，企业要对其实施挽留措施
一般价值客户	1	1	0	客户最近一次消费的时间距现在的时间近，消费频率较高，但消费金额较低。这类客户的客单价较低，企业可以尝试通过数字互动营销提高品牌曝光度，提高客单价
一般发展客户	1	0	0	客户最近一次消费的时间距现在的时间近，但消费频率和消费金额都较低。企业要主动联系这类客户，跟踪产品使用情况，为其提供售后服务，获取客户信任，提高客户满意度，以提高客户复购率和消费金额

续表

客户类型	R	F	M	管理措施
一般保持客户	0	1	0	客户消费频率较高，但近期没有购买，消费金额也不高。企业可以对这些客户实施积分制的会员策略，向他们分享优惠活动和打折服务，改变宣传方向和策略，与这些客户重新建立联系
一般挽留客户	0	0	0	客户最近一次消费的时间距现在的时间较远，消费频率不高、消费金额低。企业针对这类客户要减少营销和服务的预算，或直接放弃

3．客户忠诚度衡量指标

随着市场竞争加剧，市场占有率不再是衡量企业营销是否成功的唯一指标，客户的忠诚度也是影响企业长期利润的重要因素。经济学家经过长时间的观察分析，发现客户忠诚度在决定企业利润方面比市场占有率更重要。当客户忠诚度提高时，企业利润上升的幅度会更高，同时企业为客户提供服务的成本逐渐降低。

客户忠诚度的衡量指标主要有以下6个。

（1）重复购买次数

在一定时期内，客户重复购买某一品牌产品的次数越多，就说明他对该品牌的忠诚度越高。但是，在确定这一指标的合理界限时，企业营销人员要根据不同的产品加以区别，例如，重复购买汽车的次数和重复购买汽水的次数是没有可比性的。

（2）决策时间的长短

客户在购买产品时一般会经过仔细比较和挑选的过程，由于信赖程度的差别，面对不同品牌的产品，客户做出购买决策所花费的时间长短也是不同的。一般来说，客户做出购买决策花费的时间越短，说明客户越信赖该品牌，忠诚度越高；反之，则说明他对该品牌的忠诚度越低。当然，在运用这一指标衡量客户忠诚度时要剔除产品性能、质量等方面的差异产生的影响。

（3）购物路程的远近

一般来说，客户喜欢就近购买，以节省时间和精力，但由于客户对品牌的偏好程度有所差异，当附近地区没有自己喜欢的品牌时，客户会选择到更远的地方购买心仪品牌的产品，这说明客户对品牌的忠诚度较高。在电商时代，客户在购买产品时，可能会考虑快件到达时间、发货地址等因素，如果客户对某一品牌忠诚度较高，即使发货地址较远、快件到达时间较晚，客户也会购买。在运用这一指标衡量忠诚度时要剔除产品价格的差异产生的影响。

（4）价格敏感度

客户一般对产品的价格有很高的敏感度，但这并非意味着客户对所有品牌产品的价格敏感度一致。对于自己喜爱和信赖的品牌产品，客户对其价格变动的承受能力较强，敏感度较低，客户忠诚度较高；对于自己不喜爱、不信赖的品牌产品，客户对其价格变动的承受能力较弱，敏感度较高，客户忠诚度较低。在运用这一指标衡量忠诚度时要剔除客户对产品的必需程度、产品供求状况和市场竞争程度3个方面的影响。

（5）对竞争者的态度

有时人们对某一品牌的态度变化是通过将该品牌与该品牌的竞争者相比较而产生的，因此根据客户对竞争者产品的态度可以大体判断客户忠诚度的高低。如果客户对某品牌竞争者的产品更有兴趣，更有好感，就说明客户对该品牌的忠诚度较低；如果客户对某品牌竞争者的产品没有多大兴趣，就说明客户对该品牌的忠诚度较高。

（6）对瑕疵品的态度

任何一个品牌都有可能受到某些不可控因素的影响而出现瑕疵品，如果客户对某品牌的忠诚度较高，通常会以宽容的态度对待该品牌偶尔出现的产品质量问题，相信该品牌会很快妥善处理。如果客户对某品牌的忠诚度较低，一旦该品牌的产品出现质量问题，客户就很敏感，很有可能不再购买该品牌的产品，甚至传播负面消息。

4. 客户满意度衡量指标

客户满意度是指客户满意程度的高低。客户满意度的衡量指标主要有以下6个。

（1）美誉度

美誉度是客户对企业或品牌的褒扬程度。对企业或品牌持褒扬态度的客户，一般对企业提供的产品比较满意，即使他本人不曾直接消费该企业提供的产品，也直接或间接接触过该产品的消费者，因此其意见具有代表性。通过了解美誉度，企业即可知道客户对自己提供的产品的满意度。

（2）指名度

指名度是指客户指名消费或购买某企业或某品牌的产品的程度。指名度越高，说明客户的满意度越高。

（3）回头率

回头率是指客户在消费某企业或某品牌的产品后再次消费的次数。在一定时期内，客户重复购买某一品牌的产品的次数越多，回头率越高，就说明客户的满意度越高。

（4）投诉率

客户投诉是客户不满意的表现，投诉率是客户在消费某企业或某品牌的产品之后所产生投诉的比例。投诉率越高，说明客户的满意度越低。

（5）购买额

购买额是指客户购买某企业或某品牌的产品的金额。一般而言，客户对某企业或某品牌的购买额越大，说明客户对该企业或该品牌的满意度越高；客户对某企业或某品牌的购买额越小，则表明客户的满意度越低。

（6）对价格的敏感度

客户对某企业或某品牌的产品的价格敏感度或承受能力可以反映客户的满意度。当某企业或某品牌的产品价格上调时，客户如果表现出很强的承受能力，说明客户对该企业或该品牌的满意度较高。

（四）客户留存与活跃

客户留存与活跃的本质是伴随着企业客户数量的增长，企业要不断针对不同类型的客户找到性价比最优的客户转化、成长路径，对客户施加引导激励，而产品具有长期价值是客户留存与活跃的前提。

1. 客户留存

客户留存是指客户的需求在产品内得到满足而主动留下来继续使用产品的一种状态，一般以客户留存率来衡量。客户在某段时间内开始使用某种产品，在经过一段时间后，如果仍然继续使用该产品，则该客户就是留存客户。这部分客户占当时新增客户的比例就是客户留存率。

做好客户留存可以帮助企业提高整体客户留存率，节约获客成本。客户留存营销的方法主要有增强动力、减少阻力、触发物助推和提供多样化奖励。

（1）增强动力

动力是指需求强度，即客户想要完成某种行为的迫切程度。增强动力是指采取措施强化客户的需求，促使客户迫不及待地付诸行动，做出决策。增强动力的措施如表1-8所示。

表1-8 增强动力的措施

措施	说明	举例
利用社交关系	社交关系是增强客户信任感、优化客户个人体验的重要方式	微信读书的用户在登录账号后，可在首页看到朋友阅读、评价、点赞过的书籍
发放新客户红包	新客户红包要与产品的核心业务目标相关，企业在支出后要有直接的回报，并尽量避免新客户在领完红包后快速流失	某些电商平台通过发放新人优惠券、红包提高下单率，在客户领取红包时绑定手机号，获取客户信息，以便于后续向客户推送产品信息
解释原因	在向客户提出要求的时候，告知客户原因，解释说明这样做的优势	某职场社交软件在让客户共享通信录权限时，解释说这样做可以增加获得职业成长的机会
个性化产品体验	在分析客户行为后，企业为不同的客户提供不同的产品体验，向客户推荐他们想看到的产品或内容。授权客户选择自己的喜好，是增强动力的常用方式	很多App在新客户注册的时候让客户自己选择标签，然后根据客户的偏好向客户推荐适合的产品或内容
前置顿悟时刻	顿悟时刻是指通过某种行为或操作路径满足客户的需求，使客户体会到产品给他带来的益处。如果产品功能让新客户经历顿悟时刻需要的时间比较长，可以适当前置顿悟时刻	某二手手机平台在回收手机时，让客户可以先通过网上估价查看回收收益，以此提升客户的行动力
运用客户心理学	企业可以通过制造紧张感和稀缺感等方式来提升客户快速做出行动的动力	提醒新客户还有多少新人权益；设置梯度价格，如每满100人涨价100元

（2）减少阻力

阻力是指客户完成某种行为需要付出的成本。企业可采取以下措施来减少阻力。

- 优化流程步骤，移除不必要的信息。例如，将软件的注册方式设置为微信一键登录或手机号登录，让客户一键完成注册。
- 为客户提供默认选项。例如，投资类App在引导新客户时可以设置买入理财产品的默认值。
- 优先提示客户使用核心功能。例如，设置新手指引，让客户顺利使用产品相关功能，满足客户的需求。
- 避免给客户太多选择，增加客户的选择成本。因此，企业要根据客户数据分析结果为客户提供适当数量的选择。
- 新客户的黏性较弱，转移成本较低，企业可以让新客户先体验，增强信任，再引导后续动作。

（3）触发物助推

触发物是指刺激客户采取行动的提示，如推送信息、邮件通知等。企业向客户发送触发物的动机是提醒客户存在一个对其很有价值的机会，该机会需要非常契合产品的核心价值。

触发物类型如表1-9所示。

表1-9 触发物类型

类型	作用	举例
刺激型触发物	刺激那些消费能力很强、消费动机不足的客户采取行动	向客户发送产品信息，鼓励客户利用短期折扣购买产品；提醒客户购物车中的某件产品降价
信号型触发物	引导消费动机、能力都很强的客户沿着正确方向做出行动，并鼓励他们重复行动	推送新功能通知，分享产品升级的消息；告知客户其好友采取的行动

续表

类型	作用	举例
协助型触发物	刺激那些消费动机很强、消费能力很弱的客户采取行动	鼓励下载产品的客户注册、创建账户；提醒一段时间没有访问网站或 App 的客户重新访问
内驱型触发物	激发客户的长期使用行为	设置重要客户奖励，让那些经常使用该产品的客户知道他们很特别，鼓励他们更多地使用产品，和产品建立更紧密的联系

（4）提供多样化奖励

企业可以为客户提供多样化奖励，如实际激励、身份激励、权限激励等。

- 实际激励。当客户注册各类购物、团购类 App 后，企业可以为客户提供新手红包、新人专享商品、会员免费体验等实际激励，以刺激客户尽快完成首次下单。

📖 案例链接

抖音商城新人一分钱购，吸引潜在用户进店消费

抖音如今是短视频领域的巨头，活跃用户多达 6 亿人，拥有如此多的流量，再加上提出"兴趣电商"的概念，抖音大举进军电商领域，想要打通消费闭环。

抖音已经在用户的个人主页上线"抖音商城"入口，用户点击进入以后，作为新人，在首次消费时凭借新人优惠券可以以一分钱的低消费获得优质产品，如图 1-3 所示。正因为如此，很多用户被低价吸引，在抖音商城完成首次消费。

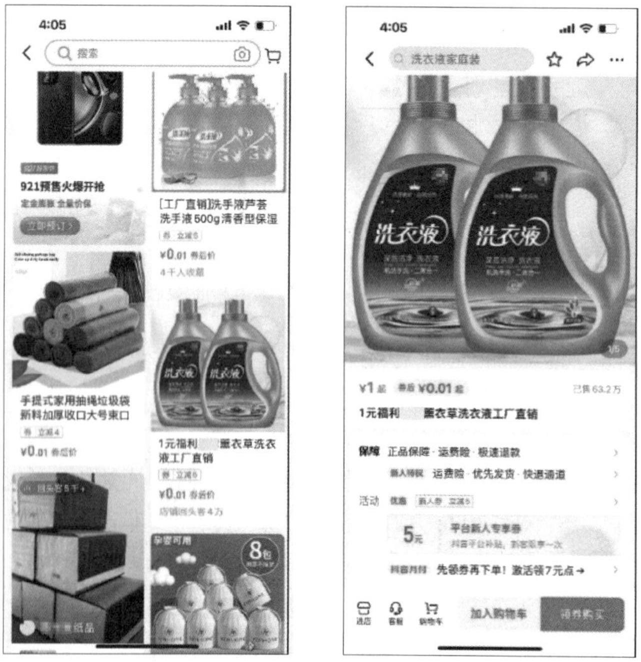

图 1-3　抖音商城新人一分钱购

- 身份激励。企业可以在 App 上建立积分、会员等级体系，并将积分、会员等级与客户的权利、权限或产品实物相关联，否则积分、会员等级体系会显得毫无价值，无法激发客户的参与热情。

- 权限激励。企业为客户提供的权限激励要与产品的核心价值一致。例如，百度网盘提供的任务奖励是为新客户增加网盘的永久免费容量，由于客户使用网盘的核心诉求是存储，网盘的永久免费容量就体现了产品本身的权限价值，这比单纯发现金红包更吸引客户。

2. 客户活跃

客户持续留存的基础是客户活跃，只有保持一定的客户活跃度，客户才能习惯性地使用企业的产品，并对企业形成忠诚。在数字营销时代，企业在保持客户活跃方面可以采取以下措施。

（1）建立签到奖励机制

签到奖励机制是很多平台采用的机制，常与积分奖励机制相结合。企业可设置每日签到规则，激励客户每天登录 App 或网页点击签到按钮，获得相应的积分或优惠券。签到功能常见的启动方式有登录即签到、弹窗签到、手动签到，计算方式有累计型（断签后依然计算总天数）和连续型（断签后重新计算天数），签到周期有 3 天或 7 天，每天奖励的量级基本相同，连续签到奖励更多。

例如，美团的"走路赚钱"板块就设置签到奖励，用户每天手动签到即可领取步数，积累足够的步数后就可以兑换金币或优惠券，在购买产品时享受价格折扣。美团签到奖励机制如图 1-4 所示。用户为了争取更多优惠，会每日登录美团"走路赚钱"板块，这在一定程度上增强了美团 App 的用户黏性。

图 1-4　美团签到奖励机制

（2）推行积分奖励机制

由于客户的趋利本能，积分奖励机制很容易奏效。积分奖励机制的常见形式是积分商城，积分商城是产品会员体系的一部分，常作为会员奖励来提高客户对产品的认可度。一般来说，电商类、O2O 服务类产品经常采用积分商城形成"赚取积分—消耗积分"的消费闭环。

产生积分的渠道很丰富，客户可以通过签到、购买商品等方式获得积分，企业可以在平台大范围地提供获取积分的入口，增强客户对积分的黏性。当获取积分后，客户可以到积分商城消费。企业可以根据自身的运营来灵活调整积分规则，从而达到从吸引用户到沉淀用户的目的。

例如，微博作为社交媒体巨头，也涉足电商领域，设置用户任务中心，用户可通过完成每日任务获得积分，然后可以到积分乐园以折扣价购买特定商品。微博的积分奖励机制如图 1-5所示。

图 1-5　微博的积分奖励机制

有些企业如果有线下门店，可以在推行积分奖励机制时有意识地增加客户与线下门店接触的机会。例如，在客户用积分兑换优惠券后，客户需要到线下门店使用，而企业平台会提示客户附近一些门店的地址和交通方式。

（3）建立任务奖励模式

很多社交平台会采用任务奖励模式来提高客户的活跃度和留存率。任务奖励模式是指客户在平台完成一定的任务（如转发、分享、评论、评价）后，可以获得一定的奖励。上面提到的微博的用户任务中心就是典型的任务奖励模式。很多电商平台的客户在确认收到商品，对商品做出评价后，可以获得一定的奖励，客户可以使用这些奖励兑换平台上的商品。

（4）提供会员分级服务

会员运营的终极目的是为商业负责，企业通过设定任务体系，让客户完成签到、消费活跃等一系列的任务来获得成长值，而成长值本身就是兑换筹码，折射的是会员权益。客户在平台上付出得越多，获得的权益就越多。客户通过不断付出在平台上沉淀个人内容，如社交关系、获得较高权益、最近消费内容等，这样就增加了迁移成本，有利于提高客户对平台的忠诚度。

企业可以采用 RFM 模型来为会员分级，对消费时间、消费金额和消费频率进行交叉分析，得出活跃客户的平均消费次数和消费金额，根据平均值进一步定义会员等级。

划分好会员等级后，企业要设定不同等级会员的权益，这些会员权益应当是明显的、可区别的且具有吸引力的，否则很难驱动客户产生主动、高频使用产品的行为。不同的产品类型，其会员权益也要有所区别，常见的会员权益大体上可以分为 5 类：基础权益型、折扣优惠型、服务扩大型、内容增值型、积分回馈型。

（五）客户生命周期分析

客户生命周期是指从一个客户开始对企业进行了解或从企业欲对某一客户进行开发开始，直到客户与企业的业务关系完全终止且客户与企业之间相关的事宜处理完毕的这段时间。客户生命周期是企业产品生命周期的演变，但对企业来讲，客户生命周期比企业某个产品的生命周期更重要。客户生命周期描述的是客户关系从一种状态或一个阶段向另一种状态或另一个阶段运动的总体特征。

1. 客户生命周期的 4 个阶段

客户生命周期可分为考察期、形成期、稳定期和退化期。

- 考察期。这一阶段是客户关系的孕育期，企业和客户会考察和测试合作目标的相容性、对方的合作诚意和绩效，客户也会尝试下一些订单，企业从客户交易中获得基本的利益，所以客户对企业的贡献不大。

- 形成期。这一阶段是客户关系快速发展的阶段，双方从合作中获得的回报日益增加，相互依赖的范围和深度也日益增加，逐渐认识到对方有能力为自己提供价值，双方履行相应的职责，双方的交易不断增加，而且企业从客户交易中获得的收入大于投入，开始获得盈利。

- 稳定期。这一阶段是客户关系的成熟期，也是一个十分理想的阶段。双方对对方提供的价值高度满意，并为了长期维持稳定的合作关系，做了大量有形和无形的投入，开展大量交易。客户愿意支付较高的价格，给企业带来较高的利润，同时由于客户忠诚度提高，企业还会获得良好的间接效益。

- 退化期。这一阶段是客户关系发生逆转的阶段，例如，一方或双方经历了一些不满意的事情，或者需求发生变化时，交易量回落，客户给企业带来的利润快速减少，以至企业决定终止与客户现有的业务关系，整个客户生命周期便结束。

2. 客户生命周期营销

在客户生命周期的不同阶段，客户具有不同的特点，企业要采取相应的市场营销策略，以满足客户的需要。

（1）考察期

企业在市场营销过程中的一大重点是吸引新客户。为了达到这个目的，企业应想办法让产品引起潜在客户的注意，激发其兴趣和购买欲，促使他们尽快做出购买决策，与之建立客户关系，从而使潜在客户转化为现实中的客户。另外，企业还要与客户建立信任，使新客户尽快通过考察期，因此企业要尽量满足客户的期望值，让客户满意。

在考察期，企业建立客户信任机制的方法有以下 3 种。

① 适当投资。例如，为客户培训员工、提供新产品信息、帮助客户分析市场前景、提供交易系统连接等。

② 积极沟通。通过与客户进行积极沟通，让客户明白，企业作为客户的交易伙伴是有价值的，有足够的能力满足客户的需求和期望。

③ 提高声誉。良好的企业声誉对客户信任的建立有重要的推动作用。

（2）形成期

在这一阶段，客户的波动性很大，当积累了足够的消费经验之后，客户对产品和品牌的价值评估能力有所提升，其眼光不再局限于现有的企业内部，客户一般会权衡其他企业可以带给自己的收益和成本，如果其他企业做得更好，客户往往会放弃现有关系，转向其他企业。因此，企业在此阶段要不断提高客户服务水平，满足客户的个性化需求，赢得客户满意，巩固和加强客户信任，培育客户忠诚。

（3）稳定期

企业要想让客户关系长期处于稳定期，可以采取以下措施。

① 培育客户忠诚。企业要持续提供超过客户期望的价值，使客户对企业、企业员工和企业的产品产生强烈的感情依附，进而不断提高客户的忠诚度。忠诚是一种可靠的、高水平

的客户关系，客户一旦对企业形成忠诚，客户的经济转移成本会很高，还面临很高的心理转移成本。

② 提升增值创新能力。企业提升增值创新能力是为客户提供超期望价值的源泉，因为随着客户价值不断提升和技术的标准化与服务的同质化，一开始的超期望价值会逐渐变为基本价值，对客户的吸引力减弱。

增值创新能力主要体现在两方面：一是针对产品质量、交货速度、价格、售后服务、技术支持等公共增值项目，企业要比竞争对手做得更好；二是增加个性化增值份额，为专门客户投入大量资金、时间和精力来开发独特的客户价值，真诚对待客户，增加客户退出关系的成本。

（4）退化期

即使企业采取各种措施来维持和巩固客户关系，但由于各种原因，企业无法完全阻止客户流失的现象。在这一时期，企业要采取恢复客户关系的策略，充分挖掘客户价值的潜力，尽量减少客户流失给企业带来的不利影响，并认真分析客户流失的原因，总结经验，以调整和改善产品与服务。恢复客户关系的策略要根据不同的客户情况来选择，对于有价值的客户要想办法恢复客户关系，对于价值小或负价值的客户可以选择放弃。

3. 客户二次激活

当客户在一开始接触企业的产品时，企业就要把客户留下来，并与之建立长期活跃的互动关系，结合社交、网络、历史行为等数据，在整个客户生命周期中提供有针对性的信息。

企业往往在获客阶段投入大量成本，而争取一个新客户的工作量和成本通常比维护一个老客户要高得多，因此如果企业可以尽力维护好老客户，就可能获得更大的边际效应，取得更理想的效果。唤醒和激活"沉睡客户"也是维护老客户的一种表现形式。企业要梳理自己的客户数据，设定规则，通过预测模型找出"沉睡客户"中很有可能被激活的细分群体，对其进行适当的唤醒沟通。

企业在建立客户数据平台后，要实时追踪客户行为轨迹，保持数据及时更新，根据客户的行为调整营销策略，并且所有的互动、定位和优惠信息都要经过二次确认。

（六）裂变营销

裂变营销是指像细胞分裂一样由最开始的一个迅速分裂成无数个的营销方式，主要借助终端市场客户的自发传播行为不断在社交圈传播，由最开始的一个或几个客户发展出成千上万个客户。整个裂变过程是客户由少到多、传播速度由慢到快，循序渐进，最终成功实现推广目的的过程。

裂变营销之所以能产生如此巨大的影响力，是因为一个人的社交圈会有很多潜在客户，而社交圈中的每个人都有自己的人际关系，这些人之间组成了复杂的人际关系网络，如果每个人都传播企业产品的信息，那么接受企业产品信息的客户数量会成倍增长。因此，裂变营销也是一种低成本的获客方式。

1. 客户分享动机

裂变营销的核心在于触发客户的分享行为。客户分享动机可以体现在"我""他""我和他的互动"3 个维度。

（1）"我"

"我"涉及客户做出分享行为的自我动机，即客户做出分享行为是为了满足自己的哪些需求。

- 自我宣泄：通过纯粹地表达情绪来进行分享。
- 自我记录：记录自己的生活状态或对达成某项任务进行总结。
- 自我获利：通过分享来向他人求助，从而实现获利。
- 自我标榜：通过分享的内容为自己贴标签，表明自己的身份、社会地位，彰显形象。
- 自我实现：通过分享来弥补现实中的自我缺失，以此来暗示自己的状态。

（2）"他"

"他"一般涉及客户的利他动机，即客户通过分享内容为他人提供帮助，或者通过分享内容来支持、声援某个观点、事件、品牌。例如，客户分享一份学习资料或一篇教育类文章给好友，让好友学习知识。

（3）"我和他的互动"

这一个维度主要体现的是客户培养和维护人际关系，客户分享的内容可以帮助其建立、加强与他人的人际关系。例如，分享某个答题小程序给好友，两人一起进行答题竞赛。

当然，很多时候客户的分享动机是复杂的，是不同维度相互融合的。例如，客户在朋友圈分享跑步的轨迹和距离，既是一种自我记录，又是一种自我标榜，针对这一行为，不同的人有不同的动机。

2. 裂变核心元素

裂变营销的核心元素主要有种子客户、奖励激励和裂变机制。

（1）种子客户

裂变营销首先需要种子客户的支持，没有种子客户，再好的裂变营销模式也无法实现营销目标。种子客户又称高忠诚度客户，他们对特定品牌的产品有较高的认可度，所以在推广和分享时更有积极性和热情，可以更好地感染他人，提高裂变的成功率。

如果企业能够找到精准的种子客户来进行第一波裂变，那么裂变效果会非常好。另外，种子客户最好是垂直领域的客户。

（2）奖励激励

通常，一个好的裂变活动都会有一个让人欲罢不能的奖励激励。这些奖励激励应当具备 4 个特点：一是能满足客户的刚性需求且是普遍适用的，如优惠券、学习资料等；二是获得门槛较低，分享即可得，不要设置过于复杂的环节；三是成本要低，否则参与人数增加以后，如果成本没控制好就得不偿失了；四是奖励激励要与产品相关，红包虽然对很多人可以产生利益驱动，但并不适合所有的裂变活动。

在为裂变活动设置奖品时，如果产品本身具备付费或者规模差别，企业应利用产品本身来做奖品。例如，水果经销商在电商平台举办裂变活动时，可以把奖品设置为水果礼品，这些赠品可以过滤对产品不感兴趣的人，使水果经销商最终在获得精准客户的同时能很好地控制成本。

（3）裂变机制

裂变机制在很大程度上决定了客户增长的数量，以及裂变活动是否可以持续进行。因此，企业要选择一套合理的裂变机制来推动客户传播与分享。裂变机制主要可分为实体裂变和软件产品裂变。

- 实体裂变。实体裂变需要添加客服来实现。客户首先扫码添加客服，然后将相关内容分享到朋友圈，最后由客服向客户发送奖励。
- 软件产品裂变。软件产品裂变是指软件设置一种分享功能，客户分享出去的链接或二维码带有客户的个人信息，当客户的好友通过其分享的链接或二维码进入软件时，系统会在识别之后自动发放奖励。

客户裂变的奖励办法主要有现金奖、实物奖、资料奖、权益奖、优惠券等。

① 现金奖。

现金奖主要有以下 3 种类型。

- 拉新奖：邀请其他人注册登录可以获得奖励，一般针对新用户的拉新活动。
- 分享奖：邀请其他人下单购买商品可获得相应的佣金，很多社交电商平台采用这种裂变方式，还有一些付费课程的裂变也是采用这种方式。
- 任务奖：完成某个具有挑战性的任务可得现金奖励，例如，获得投票第一名可获得现金奖励，分享链接到朋友圈集赞达到特定标准可获得现金奖励等。

② 实物奖。

实物奖的价值越大，对客户的吸引力越大。在线上做实物奖励，一般有免费试用、一元购、转发抽奖得手机等方式。实物奖要突出奖品的价格和价值，注意奖品的不同型号，标注清楚，同时注意快递邮寄的过程，确保奖品完好无损地到达客户手中。

③ 资料奖。

资料奖比较适合教育、社群，以及特定的职业人群。例如，年轻妈妈参加活动，分享特定内容可获得育儿学习资料，其中包含音乐、绘本、小说、育儿心理学等电子书。又如，针对短视频运营人员，他们在转发活动信息或添加客服微信后可获得大量行业运营技巧资料。资料奖是投入成本很小、可以持续使用和积累的裂变奖励办法。

④ 权益奖。

权益奖是给参与裂变活动的客户提供会员权益，例如，有些酒店、游乐场或餐馆会让参与活动的中奖客户在短期内享受会员价，让客户对会员福利产生深度体验，形成习惯，进而成为真正的会员。

⑤ 优惠券。

优惠券可以帮助客户在购买产品时减少实际支付的金额，因此能促进成交。客户参加裂变活动后，企业可以根据具体情况给客户发放各种优惠券，如立减券、满减券和折扣券。

课堂讨论

> 你是否参与过品牌发起的裂变营销活动？吸引你参与活动的因素主要是什么？请在网上收集典型的品牌裂变营销案例，分析其营销策略和活动技巧。

任务四　认知数字营销岗位

在数字化转型的过程中，企业的组织结构发生变动，需要企业在既有的营销体系之下整合数字部门，重塑内部的营销生态系统。企业数字营销部门是执行数字营销计划、服务市场购买者的职能部门，由于工作内容的不同，需要若干类数字营销岗位来分别进行数字营销活动。

（一）数字营销岗位的类型

一般来说，企业数字营销部门所需要的岗位有六大类，即 App 运营类岗位、互动营销类岗位、品牌运营类岗位、广告推广类岗位、内容策划类岗位、营销策划类岗位。数字营销各岗位的工作领域如表 1-10 所示。

表 1-10　数字营销各岗位的工作领域

岗位名称	工作领域
App 运营类岗位	主要面向 App 的内容运营、活动运营和小程序运营三大领域
互动营销类岗位	主要面向社群营销、用户运营和客户关系管理三大领域
品牌运营类岗位	主要面向品牌管理、品牌传播及品牌推广三大领域
广告推广类岗位	主要面向 SEO（搜索引擎优化）、SEM（搜索引擎营销）、信息流推广、App 推广四大领域
内容策划类岗位	主要面向文案内容策划和视频内容策划两大工作领域
营销策划类岗位	主要面向内容营销策划和品牌营销策划两大工作领域

（二）数字营销岗位的工作内容

以上六大类数字营销岗位的工作内容如下。

1. App 运营类岗位的工作内容

App 运营类岗位的工作内容如表 1-11 所示。

表 1-11　App 运营类岗位的工作内容

工作领域	工作内容
App 内容运营	① 负责 App 的专题栏目的内容运营和策划； ② 负责社交平台的内容运营和管理，多与用户互动，鼓励并引导用户创作内容； ③ 协调内外部资源，解决内容层面上的用户体验痛点； ④ 提升用户体验，参与规划社交社区板块和产品功能设计； ⑤ 分析与学习竞品运营策略
App 活动运营	① 策划并推进各类 App 的线上活动，发起话题，成立专题，以提高用户活跃度； ② 利用各种资源制定有创意的活动方案或专题； ③ 推进营销活动，协调活动资源，收集活动反馈，进行跟踪分析； ④ 对活动效果负责，完善活动方案
小程序运营	① 负责小程序的活动策划、产品运营、用户运营和数据分析； ② 负责各场景、各品类差异化的梳理及沉淀； ③ 负责小程序矩阵的推广运营及购买转化，制定符合小程序用户增长的活动运营策略，增强用户黏性； ④ 制定分销机制，完善社群激励机制，挖掘核心粉丝并维护客户关系，提高核心用户的留存率和转化率； ⑤ 负责小程序销售数据、商品规划数据、店铺日常数据等的监管与分析

2. 互动营销类岗位的工作内容

互动营销类岗位的工作内容如表 1-12 所示。

表 1-12　互动营销类岗位的工作内容

工作领域	工作内容
社群营销	① 锁定精准用户，通过微信、微博、论坛等工具带动社群扩展，有效实现用户拉新； ② 组织策划社群主题活动，提高社群用户活跃度，搭建用户成长体系； ③ 负责用户信息管理，保证沟通及时有效，通过收集、整理用户需求和反馈推动产品改进，不断提高用户的满意度； ④ 负责其他渠道新用户在社群内的分流与沉淀，增强社群客户黏性，定期形成社群运营分析报表

工作领域	工作内容
用户运营	① 负责关键意见领袖（Key Opinion Leader，KOL）、核心用户和种子用户的运营，及时发现、挖掘、管理优质用户； ② 设计运营活动方案，引入目标用户，提高用户活跃度，促进其购买产品； ③ 制定并实施清晰的用户互动策略，通过持续互动转化潜在用户，提升企业及产品的口碑； ④ 负责收集用户的线上反馈意见，及时发现并处理问题； ⑤ 完成种子用户人群画像库的建立
客户关系管理	① 建立并完善服务体系，对客户的触点页面和流程体验进行分析，结合客户洞察，定位挑战和机遇，提出优化和改进建议； ② 负责开展客户体验调研，发现客户问题，调研形式包括但不限于问卷调研、客户及员工访谈、同业调研、数据分析等； ③ 负责参与企业客户体验管理指标体系搭建，监控企业客户体验指标变化，落实客户体验指标管理； ④ 参与客户关系管理体系的规划建设，包括体系架构、实施方案、系统建设的规划设计等，参与建立、优化、整合客户关系的相关流程，在系统层面落地并执行推广； ⑤ 策划客户服务活动并负责方案的落地实施

3. 品牌运营类岗位的工作内容

品牌运营类岗位的工作内容如表 1-13 所示。

表 1-13　品牌运营类岗位的工作内容

工作领域	工作内容
品牌管理	① 根据企业品牌的不同发展阶段，提供品牌的整合营销及品牌建设战略规划，制定、实施阶段化品牌推广目标和方案； ② 负责品牌与竞品的市场调研，把握行业及竞争对手的最新动态，制定应对策略； ③ 拓展和策划各个主流广告平台的市场品牌活动，包括但不限于搜索引擎、信息流投放、小程序广告等付费或免费合作渠道，制定投放或合作方案和计划； ④ 监控投放渠道的流量和转化数据并开展分析，根据数据表现调整和优化投放
品牌传播	① 协助制定传播方针和政策，为部门管理与开展工作提供数据支持，保证部门稳定、高效、专业化运行； ② 负责新媒体资源整合优化、资源谈判及购买、媒体关系维护等工作，保证媒体资源满足策略计划，达到预期效果； ③ 组织实施媒体传播项目，协助沟通引入第三方监控资源，对媒体投放进行监控，保证投放的准确性并及时调整，确保年度媒体传播项目有序进行； ④ 在部门总预算的基础上，制定季度、月度媒体投放总结和预算调整计划； ⑤ 按照精准投放预算，协助完成精准投放计划
品牌推广	① 根据品牌定位，协助上级制定年度宣传推广方案； ② 负责建立和维护品牌推广的主要合作资源，策划、设计、撰写及发布各种推广类内容； ③ 调查及掌握品牌营销领域的最新动态，了解行业市场信息，能够根据线上线下市场活动进行分析，定期形成分析报告

4. 广告推广类岗位的工作内容

广告推广类岗位的工作内容如表 1-14 所示。

表 1-14　广告推广类岗位的工作内容

工作领域	工作内容
SEO	① 负责企业网站 SEO； ② 根据企业战略发展要求制定全面的 SEO 策略，提高品牌词、核心词、长尾词的搜索引擎收录及自然排名； ③ 负责以 SEO 为主的网络营销研究、分析与服务工作； ④ 负责网站的外部链接组织与软文宣传； ⑤ 负责研究竞争站点，深入挖掘用户搜索需求，改进 SEO 策略，不断提高业务关键词排名与整体搜索流量； ⑥ 负责站内优化，制定行业网站各频道的 SEO 标准及策略并形成相应文档，监督网站编辑执行并进行实时监控
SEM	① 负责搜索引擎营销账户的日常优化及管理工作； ② 运用搜索引擎排名机制提高网站流量； ③ 控制账户消费金额，通过合理运用账户资金实现广告预期效果； ④ 统计每日的消费、流量数据，根据数据报告制定关键词优化策略和投放策略； ⑤ 根据运营要求，灵活控制推广力度和资金投入，提高投资回报率
信息流推广	① 负责广告投放策划和优化策略的制定及执行，对投放数据进行监控和分析，并优化投放效果； ② 操作信息流推广等推广后台； ③ 定期和搜索媒体沟通，了解产品变化并将其应用到推广方案中； ④ 定期提供数据分析报告并找出相应的改进方法，保证信息流广告正常有效推进； ⑤ 监控和研究竞争对手及其他网站的搜索营销策略，提前调整方案，不断优化账户，提高投资回报率
App 推广	① 负责 ASO（应用市场优化）； ② 负责 App 的渠道推广工作，提高 App 的用户下载量和激活量； ③ 根据企业要求制定有效的 App 渠道推广计划并实施； ④ 定期统计推广数据并进行有效分析，不断优化推广方案

5. 内容策划类岗位的工作内容

内容策划类岗位的工作内容如表 1-15 所示。

表 1-15　内容策划类岗位的工作内容

工作领域	工作内容
文案内容策划	① 结合市场舆情和变动，挖掘客户企业产品的宣传卖点，策划合适的选题稿件； ② 撰写日常宣传文案、推广文案、活动文案等营销文案； ③ 结合市场变化、客户需求和行业发展趋势，及时提出具有实际执行意义的方案； ④ 配合市场部门的营销执行计划，完善文案创意，完成创意执行的具体工作； ⑤ 负责整体创意文案的撰写工作，包含社交媒体账号内容发布、活动主题与标语设计、论坛软文创作等
视频内容策划	① 根据视频平台的产品特性，进行视频内容创作与筛选，跟踪与分析相关数据，不断为平台视频内容提供符合渠道传播规律的创意； ② 跟踪与分析目标用户和竞品的变化趋势，并挖掘产品的可切入点； ③ 研究视频热点话题和网络流行趋势，关注底层逻辑，深挖用户需求，拆解并提炼热门视频的亮点与框架； ④ 深挖产品卖点，定位目标用户，并洞察需求，创作以市场导向为核心的创意脚本； ⑤ 与视频团队协同完成视频制作，跟进后期发布与投放； ⑥ 跟进视频投放效果，分析数据，持续优化内容

6. 营销策划类岗位的工作内容

营销策划类岗位的工作内容如表 1-16 所示。

表 1-16　营销策划类岗位的工作内容

工作领域	工作内容
内容营销策划	① 根据品牌调性和不同平台的运营策略，搭建社交媒体内容矩阵，规划发布内容； ② 独立输出营销内容，如选题、策划、文案、视频脚本、公众号文章等； ③ 配合运营团队，根据平台运营活动节奏策划活动主题，跟进活动落地； ④ 洞察用户，分析运营数据和用户数据，及时复盘调整，提高用户量、阅读量和互动量
品牌营销策划	① 根据品牌策略独立策划品牌活动，整合内部资源，以确保活动顺利落地，把控时间节点，按时完成工作进度； ② 结合品牌年度规划、实时热点和行业趋势，围绕品牌定位输出创意内容，形式包括但不限于文字、图片、视频等； ③ 进行跨品牌合作洽谈，制定符合品牌定位的可落地执行的合作方案； ④ 追踪媒体投放效果，进行传播效果分析

（三）数字营销岗位的能力要求

《中国数字营销人才能力评估标准》（以下简称《标准》）构建了数字营销人才能力标准体系，包括营销通用能力、数字营销专业能力、营销合规能力和职场通用能力等 4 个一级指标以及 15 个相应的二级指标。数字营销人才能力评估指标体系如表 1-17 所示。

表 1-17　数字营销人才能力评估指标体系

一级指标	二级指标
营销通用能力	营销专业知识、行业洞察能力、客户管理能力、方案策划能力
数字营销专业能力	产品理解能力、数据分析能力、创意能力、投放管理能力、效果优化能力
营销合规能力	广告法基础知识、创意合规能力、数据安全能力
职场通用能力	沟通能力、办公能力、项目管理能力

根据《标准》，数字营销人才的能力可以分为入门级、初级、中级和高级 4 个层次，每一个层次下的具体能力要求如下。

1. 入门级能力要求

数字营销岗位的入门级能力要求如表 1-18 所示。

表 1-18　数字营销岗位的入门级能力要求

入门级能力要求	具体要求
营销通用能力	① 营销专业知识：了解营销专业的通用知识，包括营销的基本概念、市场调研与分析、媒介策划与广告投放的基本方法等。 ② 行业洞察能力：搜集行业和市场发展的相关信息，能够基本分析出本行业市场的主要机会、问题点。 ③ 客户管理能力：按照客户需求提供周到的服务。 ④ 方案策划能力：具备营销策划的基本逻辑，在指导下，能够协助完成局部市场或特定项目的策划工作

续表

入门级能力要求	具体要求
数字营销专业能力	① 产品理解力：了解所推广的产品或服务；了解所投放媒体的全流量广告资源知识框架，了解所投放媒体的主要广告资源位置、创意形态，能够清晰梳理资源适用的投放目标，了解各类资源渠道。 ② 数据分析能力：了解标签体系，掌握标签的交叉应用，提高人群定向的精准度，提高推广效果。 ③ 创意能力：了解创意和落地页及多种创意形式的优劣、对广告投放效果的影响，了解优质创意和广告落地页的必备要素和类型，了解广告创意和落地页的制作工具。 ④ 投放管理能力：了解各类投放平台的特点及优势，了解广告投放的基本思路和步骤，了解定向体系、广告竞价基本机制、曝光影响因素，了解广告曝光的提升方法，能够操作广告投放平台的账户，创建、修改和调整广告。 ⑤ 效果优化能力：能够查看效果数据，了解广告优化的基本原理和分析思路，并进行简单分析，能在他人指导下进行优化操作
营销合规能力	① 广告法基础知识：掌握广告法的基本理论知识，了解广告法规建设的基本动态。 ② 创意合规能力：了解基本的创意合规性的规范。 ③ 数据安全能力：清楚数据的重要性，有意识整体提升数据安全防护意识和能力
职场通用能力	① 沟通能力：具备基本的沟通技巧，清楚岗位的角色定位，能够准确判断客户需求，并与广告主及相关协同人员进行良性沟通。 ② 办公能力：具备 Office 系列软件的操作和日常办公技能等。 ③ 项目管理能力：能够严格按照规划实施项目并及时反馈问题和信息

2. 初级能力要求

数字营销岗位的初级能力要求如表 1-19 所示。

表 1-19 数字营销岗位的初级能力要求

初级能力要求	具体要求
营销通用能力	① 营销专业知识：能够灵活运用本职工作范围内的营销知识解决一般性专业问题；能够发现工作中的瓶颈并提出合理优化建议。 ② 行业洞察能力：能够理解市场环境以及客户所在行业的现状；能够准确、全面地进行市场潜力及需求分析和竞争分析。 ③ 客户管理能力：理解并能够梳理客户的推广需求，能够为其匹配合适的营销方式。 ④ 方案策划能力：能够理解方案策划的基本逻辑，可根据广告主的需求，协助上级制定适合广告主的系统营销策划方案
数字营销专业能力	① 产品理解力：理解所推广的产品或服务，能够提炼出关键价值点并体现在客户的营销方案中；能够掌握所投放媒体各流量广告的资源位置、创意形态、适用的投放目标及广告主类型、数据表现等。 ② 数据分析能力：了解兴趣人群重定向逻辑，熟悉数据管理平台（ Data Management Platform，DMP ）的投放方法。 ③ 创意能力：能够明确分析出创意、素材、落地页的优劣势并定位优化点，理解优质创意和广告落地页必备的要素与类型，能够针对落地页设计提供有价值的建议，协同技术人员打造优质落地页。 ④ 投放管理能力：熟悉竞品，面对竞品问题能够有应对策略，理解广告投放的基本思路、步骤和关键要素，理解常见术语和概念；能够掌握相似人群扩展的原理及使用方法，能够应用该原理帮助广告主有效拓量；能够掌握优化广告投放的原理及使用方法，对使用中的常见问题有解决思路；能够熟练操作广告投放平台，熟悉账户所有界面及常用功能，能够熟练指导广告主进行操作。 ⑤ 效果优化能力：理解投放平台账户搭建的基本方法，能够为广告主量身定制适合的效果类投放方案；理解投放媒体的广告资源，能够基于广告主的需求，推荐合适的品牌类资源，为广告主量身定制适合的品牌类投放方案

初级能力要求	具体要求
营销合规能力	① 广告法基础知识：精通广告法实施细则，熟悉各种违反广告法的行为。 ② 创意合规能力：能够敏锐、准确地判定创意是否违反相关广告法律法规和平台审核规范。 ③ 数据安全能力：能够规范使用数据并保证数据安全，主动保护和防护已有数据及广告交易数据
职场通用能力	① 沟通能力：能够和广告主就投放目标、方案达成一致，具备建立良好客情关系的能力。 ② 办公能力：具备使用 Excel 表格统计、分析效果数据，制作数据报表的能力。 ③ 项目管理能力：在有限的指导下能够组织实施一般难度的策划项目，对具体运作有丰富的经验，能够按照总体计划制订阶段性计划并确定监控点，按监控点检查和修正项目

3. 中级能力要求

数字营销岗位的中级能力要求如表 1-20 所示。

表 1-20　数字营销岗位的中级能力要求

中级能力要求	具体要求
营销通用能力	① 营销专业知识：掌握全面的营销知识，能够灵活运用必要的营销知识独立解决有一定难度的专业问题。 ② 行业洞察能力：熟悉市场环境以及客户所在行业，能够准确抓住市场的机会问题点，输出关于行业的观点和见解。 ③ 客户管理能力：能够引导和挖掘客户需求并为其匹配合适的营销方式。 ④ 方案策划能力：能够完成某一产品或品牌的策划工作，能够熟练地根据广告主不同阶段的需求，制定营销解决方案
数字营销专业能力	① 产品理解力：能够理解所推广的产品或服务，能够掌握挖掘客户需求的方法；在准确分析需求的情况下，能够根据广告主的营销目标合理组织各类资源进行广告投放与管理。 ② 数据分析能力：熟悉数据驱动营销升级的概念以及常见数据平台接入与应用的原则，熟悉并应用数据进行营销洞察与效果衡量，熟悉市场营销应用程序接口的主要功能、价值与应用场景，熟悉营销人员的角色分工，能够有效对接资源，熟悉数据管理平台的投放方法并能够综合运用。 ③ 创意能力：熟悉创意价值，能够掌握创意洞察方法、创意流程以及创意实战的方法要领，熟悉优质创意和广告落地页的创作生产流程与方法；能够基于对行业、广告主、产品及服务的理解，通过有效的数据分析，制作创意方案，并对创意制作过程进行有效管理和优化。 ④ 投放管理能力：熟悉广告竞价发展历程，能够通过优化智能出价满足不同诉求，掌握优化策略；能够基于品牌类营销资源进行投放项目的管理与监控，并在各关键环节进行质量把控。 ⑤ 效果优化能力：熟悉广告在不同投放阶段的效果优化策略和方法，并在大型项目中有效运用，不断提升营销效果
营销合规能力	① 广告法基础知识：能够根据广告法及其实施细则分析违法问题出现的原因并进行优化处理，规避法律风险。 ② 创意合规能力：精通与广告审核相关的法律法规，针对违反审核规范的创意，能够提出相应的修改意见。 ③ 数据安全能力：能够建立和维护数据管理体系，对相关人员的责任义务进行分配，定期组织数据安全培训
职场通用能力	① 沟通能力：能够与客户建立长期良性沟通关系，增强客户黏性，可以引导客户需求。 ② 办公能力：高效运用 Office 办公软件及 Photoshop 等工具，在配色、设计、结构和图形化方面具备方案综合设计能力。 ③ 项目管理能力：能够独立负责中型项目的实施和运作，有能力亲自解决中型项目中的大部分问题；能够预见可能出现的问题并提前制定相应的防范应变措施

4. 高级能力要求

数字营销岗位的高级能力要求如表 1-21 所示。

表 1-21 数字营销岗位的高级能力要求

高级能力要求	具体要求
营销通用能力	① 营销专业知识：能够灵活运用营销知识独立解决复杂的专业问题，能够发现工作中的瓶颈问题并采取有效措施改进。 ② 行业洞察能力：洞察市场环境以及客户所在行业，能够准确地分析预测出市场的发展潜力、市场格局及竞争对手的策略手段。 ③ 客户管理能力：能够根据产业发展情况引导和影响客户需求，通过创新的营销方式为客户持续创造价值。 ④ 方案策划能力：能够独立完成广告整体策划工作和营销策略的制定，有一定的市场策略创新能力
数字营销专业能力	① 产品理解力：精通所推广的产品或服务，能够创新性地策划与客户匹配的营销方案，提升客户价值；熟悉合作媒体的广告资源，能够指导团队进行各类资源的合理配置。 ② 数据分析能力：精通数据驱动营销的工作原理，能够结合客户、媒体、行业的情况，为客户提供完善的数字化转型方案；除数字营销外，能够在客户运营、销售渠道、用户管理、私域业态建设等方面提供数字化的一揽子解决方案。 ③ 创意能力：能够有效管理各类数字营销创意生产过程，能够对创意数据分析、创意洞察、创意项目管理、创意效果评估优化等工作沉淀出对行业创意提效、提质产生深远影响的方法。 ④ 投放管理与效果优化能力：熟悉合作媒体的广告资源，能够指导团队进行各类资源的合理配置，以达到或超出广告主的投放预期，能够沉淀营销解决方案和投放管理优化方法
营销合规能力	① 广告法基础知识：能够在不违反广告法律法规的前提下充分展现广告创造力，实现客户利益最大化。 ② 创意合规能力：能够基于行业发展对广告创意审核相关规则的制定产生一定的影响。 ③ 数据安全能力：追踪和分析与数据相关的法规及政策，向内传递相关动态并调整数据管理规范体系
职场通用能力	① 沟通能力：对客户有较强的影响力，具备一定的谈判技巧、协调能力和资源拓展能力，并能够快速、顺利地推动工作完成。 ② 办公能力：具备大型客户提案回顾拜访、大型场合演讲竞标能力；精通多种工具软件，在数据分析、方案呈现、素材制作、效率提高方面有深入研究并能指导他人工作。 ③ 项目管理能力：能够组织实施复杂的大型项目策划方案，对项目具体运作有丰富的经验，能够准确分析出影响项目成败的关键问题、机会点，能够预见和解决项目运作中出现的重大问题

🔘【实训：哔哩哔哩的营销策略分析】

1. 实训背景

随着近些年移动互联网用户同比增速不断放缓，流量红利见顶，寻找持续的增长点成为各个企业开展营销活动所面临的挑战。当前市场环境下，互联网内容创作量不断攀升。内容平台的优质内容能在多个场景下触达用户，影响用户消费决策，为企业广告库存开源。

哔哩哔哩作为年轻用户聚集的内容营销平台，其用户和内容均保持高质量发展。在内容构建方面，哔哩哔哩围绕 IP 化、精品化、服务生态 3 个重点扶持和孵化优质专业的内容，不断拓展内容边界。

哔哩哔哩通过营销资源的配置，利用圈层营销、节点营销、事件营销、"种草"营销 4 种整合传播路径，最终围绕内容实现更长久的用户留存、更强的用户黏性，以及品牌内容资产的沉淀。

例如，《舞千年》是哔哩哔哩和河南卫视联合推出的文化剧情舞蹈节目，由 5 位"荐舞官"与 13 支舞团一起巡游四朝，以奇舞著书《十二风舞志》，共同讲述蕴于舞蹈之中的传统故事。

余额宝选择中国风十足的《舞千年》节目，让品牌价值与优质内容深度结合，借助故事中的中华文化承载品牌理念，通过故事主人公讲述不同时期懂得积攒的重要性，在潜移默化中将"人生余额是个宝，朝夕相伴攒美好"的品牌内涵植入用户内心，实现对用户心智的深度撬动。

2. 实训要求

请同学们在网上搜索哔哩哔哩发起的其他营销活动，了解其营销活动的整个流程，并做出分析。

3. 实训思路

（1）搜索哔哩哔哩的内容营销案例

请同学们下载哔哩哔哩 App，在平台上搜索当前的营销活动，并结合网上对哔哩哔哩内容营销的分析，形成对哔哩哔哩内容营销的大致了解。

（2）分析哔哩哔哩内容营销的特征

归纳与哔哩哔哩开展广告合作的商家的特征，了解内容营销的效果，掌握哔哩哔哩内容营销的整个流程。

（3）观察其他营销类型

搜索哔哩哔哩平台开展的其他营销类型，如信息流广告、展示广告等，分析哔哩哔哩平台营销模式的总体特征，同时了解其各种营销策略。

【思考与练习】

1. 简述数字营销的构成要素。
2. 简述数字营销的主要渠道。
3. 简述 RFM 模型的主要内容。

App 营销

知识目标

➤ 了解 App 的分类、优点，以及 App 营销的途径、特点。
➤ 掌握 App 营销的策略和活动形式。
➤ 掌握在应用商店推广 App 的方法。
➤ 掌握通过投放广告推广 App 的技巧。
➤ 掌握实施 App 用户营销的方法。

技能目标

➤ 能够在应用商店发布和推广 App。
➤ 能够通过投放广告来推广 App。
➤ 能够实施 App 用户营销。

素养目标

➤ 培养与提升市场洞察能力，坚持以用户为中心。
➤ 培养与提升沟通能力，能够与部门同事、客户和用户保持密切沟通。
➤ 培养大局意识和目标意识。

知识导图

扫一扫

引导案例

扫一扫

任务一　初识 App 营销

随着移动互联网兴起，越来越多的企业将 App 作为开展营销活动的主战场之一，如今 App 营销已成为数字营销的一个重要组成部分。

（一）初识 App

应用程序（application，App）主要指手机软件，是指安装在智能手机上的软件。App 的运行需要有相应的手机系统，目前市场上常用的手机系统有 iOS、安卓系统（Android）、鸿蒙系统（HarmonyOS）。

随着智能手机的普及，App 逐渐深入用户的生活中。由于 App 是移动互联网的入口，所以 App 营销成为各大企业竞相参与的重要营销渠道。

1. App 的分类

分类依据不同，App 的类别也不同。

根据 App 的安装来源不同，App 分为手机预装软件和第三方应用软件。手机预装软件一般指手机出厂自带或第三方刷机渠道预装到用户手机当中且用户无法自行删除的软件。第三方应用软件是指用户从手机应用市场下载安装的软件。

根据 App 所属的领域和功能属性不同，App 可以分为表 2-1 所示的七大类。

表 2-1　根据 App 所属的领域和功能属性分类

类型	说明	举例
社交类	在互联网平台上提供社交互动、即时聊天、视频通话等功能，能满足人们日常沟通交流需求的 App	微信、QQ
新闻类	向用户提供各类新闻资讯的 App	今日头条、腾讯新闻
购物类	满足用户网上购物需求的 App	京东、淘宝
娱乐类	为用户提供各种娱乐休闲方式的 App，包括游戏类 App、影音直播类 App 等	爱奇艺、网易云音乐
金融类	为用户提供支付、金融理财等服务的 App	支付宝、云闪付
生活类	为用户提供便捷生活服务的 App，主要包括旅游类 App、地图导航类 App、饮食服务类 App、社区服务类 App	携程旅行、高德地图
工具类	帮助用户解决生活或工作中的问题的 App，包括办公软件、图片处理软件、视频剪辑软件等	钉钉、剪映

2. App 的优点

App 是移动互联网时代的产物，与传统的互联网产品相比，App 的优点主要表现为以下 4 点。

（1）用户使用体验更好

与传统的 PC 端产品相比，用户只需要携带手机就可操作 App，App 的使用场景几乎没有限制。碎片化是 App 的特色，用户可以随时中断操作，等某些事情结束后再继续。

（2）设计风格简洁清晰

App 的设计风格简洁清晰、板块简约、排版整齐、视觉冲击力强，更容易突出重点。对于企业来说，传统网站一般展现的是企业详细的信息，面面俱到，而 App 只展现企业的核心信息，针对性和目的性较强，传输数据量小，访问速度快，有利于其在手机终端发挥营销价值。

（3）用户群体庞大，推广高效

App 为人们的生活带来极大的便利，其用户量正在逐渐增加，因此获得了庞大的用户群体。企业建立自己的 App 平台进行营销，就像建立自己的粉丝圈，其营销效果比传统的营销渠道更加高效。企业通过自己的 App 平台开展营销，可以节省大量广告费用，可以以精美的图片、视频和得体的文字向用户综合展示企业的各种信息。

（4）互动性强

App 提供了比传统的媒介更丰富多样的表现形式，其依托移动设备能为用户创造更好的操作体验，具备较高的互动性。例如，App 在内部嵌入社交网络服务平台，使正在使用同一个 App 的用户能够进行即时的交流，在用户口碑和互动传播中，提高了用户的品牌忠诚度。

（二）了解 App 营销

App 营销是指企业利用 App 将产品、服务等相关信息展现在用户面前，利用移动互联网平台开展营销活动。最初 App 营销只是第三方应用的一种互联网商业活动模式，随着移动互联网的商机逐渐显现，App 正式成为移动互联网的入口，很多企业先后加入 App 营销大军中。

1. App 营销途径

App 营销途径主要有两种：一是自有 App，企业利用自有 App 开展市场营销活动，涵盖 App 设计与构建、App 推广、App 运营与维护等一系列商业行为；二是第三方 App，企业利用第三方 App 作为业务平台或广告平台，在第三方 App 中开展各种市场营销活动。

企业利用第三方 App 开展营销主要有 3 个目的：一是拓展销售渠道，例如，企业在淘宝 App 开设淘宝官方旗舰店；二是建设企业品牌，维护管理客户关系；三是在 App 上投放广告，推广企业的品牌和产品，例如，企业在抖音 App 或微博 App 投放关于品牌或产品的广告。App 广告如图 2-1 所示。浏览页面上都有"广告"标志。

图 2-1　App 广告

📖 **案例链接**

百度 App 推品牌"首发计划"，与中国联通在 5G 上达成首个合作

2021 年 10 月 31 日，百度正式推出"百度 App 首发计划"，中国联通成为该计划的首个合作品牌，在百度 App 上首发 5G 套餐包。

"百度 App 首发计划"是百度针对品牌新品上市推出的一种新的营销服务。通过整合搜索关键词、策划创意彩蛋、展示核心内容等方式，"百度 App 首发计划"在资源、互动效果、服务、传播、渠道等 5 个层面进行了升级，为品牌创造了销售闭环。

在与中国联通的首个合作案例中，用户在 10 月 31 日—11 月 1 日搜索"联通 5G"等关键词，即可触发由这些关键词构建的创意彩蛋，用户可以通过图文、视频等各种形式全方位了解中国联通 5G 套餐产品信息。除此之外，"百度 App 首发计划"还通过小程序的形式，为中国联通打造了"搜 5G 有惊喜"的裂变运营活动，最大限度地转化对 5G 套餐感兴趣的用户。

区别于传统的沟通手段，创意彩蛋等形式也为品牌提供了全新的沟通方式，这种方式不仅能向用户提供新鲜的强刺激，还能让用户在互动中感受到沉浸式的体验感，从而深化与品牌的沟通。

"百度 App 首发计划"也在基于平台生态构建交易闭环，这不仅会让用户"看"到广告，还能让用户直接在平台上下单。这也正是该计划的另一特点，即实现了广告主需求起点到终点的满足，既为广告点击负责，也为用户转化负责。

2. App 营销的特点

App 营销具有以下 4 个特点。

（1）成本低廉

与传统网络、电视、报刊相比，App 营销的成本较低，企业只需开发属于自己的手机软件即可，后期可能会需要一些费用；但相对于传统网络、电视和报刊来说，App 营销成本更低，推广效果也更好。

（2）反馈及时

用户可以通过 App 直接订购产品，而企业营销人员可以在 App 上与用户进行即时交流，及时获得反馈。App 使企业营销人员与用户之间的交流变得更加通畅，有助于营销人员掌握用户对产品或品牌的喜爱程度，从而调整未来的产品规划和设计。

（3）精准度高

企业营销人员可以通过市场定位技术、数据库技术和网络通信技术在 App 上与用户进行个性化的沟通，使营销效果更加精准可控。例如，App 会通过收集用户手机的系统信息、位置信息、行为信息等识别用户的兴趣和习惯，再有针对性地向用户推送企业的推广信息。

（4）用户黏性高

企业的自有 App 属于企业的私域流量入口，当用户下载企业的 App 后，由于 App 的实用价值比较高，用户通常会在 App 的互动引导下形成使用习惯，定期使用、浏览 App，对 App 形成依赖，所以 App 能产生较高的用户黏性。

3. App 营销策略

了解 App 营销的策略，有助于企业获得更好的营销效果。企业在开展 App 营销时可以采用以下策略。

（1）创新用户体验

用户在使用 App 的过程中会产生体验感。良好的体验感有利于企业建立良好的口碑，而不

良的体验感会使用户做出负面反馈，企业可以将用户的负面反馈作为改进 App 的依据。随着
App 的数量、类型的增加，用户对 App 的要求也逐渐提高，企业要通过创新在用户体验中引入
新奇的方式，给用户带来新奇的体验感，增强用户黏性。

（2）对 App 进行优化

App 营销要以用户为核心。为了吸引用户，企业要从界面、性能、细节和功能等方面着手
来优化 App。例如，优化 App 界面的视觉设计，提高 App 的响应速度和性能，关注 App 的设
计细节，使自己的 App 在同类 App 中形成差异优势。

（3）提供增值服务

企业在进行 App 营销时，除了给用户提供主要的产品和服务，还要提供其他服务，为用户
提供生活便利，从而与用户建立长久的关系。如果用户通过下载企业的 App 能够使用主要功能
以外的其他功能，满足自己的生活或学习需求，将会增强用户对企业 App 的黏性。

（4）线上线下联动

线上线下联动是指企业利用 App 的各种特色功能吸引用户上网关注企业的产品，了解企业
的服务，在此过程中对企业形成良好印象，进而主动前往企业的线下门店进行消费。另外，在
实施 App 营销时，企业可以将线下的产品拿到线上进行销售，采用线上销售、线下送货的模式
为用户提供服务。线上线下联动可以使企业参与整个消费链的全部环节，帮助企业在线上推广
线下的产品与门店，扩大企业的利润来源。

（5）吸引用户分享

企业营销人员在进行 App 营销时要注意引导用户分享转发，激励用户分享活动，如转发有
奖、体验分享、免费服务等，从而获得更好的传播效果。

（6）营造活动氛围

App 的表现形式多种多样，有文字、图片、音频、视频、动画等，可以给用户带来良好的
视觉和听觉体验感。因此，企业营销人员可以植入与营销活动有关的音乐、动画等表现形式，
以营造良好的活动氛围，使用户怀着愉悦的心情参与活动。

4．App 营销活动形式

常见的 App 营销活动形式有以下 4 种。

（1）抽奖活动

抽奖活动是企业吸引用户常用的营销手段。抽奖活动的成本较高，一般用于在短期内提高
App 下载量，企业会对用户提出明确的任务要求，如下载安装、注册账号、成功支付等，用户
只有完成规定的任务后才能获得奖品。

（2）充值有奖

充值有奖一般是为了鼓励用户在 App 上注册并绑定支付账号，开通支付功能，下单购买平
台上的产品和服务而策划的活动。这类活动以充值有奖的方式引导用户下单，常见的方式有低
价促销红包、充值送红包等。

（3）页面游戏活动

企业在 App 上开展页面游戏活动，以趣味性较强的游戏体验感和较为丰厚的奖品吸引用户
参加，主要用于企业大型活动上线前期的预热和引流，目的是在短时间内吸引大量用户，引导
用户关注和参与活动。常见的页面游戏活动有砸金蛋、猜价格、摇一摇、玩拼图等。

（4）刮卡刮奖

刮卡刮奖活动的参与难度较低，企业可以设置每位用户每天有 3 次机会刮卡，分享到朋友
圈可以增加一次刮卡机会。刮卡刮奖活动可以刺激用户注册或登录账号，为 App 带来新用户，

并提高 App 的用户活跃度。在开展刮卡刮奖活动时，企业需要设置中奖率、奖品、每人中奖的额度，并根据后台数据变化实时调整。例如，企业发现该活动在一人可以刮卡 3 次时分享次数很少，就可以调整为一人只能无条件刮卡一次，但可以通过分享 3 次获得 3 次刮卡机会，这样有利于增加分享次数，获得更好的传播效果。

课堂讨论

请和同学们互相讨论：你在平时使用 App 时是否特别关注过某些 App 的营销手段？你觉得哪种类型的营销手段更让你觉得不受干扰，容易接受？哪些营销手段会让你觉得厌烦，无法忍受？结合自己的经历和感受，分析在 App 营销中应当如何减少对用户的干扰。

任务二　应用商店推广 App

应用商店推广是一种常见的 App 推广方式，推广的第一步就是发布 App，然后运用应用商店优化和苹果应用商店搜索广告来提高 App 在应用商店的排名。

（一）App 发布

企业可在各大手机厂商的应用市场、各大网络运营商、第三方应用商店、PC 下载站、手机 WAP 网站等进行大范围的覆盖，企业所选的发布平台越大，推广的效果越好。下面以苹果市场和华为市场为例来介绍发布 App 的步骤。

1. 在苹果市场发布 App

在苹果市场发布 App 的具体操作步骤如下。

步骤 01 新建 App。

① 登录苹果开发者网站，选择"App Store Connect"选项。

② 进入 App Store Connect 页面，单击"我的 App"图标。

③ 在 App 栏目下单击"+"按钮，选择"新建 App"选项。

④ 弹出"新建 App"对话框，选择一个或多个平台并设置 App 信息，如输入 App 名称、选取主要语言、选择套装 ID、输入 SKU 等，然后单击"创建"按钮。"新建 App"对话框如图 2-2 所示。

图 2-2　"新建 App"对话框

步骤 02 上传 App 截图。在页面左侧列表中选择"1.0 准备提交"选项，在页面右侧的"App 预览和截屏"区域分别上传适应于 iPhone6.5 英寸（1 英寸≈2.54 厘米，余同）、5.5 英寸显示屏的 3 张 App 截图。单击"选取文件"超链接，然后选择合适的 App 截图后单击"确定"按钮，即可完成 App 截图的上传。上传 App 截图的页面如图 2-3 所示。

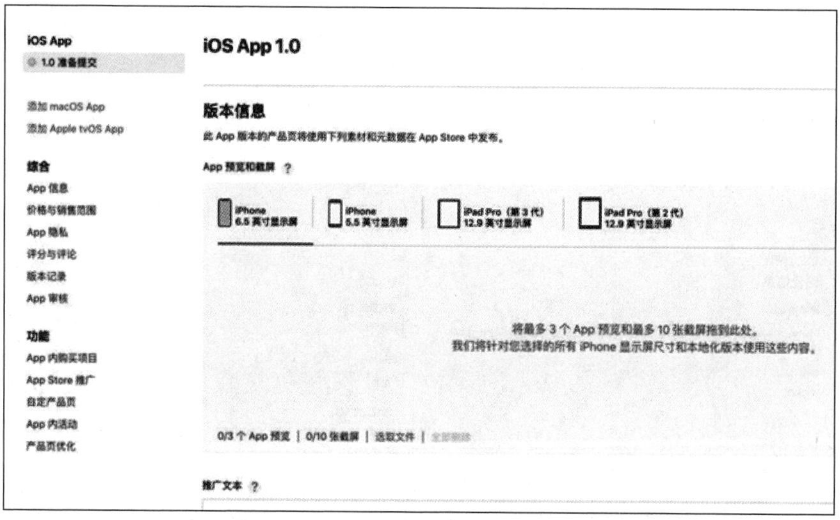

图 2-3　上传 App 截图的页面

步骤 03 填写 App 的相关信息，如宣传文本、关键词、描述、技术支持网址、营销网址、版权等信息，如果需要登录，还要提供测试账号。填写 App 相关信息的页面如图 2-4 所示。填写完成后，单击右上方的"存储"按钮保存信息。

图 2-4　填写 App 相关信息的页面

步骤 04 填写 App 信息。在上传 App 截图的页面左侧选择"App 信息"选项，进入 App 信息填写页面。填写副标题，选择 App 主要类别，单击右上方的"存储"按钮，保存填写的信息。"App 信息"填写页面如图 2-5 所示。

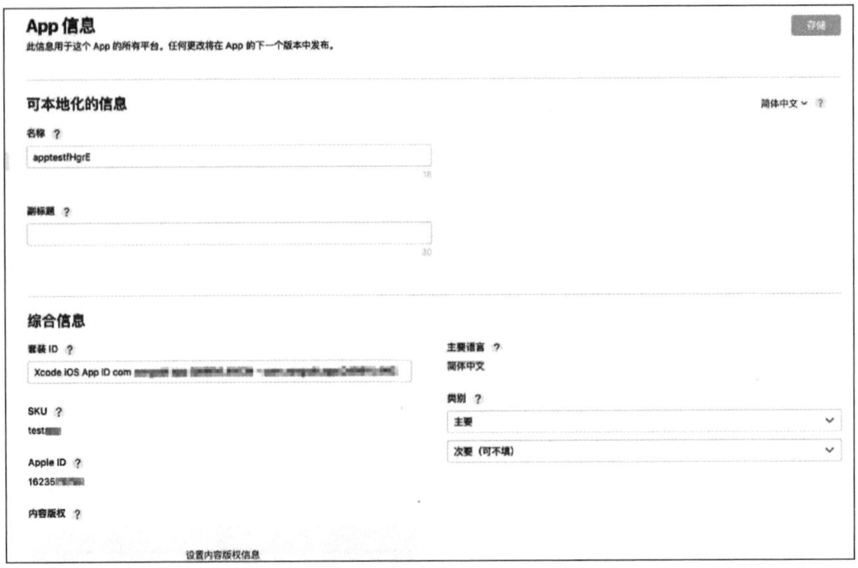

图 2-5 "App 信息"填写页面

步骤 05 App 信息提交。在上传 App 截图的页面左侧选择"1.0 准备提交"选项，在页面右上方单击"提交以供审核"按钮等待发布审核。

2. 在华为市场发布 App

在华为市场发布 App 主要包含三步：创建应用、配置应用基本信息和填写应用版本信息。

第一步：创建应用

创建应用的具体操作方法如下。

步骤 01 登录华为开发者联盟官方网站并进入管理中心，进入"管理中心"页面（见图 2-6），单击"应用市场"按钮。

图 2-6 "管理中心"页面

步骤 02 在打开的页面中单击应用列表右侧的"新建"按钮，如图 2-7 所示。

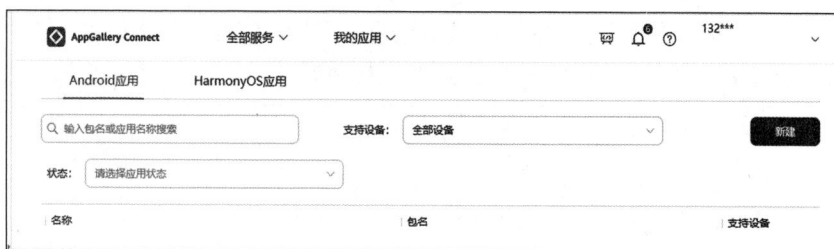

图2-7　单击"新建"按钮

步骤 03 在弹出的对话框中设置应用的基本信息，包括软件包类型、支持设备、应用名称、应用分类、默认语言、是否添加到项目等，完成后单击"确认"按钮，如图 2-8 所示。应用创建完成后返回应用列表，在"Android 应用"中即可查看已创建的应用。

图2-8　创建应用

第二步：配置应用基本信息

应用基本信息是面向最终用户去详细呈现应用的一些关键内容的信息，其中包含语言、应用名称、应用介绍、一句话简介、应用图标、截图和视频等，这些都是不同语言下实际的上架素材，此外还需要选择应用的二、三级分类。

应用开发和测试完成后，在正式提交上架申请前，应先对应用基本信息进行配置。具体操作方法如下。

步骤 01 在应用列表中选择要发布的应用，如图 2-9 所示。

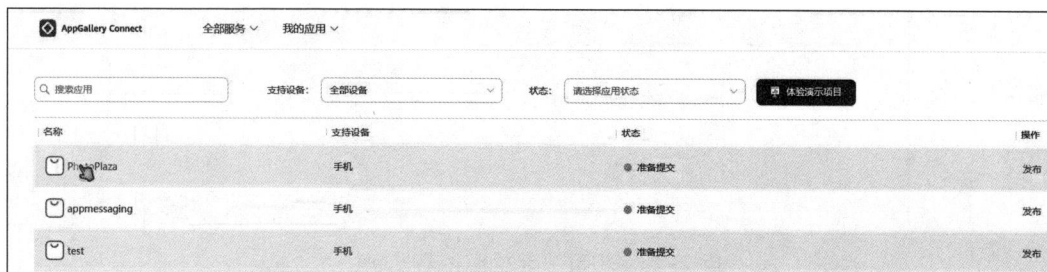

图2-9　选择应用

步骤 02 在打开的页面左侧选择"应用信息"选项，开始配置应用基本信息。在"兼容设备"区域选择应用发布后能够兼容的设备类型，如图 2-10 所示。

图 2-10　选择兼容设备

步骤 03 在"可本地化基础信息"区域配置语言，填写应用名称、应用介绍、应用一句话简介等，并上传准备好的应用素材。

① 配置语言。直接添加创建应用时设置的默认语言。如需为当前应用添加其他语言，可以单击"管理语言列表"按钮，在"语言选择"对话框中勾选语言，然后单击"确定"按钮。如果配置了多种语言，则需要在"语言"下拉列表中切换已添加的语言，并分别为每种语言完善对应的"可本地化基础信息"。

② 填写应用名称、应用介绍、应用一句话简介、新版本特性。"应用名称"用于应用在应用市场面向最终用户时区分于其他应用。"应用介绍"是面向最终用户详细介绍应用的主要功能和重要特性。"应用一句话简介"是为了帮助最终用户能够通过一句话快速了解应用的主要内容。"新版本特性"主要是对应用的最新版本所带来的新的变化或新的特性的描述，如图 2-11 所示。

图 2-11　设置"可本地化基础信息"

③ 上传应用素材，包括上传应用图标、应用截图和视频，如图 2-12 所示。应用图标用于

区分其他应用，能够让最终用户通过应用图标认识应用。可以上传至少 3 张 JPG 或 PNG 等格式的应用截图，优先上传 800 像素×450 像素或 450 像素×800 像素的截图，可上传横向或竖向类型的截图。应用介绍视频和推荐视频用于在应用市场客户端面向最终用户通过视频的方式介绍应用的重要特性及关键内容。

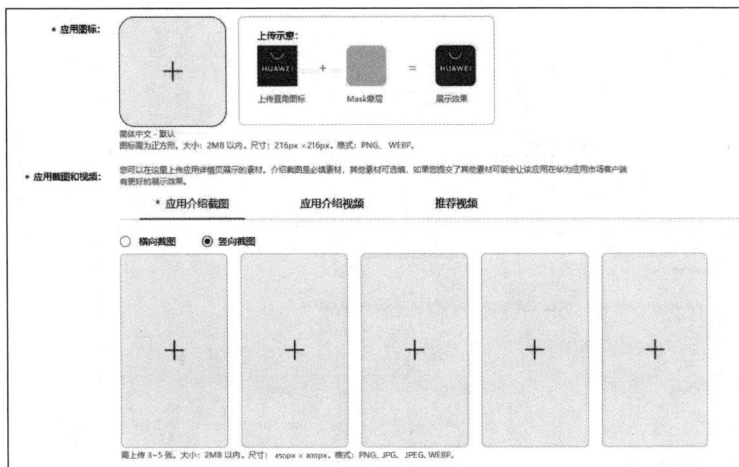

图 2-12　上传应用素材

步骤 04 设置应用的二级和三级分类，帮助应用在应用市场快速地被最终用户搜索到，如图 2-13 所示。

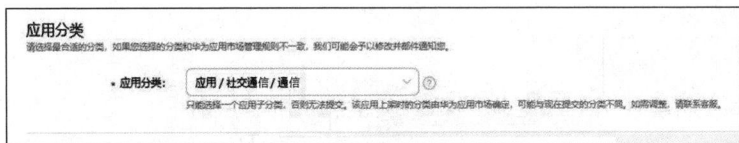

图 2-13　设置应用分类

第三步：填写应用版本信息

开发者需要填写详细的应用版本信息，版本信息主要发布 App 版本的一些属性，包含发布国家或地区、软件版本包、资费信息、内容分级、隐私、版权资质、审核测试账号等关键内容。

步骤 01 在应用"分发"标签页左侧选择"版本信息"—"准备提交"选项，在右侧"发布国家或地区"设置模块中设置要发布的国家或地区，如图 2-14 所示。

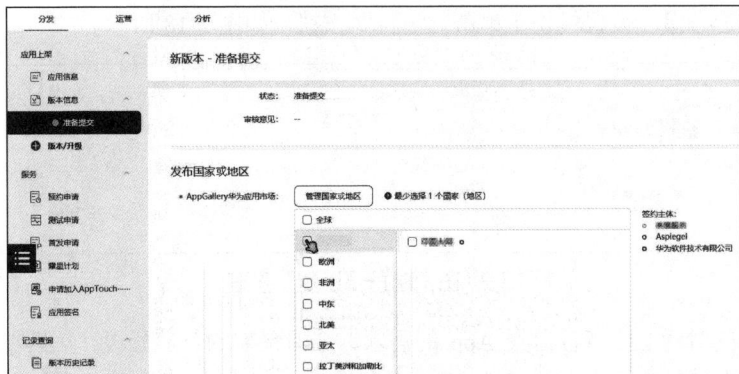

图 2-14　设置要发布的国家或地区

步骤 02 在"开放式测试"设置模块中设置是否为开放式测试版本，如图 2-15 所示。

图 2-15　设置"开放式测试"

步骤 03 在"软件版本"设置模块中单击"软件包管理"按钮，上传应用软件包，如图 2-16 所示。

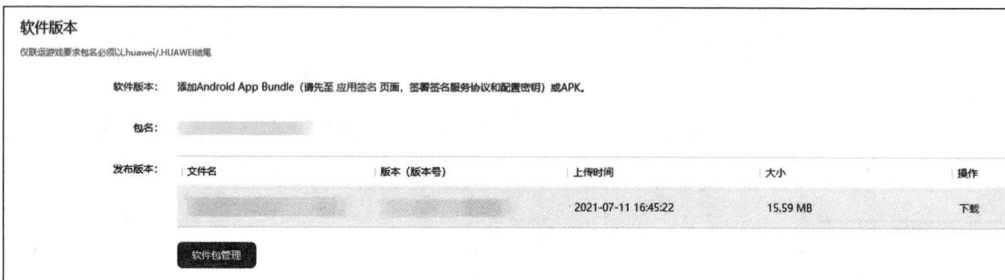

图 2-16　上传应用软件包

步骤 04 设置应用付费情况。在"付费情况"设置模块中设置应用是否需要用户付费才能下载，在"应用内资费"区域设置用户在使用应用过程中的付费类型，如图 2-17 所示。

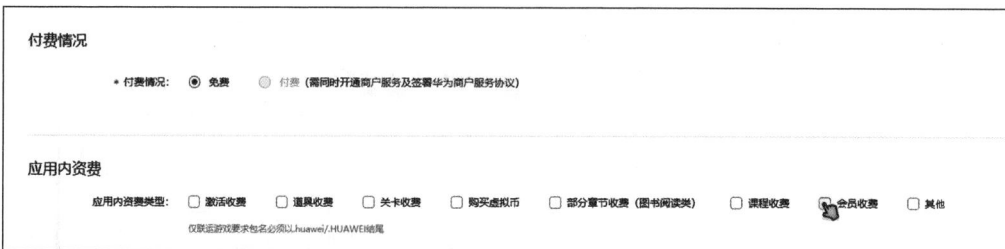

图 2-17　设置应用付费情况

步骤 05 设置内容分级。年龄分级是应用的必填信息，便于开发者向用户说明应用的适用对象。

① 在"内容分级"设置模块中单击"设置"按钮，如图 2-18 所示。

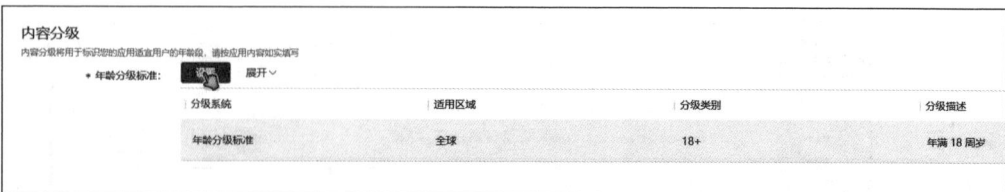

图 2-18　单击"设置"按钮

② 在弹出的对话框中结合自身 App 的需求，选择预期的年龄分级，然后单击"确认"按钮，如图 2-19 所示。

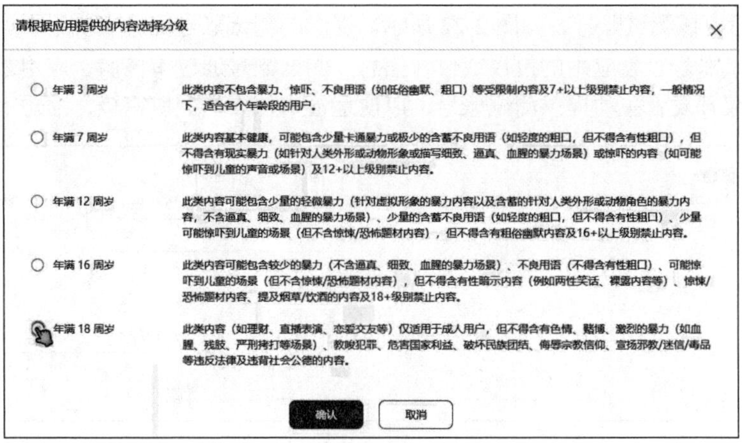

图 2-19 选择年龄分级

步骤 06 申请绿色应用认证。开发者可以选择是否申请绿色应用认证。如果选择申请（见图 2-20），华为将对应用进行兼容性、稳定性、功耗、性能、安全及隐私合规的检测。通过认证后，华为应用市场将会以特殊的绿色标志显示应用，并将应用优先推荐和展示给用户。

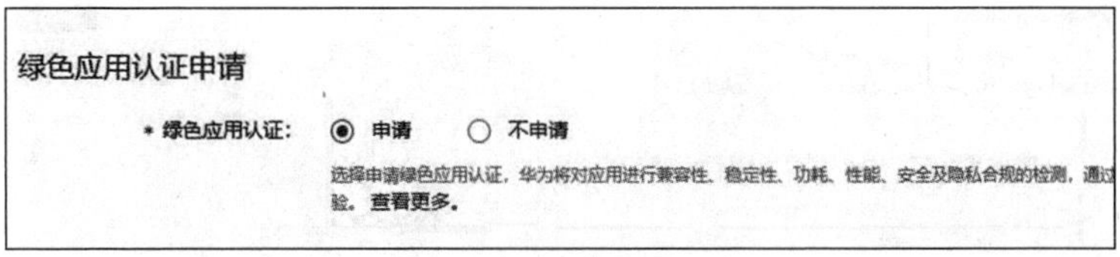

图 2-20 申请绿色应用认证

步骤 07 填写应用隐私权限说明，如图 2-21 所示。开发者可以输入隐私政策网址，录入隐私标签信息。在"版权信息"设置模块中上传电子版权证书或实际版权授权书等资质文件。

图 2-21 填写应用隐私权限说明

步骤 08 填写审核测试账号，如图 2-22 所示。提供的测试账号信息主要用于运营审核人员通过开发者的测试账号查看应用的授权或付费信息。测试账号通过审核后，应用才能够上架。一般情况下，建议开发者主动提供测试账号，以便运营审核人员加快审核，缩短审核时间。

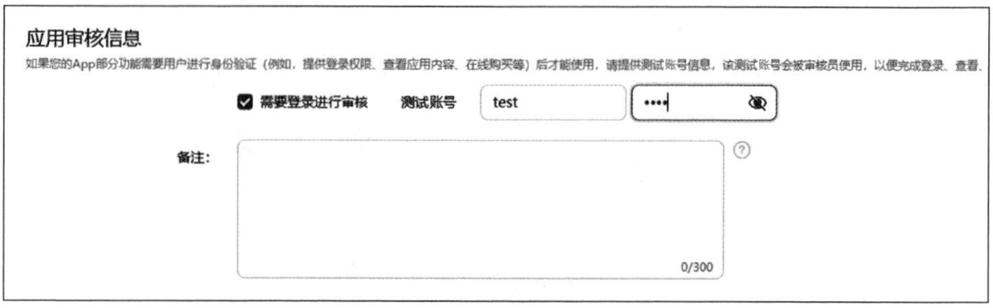

图 2-22　填写审核测试账号

步骤 09 提交审核。完成应用版本信息的填写后，单击页面右上方的"提交审核"按钮，此时在"版本信息"页面将显示审核状态，如图 2-23 所示。华为应用市场将在 3～5 个工作日完成审核。

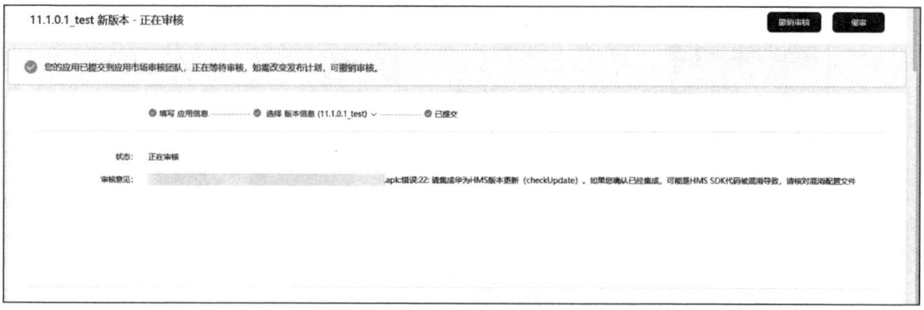

图 2-23　显示审核状态

（二）ASO

应用商店优化（ASO）有狭义和广义之分。狭义上的 ASO 是针对苹果应用商店的应用优化，即 App Store Optimization；而广义上的 ASO 是指 App Search Optimization，即通过技术手段提高 App 在应用商店的搜索排名和榜单排名的过程，用于提高 App 的曝光度，最终目的是获取有效自然用户。

1. ASO 的原理

运营者进行 ASO 的目标是做应用商店的拉新。计算拉新有一个简单的公式：拉新=曝光×转化。根据公式可知，运营者需要利用各种手段来提高 App 在应用商店的曝光率和转化率。

（1）曝光

应用商店的曝光方式有两种：一是榜单，二是关键词搜索排名。榜单包括了应用商店的首页推荐、流行榜、分类榜和应用首发等。根据相关数据统计，App 在应用商店流量榜单的下载占比 15%，搜索关键词下载占比 85%。因此，App 的大部分下载量来自用户在应用商店搜索下载，搜索是 App 被用户发现的不可缺少的一个环节。

运营者可以采用以下步骤通过关键词来提高 App 的下载量。

第一步，选择符合 App 的关键词。运营者在选词时需要考虑关键词与 App 的关联度、关键词的搜索量和关键词在应用商店的竞争力等。

第二步，覆盖所选的关键词。用户往往不会记住 App 的全名，而是通过某些模糊的关键词来搜索自己需要的 App。因此，运营者要尽可能地让 App 覆盖更多的相关关键词，增加 App 搜索流量入口，以增加目标用户的范围。

第三步，提高关键词的排名。App 选用的关键词排名越高，App 就越容易被用户搜索到进而下载。运营者可以通过投放按下载收费广告（Cost Per Download，CPD）来提高关键词排名，以提高 App 的曝光度。

（2）转化

当用户接触 App 后，用户是否有兴趣下载 App 决定了 App 的下载转化率，影响用户是否下载 App 的因素主要有由应用商店前端展示的 App 的下载量、用户对 App 的评分和评价、App 图标、App 截图等。一般来说，一款 App 的下载量超过 200 万人次、评分超过 4.6、评价人数1 000 人以上更容易引起用户的好奇心。

2. ASO 的影响因素

ASO 的影响因素主要有以下 7 个。

（1）App 名称

App 名称是十分重要的影响因素，一个好的 App 名称方便用户记忆、搜索，而且名称也是直白地表达 App 所属领域和内容的方式。因此，运营者在为 App 命名时要考虑 App 名称与产品、品牌、功能之间的联系，更要为后期推广做考虑。

当然，App 名称很多时候是早就定好的，很难修改。如果运营者无法干预 App 的命名，或者在接到运营 App 的项目时 App 名称已经被确定，这时运营者可以为 App 拟定副标题。副标题不仅能介绍 App，还是补充搜索关键词的必要部分。

例如，"好好住"是一个家装家居消费交流平台，作为 App 的名称，"好好住"表达了"有家就要好好住"的含义，与 App 的功能相符，App 的副标题为"真实住友交流家装经验，家居生活，好物推荐"，再一次补充说明"家装""家居"等搜索关键词，如图 2-24 所示。

图 2-24　App 名称

（2）关键词

在挑选 App 的关键词时，运营者要考虑关键词的匹配度，关键词要与产品相关联，可以是与 App 名称相关的词语、与 App 目标用户群体相关的词语、与 App 业务层面相关的词语，也可以是竞品的关键词。一个领域肯定会出现很多 App，如果某个词语被大家共同使用，会导致该词语热度很高，随之使该词语形成较高的竞争度。此外，运营者还要考虑关键词的热度，可结合 ASO 指数和百度指数对关键词的热度进行综合判断。

ASO 指数是对 App 在苹果手机应用商店中的搜索评估值，是结合可见搜索词汇、搜索热度、搜索权重、搜索排名，以及多个算法交叉计算的结果，代表每个关键词在苹果手机应用商店中的搜索热度。

ASO 指数和百度指数呈现的走势规律不同。一般来说，百度指数会对 ASO 指数产生影响，所以运营者可以用 ASO 指数评估现在的关键词热度，用百度指数评估未来的关键词热度。

（3）App 描述

App 描述对于 App 的推广也是非常重要的，它可以让用户了解 App 的功能和用法，最大限度地体现 App 的优势，进一步促进 App 的下载转化。运营者要在 App 描述的一开始就突出 App 的重要内容和关键词，例如，App 可以解决用户的哪些痛点，有什么重大的吸引人的活动。运营者设置 App 描述时所使用的语言要简洁明了。

App 描述还可以陈述该 App 曾获得哪些值得称赞的成绩，如 App 的下载量高、在榜单的排名靠前、在应用商店被推荐的次数多等，或者 App 获得名人推荐、知名奖项。这些内容会让用户更加信任和认可 App。

由于 App 会经常更新，所以，运营者要在 App 的版本迭代时同步更新 App 描述，及时将 App 的新亮点和特性告知用户。

例如，"下厨房"这一 App 就在 App 描述中重点突出了"被央视 CCTV 新闻频道报道"，同时列举出该 App 的几大主要功能，最后注明公司的联系方式，包括微博、微信公众号和电子邮箱，其 App 描述如图 2-25 所示。

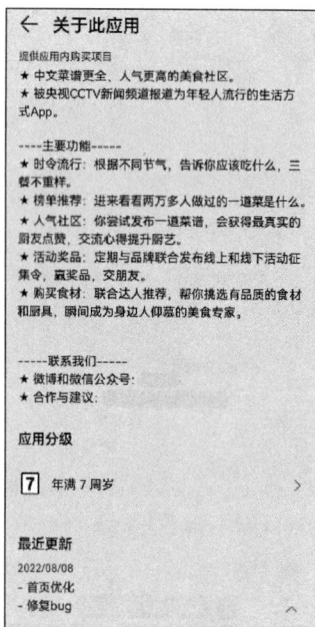

图 2-25　App 描述

（4）App 图标

App 图标就像人的长相一样，可以让用户对 App 形成直观的第一印象。要想让用户对 App 形成一个好的印象，运营者首先要为 App 设计一个漂亮的图标。运营者应将图标中使用的颜色控制在 3 种以内，图标的外形要简洁，可以让用户通过图标快速了解 App 的用途，方便用户做出下载决策。

运营者不要使用拍摄的图片作为图标，图标应是符号型图像，图片的厚重感会把潜在用户拒之门外。图标中使用的符号要适合不同地区、不同文化背景下用户的通用认知，以免因为用户对符号的认知差异而丧失部分潜在用户。

如果一个企业旗下拥有众多 App，企业要坚持 App 的品牌设计，不同 App 的图标在视觉设计上要遵循相同的准则，有相同的品牌形象，从而让用户一看到某些 App 就知道其同属于一家企业。

为了使 App 的图标更突出，建议运营者为图标添加边框，这样用户在应用商店浏览时，App 图标对用户视线的引导作用更加明显。在设计 App 图标时，运营者还要考虑手机的页面背景，尽量使用在深色背景和浅色背景下都很突出的边框和底色，否则图标很容易被页面背景淹没，影响用户的浏览体验。

由于图标的视觉吸引力很强，所以很多时候企业会在重大活动或重大节日期间更新 App 图标，在图标上添加活动信息或节日信息，以此作为营销的辅助手段，但添加的信息一般不能喧宾夺主。

例如，"驾考宝典"是一款帮助找驾校、考驾照的 App，其图标以蓝色、黑色和红色为主，图标上是一辆小轿车，突出了学车的重要信息，且 App 更新时添加了"新规题库"这一提示，紧跟行业趋势，其图标如图 2-26 所示。又如，"淘特"App 是"淘宝特价版"App 版本更新后的名字，该款 App 使用一个名叫"萝卜特"的兔子作为图标，这只兔子也成为"阿里动物园"中的一员（如天猫商城的猫、盒马鲜生的河马等），寓意"速度""敏捷"，"淘特"App 的图标以红色和白色为主，运营者在"夏日促销节"期间更新 App 后，在图标上也添加了活动元素，其图标如图 2-27 所示。

图 2-26　驾考宝典的图标　　图 2-27　淘特的图标

（5）App 截图和视频

同为外观设计，图标只是让用户对 App 形成一个基本认知，而 App 截图和视频则能为用户提供更详细的关于 App 的信息，能让用户很直观地了解 App 的功能和特性，从而产生下载的兴趣。App 截图一般在 App 描述前面，有时用户在观看 App 截图或视频后可能不需要再通过 App 描述来获取 App 的相关信息，这时 App 截图和视频的作用就发挥到了最大化。

App 的第一张截图能够吸引大部分用户的注意，因此运营者要把 App 最亮眼的优势放在最前面，使用户第一眼就捕捉到 App 的亮点，并产生继续探索的欲望。

App 截图中并非只有画面，还应包含 App 的核心特征，每一张截图都有与之对应的核心特征，且用与 App 相关的关键词来描述，让用户第一眼就能抓住 App 的卖点。App 截图的版面十分有限，要想在较少的篇幅里为用户创造良好的视觉感受，运营者就要合理设置截图中文字的大小，设置适当的对比度，文字和截图要使用对比度较强的颜色。

随着短视频的崛起，近些年来越来越多的人通过观看短视频来获取信息。与图片相比，短视频有更强的视觉效果，更能吸引人的注意力。运营者采用短视频介绍 App，可以动态的方式向用户传递信息，直观地展现 App 的特色和功能，让用户快速获取信息，节省用户自行翻阅的时间，进而刺激用户下载 App。

例如，美食菜谱类 App "豆果美食" 的 App 截图就介绍了该 App 的几大功能："百万菜谱，精准找到想吃的""学做饭必备，名厨教学一看就会""三亿食友，在线交流美食心得""笔记社区，参与热门美食话题""菜谱分类，各样菜式轻松查找"。在最前面还有视频展示该 App 的特色，如图 2-28 所示。

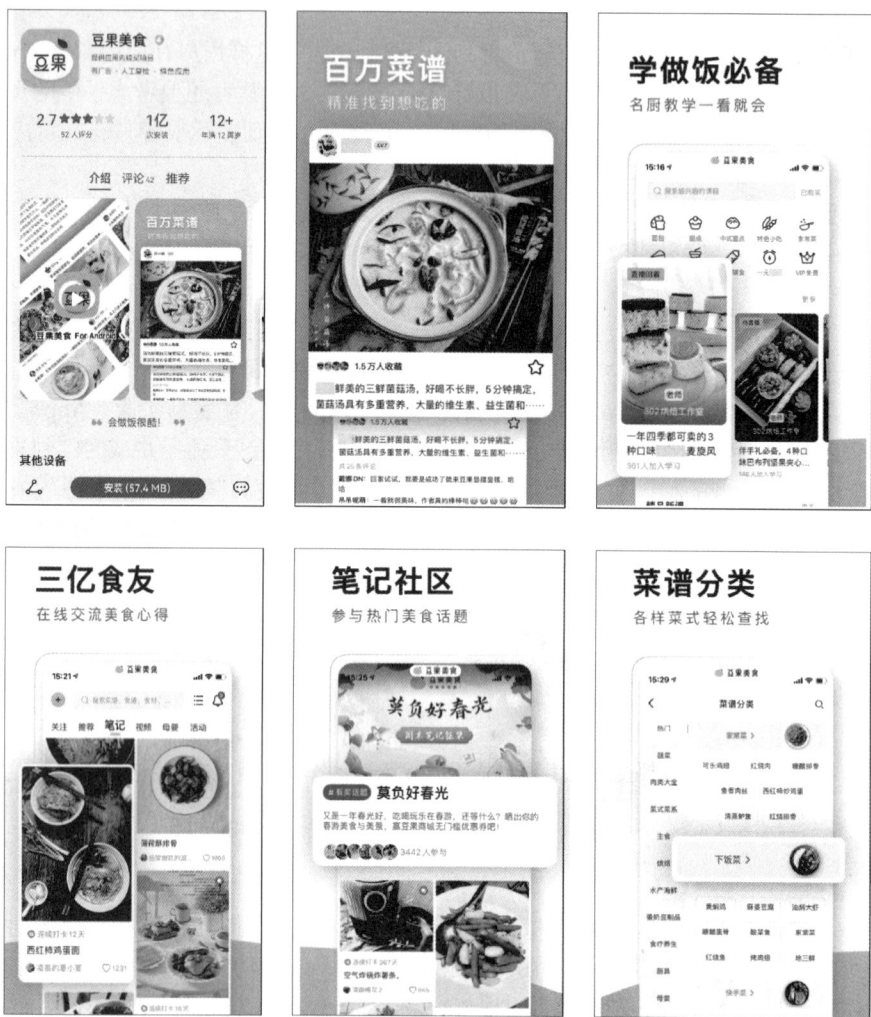

图 2-28 "豆果美食" App 截图和视频

（6）用户评价

数量较多的优质用户评价可以引导用户下载 App。如果一款 App 的评价数量较少，给用户的直观感受就是该 App 不够热门或者用户量较少；如果 App 的差评数量过多，会让用户觉得该 App 的功能和运行质量不好。因此，App 拥有适量的优质好评对用户转化有很大帮助。

运营者在做 App 评价优化时要注意原创，评价中的文字以 10～50 个字为佳。运营者要根据 App 的特性来写评价，尽量将品牌词或者与品牌相关的关键词融入其中，可以在评价中附带少量竞品、行业词，以扩大 App 的关键词覆盖范围。

（7）应用安装量

应用安装量也是影响 ASO 效果的重要因素，基本上排名靠前的 App 的应用安装量也是数一数二的。企业要想在前期增加 App 的应用安装量，可以通过开展营销活动或投放广告提高 App 的知名度，突出 App 对用户的有利之处，激发用户的下载欲望。

课堂讨论

你在选择下载某款 App 时，会考虑哪些方面？以上 ASO 的影响因素中，你最看重哪个影响因素？观察一下自己下载的小众 App，总结其共性。

3. ASO 的操作

半湖农耕是苏州经贸职业技术学院专为手机用户推出的满足其对农产品的需要的软件，涵盖了各个地区的特有农产品等精品食物。下文以半湖农耕 App 为例进行讲解。半湖农耕 App 于 2022 年 2 月发布，运行两个月后，通过后台 App 分析显示，App 总的展示次数是 160 次，安装 6 次，App 使用次数为 20 次，App 购买量为 12 次，形成的总销售额是 2 860 元。通过指标分析可以看出，该款 App 的展现量、安装量虽然较少，但是一旦用户下载之后该款 App 的使用率和价值转化率比较高。

基于以上的分析，运营人员准备对半湖农耕 App 2.0 版本进行进一步优化，主要围绕端午节主题从 App 截图、副标题、宣传文本、关键词 4 个方面对 App 进行优化。运营人员借助端午节，在 App 截图中采用了中国龙系列的 3 张图片，在 6.5 英寸显示屏上发布。在以下标题中选取 1 个既能反映节日主题，又能反映 App 活动内容的副标题：端午节，新人大礼 19.9 元包邮；随时随地，想淘就淘。

宣传文本迎合端午节主题，填写与 App "热门精品好物"对应的相关内容，以优质、精选、潮流等吸引用户点击。

由于 1.0 版本的 App 展现量较低，App 运营人员准备从品牌词、行业词、热度词 3 个方面对新版本 App 的关键词进行词库梳理。运营人员根据 App 主营商品类目提炼水果蔬菜、美容洗护、米面粮油、食品饮料、日用百货等 5 个行业词；从 App 定位及功能相关性角度出发，筛选出美团优选、小红书、天翔优选、盒马 4 个热门的品牌词；然后借助 App 大数据分析工具蝉大师 "关键词热度排名"功能，查询购物类 App 搜索热度前 50 名、搜索结果数小于 200 的关键词并将其作为热度关键词，最终组成半湖农耕 App 优化的关键词表，填写到关键词文本框中。

相关内容的填写可参考半湖农耕 App 介绍，具体如下。

【新人超值豪礼】新人 388 元大礼包，5 元无门槛现金红包；万款超低新人价单品等你来拿；半湖农耕新人 1 元超值好货；半湖农耕新人入会礼，每月领 20 元会员红包。

【生鲜极速送】够快才够新鲜，准时采购，十分方便。先进的生产技术和物流体系，全程冷链配送，保证商品的新鲜度，让用户尝到新鲜的农产品。

【热门精品好物】各个地区热门的新鲜农产品。

【放心购物】品质优选，放心之选，新鲜农产品高效配送，商品逐批质检，严格把控质量安全。

【售后无忧】提供 48 小时无忧售后服务，打消顾虑，想买就买。

（三）ASM

苹果应用商店搜索广告（App Store Search Marketing，ASM）是开发者通过竞价的方式在苹果应用商店中进行搜索广告的投放，也叫 ASA（Apple Search Ads）。2016 年苹果公司宣布 ASM 上线后，市面上无论是 iOS 开发者、发行者，还是市场营销从业人员都可选择以付费广告的方式在苹果应用商店内部推广自己的 App。

购买 ASM 服务的 App 会被展示在搜索结果项下的第一位，通过浅蓝色的背景和"广告"标志来识别，如图 2-29 所示。广告主可以购买苹果应用商店搜索结果页中特定关键字的付费展示位，付费展示位高于所有的自然搜索结果。

图 2-29　App 搜索结果页的"广告"标志

1. ASM 的原理

ASM 采用竞价机制，即 App 的开发者选择某一个关键词投放广告，竞价能否成功、能否在该关键词下展示广告，以及广告展示量的多少都受到竞价系数的影响。

影响竞价系数的因素主要有两个：相关性和出价。三者之间的关系可以用以下公式来表示：竞价系数=相关性×出价。

（1）相关性

相关性是指 App 与投放的关键词之间的关联度，在一定程度上代表着广告对用户的吸引力。影响相关性的因素主要有两个。一是文本信息，包括 App 名称、副标题、关键词、描述等，如果 App 的文本信息中覆盖了某个关键词，那么 App 投放该关键词成功的概率就更大。二是用户反馈，用户反馈主要是指 App 的转化率，如从展示到点击的转化率、从点击到下载的转化率，App 的转化率越高，相关性就越强，苹果应用商店就会将更多的流量分配给 App。

（2）出价

ASM 的出价机制为按照点击次数计费（Cost Per Tap，CPT），即只有用户点击广告时开发者才需要付费。点击的实际价格采用次价密封竞价模式（Second Price Auction，SPA），即每一次点击的实际成交价格根据开发者出价和仅次于该出价的竞争对手出价计算得出。例如，对于关键词"电商"，如果某开发者出价为每次点击 5 元，仅次于该出价的为每次点击 3 元，那么该关键词的最后成交价格将会高于每次点击 3 元，而低于每次点击 5 元。

根据 ASM 的原理，我们可以总结出苹果应用商店搜索广告展示的基本原则：当 App 与关键词的相关性极低时，无论 App 的出价多高，都不会有广告展示；当相关性相同时，优先展示出价高的 App；当出价相同时，优先展示相关性高的 App。

2. 苹果市场付费推广

半湖农耕 App 经过一段时间的推广之后，取得了显著的营销效果，于是苏州经贸职业技术学院准备加大推广力度，在苹果市场进行付费推广。

目前，半湖农耕将目标用户定位为 18～40 岁的人群。半湖农耕 App 新用户推广分为三期，总预算 30 000 美元，每日预算限制在 2000 美元以内。第一期"端午节 App 新用户推广"确定在 2022 年 6 月 3 日端午节假期进行投放，点击费用为建议价格的 120%。

半湖农耕 App 新用户推广所销售的商品以家乡农产品为主，采用完全匹配的方式设置了否定关键词：生鲜、水果、蔬菜。关键词按照顺序依次单个添加。

这次投放设备仅限手机，不考虑 iPad。第一期投放关键词以搜索指数和相关性为主要参考指标，选取以下关键词进行投放：购物、百货、超市、精选、易购、购物网、团购、优选、零食、休闲食品、掌上网购、商城、生活超市等。所有关键词均采用广泛匹配的方式。由于该广告组是端午节假期投放的，为了避免触达有旅游出行需求的用户，此广告组采用完全匹配的方式设置了否定关键词：旅游、出行、端午。推广关键词按照提供的先后顺序依次单个添加。

半湖农耕 App 的苹果市场付费推广具体操作步骤如下。

步骤 01 创建广告系列。登录 Apple Ads Advanced "广告系列"信息中心，单击"创建广告系列"按钮，如图 2-30 所示。

图 2-30　单击"创建广告系列"按钮

步骤 02 设置广告系列，包括选择要推广的 App，选择投放的国家或地区，填写广告系列名称、预算、每日预算上限，以及广告系列否定关键词等，如图 2-31 所示。

图 2-31　设置广告系列

步骤 03 创建广告组，包括填写广告组名称、设置"默认最高每次点击费用出价"、添加广告组关键词和否定关键词等，如图 2-32 所示。

图 2-32 设置广告组、搜索匹配、关键词

步骤 04 设置目标受众，包括选择投放设备、用户类型、受众特征，以及设置广告投放开始和结束时间（Creative Sets 不需要进行设置），如图 2-33 所示。

图 2-33 设置目标受众

步骤 05 所有设置完成后，单击"提交"按钮，即可完成广告组的创建。

3. 华为市场付费推广

华为市场付费推广共有四大类的推广资源：推荐资源、搜索资源、创意资源、品效资源等。下面以推荐资源推广为例进行讲解。推荐资源推广主要覆盖"应用市场-精品应用""应用市场-热搜""桌面推荐-热门推荐""全局搜-热搜应用"等场景。华为应用市场有大量个性化榜单，具有曝光量级大、千人千面、全品类竞争的特点。而开发者无须选择特定的榜单，系统会自动匹配曝光的资源位。

投放华为市场付费推广中的推荐资源推广的具体操作步骤如下。

步骤 01 登录华为应用市场付费推广平台，并进入"管理中心"页面，在"推广任务"选项卡下单击"新建推广任务"按钮，如图 2-34 所示。

图 2-34 单击"新建推广任务"按钮

步骤 02 在"推广内容"设置模块中设置相关任务选项，如被推广应用、投放场景、任务类型、计费类型、任务名称等，然后单击"继续，进行任务详细设置"按钮，如图 2-35 所示。

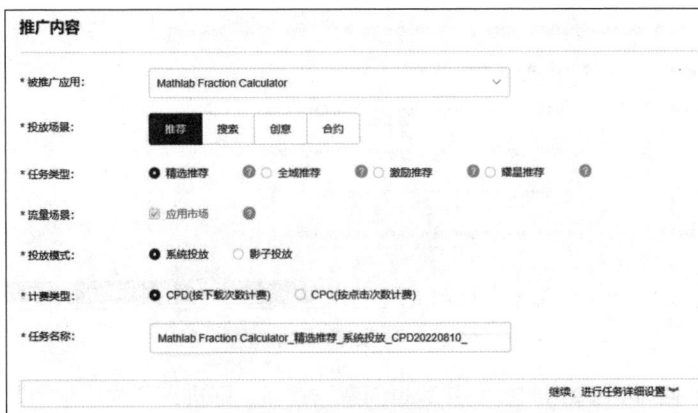

图 2-35 设置推广内容

步骤 03 在"投放控制"设置模块中设置"每日预算""投放日期""投放时段"等选项，如图 2-36 所示。

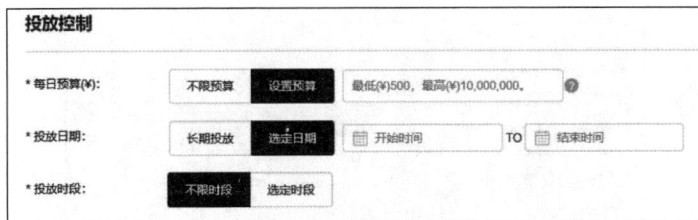

图 2-36 设置投放控制

步骤 04 在"通用投放"设置模块设置"通用投放出价"，即自动匹配场景下单次下载的计费，如图 2-37 所示。

图 2-37 设置通用投放

步骤 05 在"场景投放"设置模块单击"新建"按钮创建相关的子任务，然后设置子任务单独出价，如图 2-38 所示。

图 2-38　设置场景投放

步骤 06 在"归因监测"设置模块设置相关任务设置项，如果有智能分包、物理分包或监测链接的权限，可以填写归因信息。然后单击"提交并关闭"按钮，任务即可生效，如图 2-39 所示。

图 2-39　设置归因监测

步骤 07 若在步骤 06 中单击"提交并编辑创意"按钮，则进入"推广创意"设置模块，根据需要设置创意内容，包括展示类型、应用一句话简介、展示内容、创意标签、介绍页类型、App Deeplink、创意名称、创意展现模式等，完成后单击"提交"按钮，如图 2-40 所示。

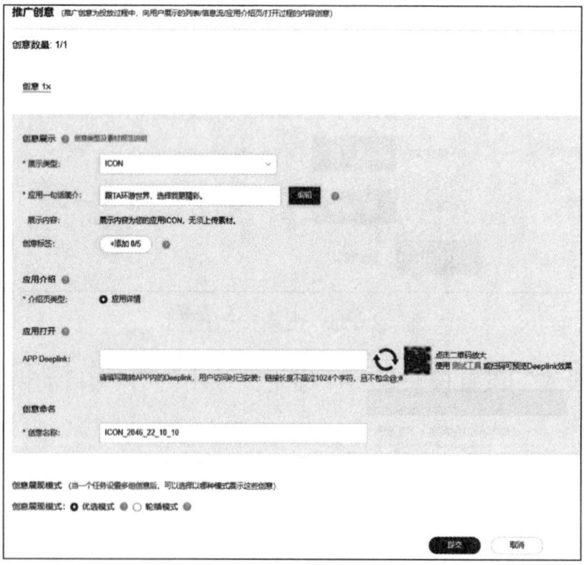

图 2-40　设置推广创意

任务三　投放广告推广 App

运营人员除了通过应用商店推广 App 以外，还可以通过投放广告的方式来推广 App。在投放广告之前，运营人员要先对 App 市场进行分析，掌握目标受众和竞争对手的具体情况，以做到有备无患，同时了解 App 广告投放的渠道、形式，广告定向方式和广告营销策略。

（一）App 市场分析

App 市场分析主要分为 App 目标受众分析和 App 竞争对手分析两个方面。

1. App 目标受众分析

App 目标受众即 App 的服务对象，是指 App 开发完成后主要服务的用户群体。目标受众分析是指运营人员根据用户的性别、年龄、收入、消费习惯、所在地等多个维度对目标受众进行分析，从而提取能满足用户需求的功能。

App 的开发应当始于目标受众分析，直接询问目标受众的看法无疑是较好的了解目标受众需求的方法，运营人员可以通过焦点小组、简单提问、收集和分析数据的方式来了解目标受众的需求。

实施目标受众分析的一个较好的方法是对用户进行画像。一款 App 在设计之初，开发者往往会预设用户群体，开发者可以从用户画像的行为静态属性、行为动态属性、行为心理属性、行为兴趣属性等方面进行分析。用户画像的属性分析如表 2-2 所示。

表 2-2　用户画像的属性分析

属性	说明
行为静态属性	目标用户的基本社会信息，如性别、年龄、身高、学历、婚姻、住址、收入、工作性质等
行为动态属性	目标用户的行为偏好，如常用的 App 有哪些、使用 App 的时间集中在什么时候、使用 App 的场景、使用的手机品牌、互动发帖行为等
行为心理属性	目标用户的情绪、心态变化，如稳健型、进取型
行为兴趣属性	目标用户的意识和方向等，即是否关注某一兴趣领域

📖 案例链接

易车 App 用"年轻精神"加深与年轻用户的情感联系

追求"年轻精神"永远是品牌营销的主旋律。易车作为汽车互联网领域的头部玩家，一直都在积极通过借势节日、跨界品牌联动等营销方式不断加深与年轻用户的情感联系，展现自身魅力，力求成为用户眼中更加年轻化、科技化的品牌。

2022 年 7 月 27 日至 8 月 1 日，易车 App 联合《独行月球》推出三重好礼，邀请广大网友与易车 App 的代言人一起开启一场难忘的旅行回忆。活动一经推出就迅速升温，深度触达年轻用户群体，引发大量关注互动。

据了解，此次易车 App 联合《独行月球》共同推出的活动，以"分享旅行回忆，赢联名好礼"为主题，以《独行月球》电影背景故事为创作基础，为广大网友带来代言人签名海报、电影兑换券、周边产品等多项惊喜好礼，网友通过参与分享自己难忘的旅行回忆，即有机会获取奖品。

电影《独行月球》的上映，为观众带来了一场令人耳目一新的花样旅行，也令很多人回忆起自己最难忘的旅行经历，易车 App 在此节点推出此次联名活动，且深刻洞察当代年轻人乐于分享生活的特点，为用户带来了充满趣味性的福利。

2. App 竞争对手分析

俗话说："知彼知己，百战不殆。"运营人员要对自己的竞争对手有充分的了解，通过分析竞争对手 App 的优缺点，来了解自己 App 的优势和劣势，从而对自己的 App 进行优化。

App 竞争对手分析是可以无限细化的，因此运营人员在开展竞争对手分析时要确保时间、精力的投入产出比恰当，在做竞争对手分析之前运营人员要明确自己的目标，拟定一个竞品分析大纲，然后细化执行。

开展竞争对手分析的基本流程如下。

① 确认竞争对手。选择与自身产品市场目标方向一致、目标用户群大体相同、产品功能和用户需求相似的产品。

② 挖掘竞品信息。从多个渠道收集竞品的信息，如竞品的数据信息、投融资信息、运营信息、App 本身的体验信息等。

③ 分析数据信息。得到大量的信息之后，就需要对信息进行详细分析，一般需要重点分析市场趋势（行业现状）、竞品的企业愿景（如 App 定位、发展策略）、目标用户（主要输出人物画像）、竞品的核心功能、交互设计、竞品的优缺点、运营以及推广策略，总结并提出对自身 App 有用的参考建议。

④ 输出分析报告。将分析的数据信息进行可视化输出，作为设计自身产品甚至确定自身产品运营方向的一个依据。

（二）App 广告投放

App 广告投放涉及广告投放的渠道、广告投放的形式、广告定向方式和广告营销策略 4 个方面。

1. App 广告投放的渠道

App 广告投放主要有以下 6 个渠道。

① 广告联盟平台推广。在 App 上线初期，运营人员使用专业的推广 App 的广告联盟平台来推广 App，不仅可以扩大 App 的覆盖范围，提高 App 的曝光度和知名度，还可以在短时间内获得大量的精准用户。广告联盟平台推广主要以按转化扣费（Cost Per Action，CPA）的形式计费，通过此渠道获取的用户都是自行下载安装 App 的精准用户，用户的转化率高、忠诚度高，因此广告联盟平台推广是一个不错的推广 App 的渠道。

② 应用商店广告投放推广。运营人员可以利用应用商店这一渠道来投放广告从而推广 App。应用商店有很多种，如手机厂商应用商店（华为应用市场、小米应用商店）、手机运营商应用商店（中国移动应用商店、联通沃商店、电信天翼空间）、手机系统应用商店（iOS 的 App Store）、第三方应用商店（应用宝、豌豆荚）、软件下载站（华军软件园）。

③ 新媒体广告投放推广。新媒体广告投放推广的渠道有很多，如百科类推广、问答类推广、论坛类推广、微博推广、微信公众号推广、短视频类推广等，如表 2-3 所示。

表 2-3 新媒体广告投放推广

类型	说明
百科类推广	在百度百科、360 百科建立品牌词条
问答类推广	在知乎、百度知道等网站建立问答

类型	说明
论坛类推广	以官方帖、用户帖两种形式发帖推广,同时联系论坛管理员做一些活动推广,发帖后定期维护帖子,及时回答用户的问题,收集用户的反馈,以便于下一版本做出改进
微博推广	做好微博定位后,将产品拟人化,用讲故事的方式进行推广,推广时要坚持原创内容输出;抓住当天或当周的热点跟进;参考同行业中运营比较成功的微博账号,借鉴其经验;与用户、其他品牌官方微博保持互动,提高品牌的曝光率;策划活动,提高微博转发率
微信公众号推广	找和自己的App拥有类似目标用户群体的公众号,在其内容中投放广告
短视频类推广	使用短视频的形式展示App的使用场景,激发用户的下载欲望

④ 社会化广告投放推广。这种广告投放主要以社会化营销模式来进行,即把软性广告植入可快速传播的文字、图片、视频中,使广告在各大社会化媒体中传播,从而产生高爆发的流量。要想成功完成营销目标,App本身应能够创造一定的话题,而且营销团队要具有很强大的执行力。

除此之外,通过网络"红人"转发或发布定制广告也是一种推广渠道,这种推广形式一般按照作品的篇数付费,运营人员要提前与网络"红人"商量好价格。运营人员还可以通过微信群、QQ群等社群来推广,用户在下载之后可以获得红包,用现金激励的方式提高用户转化率。

⑤ 异业合作。异业合作模式本质上是流量的合作,具体包括线下的互推、线上的合作,以及品牌的联合。例如,很多App会在平台的用户任务中心让用户通过做任务来获得积分,通过合作任务引导用户下载或登录合作的App,为合作的App引流。

⑥ 线下广告投放推广。线下广告投放推广的方式主要有手机厂商预装、线下媒体推广、线下店面推广、展会物料推广、地面推广等,如表2-4所示。

表2-4 线下广告投放推广

类型	说明
手机厂商预装	这种方式需要广告主和手机厂商合作,在手机生产出来的时候就预装应用。这种推广方式有很高的用户转化率,是直接的发展用户的方式,但是这种推广方式的用户起量周期比较长,从谈成合作到手机新品上市以及用户购买,中间需要花费一段时间,一般是3~5个月
线下媒体推广	主要是在电视、灯箱、LED屏幕、电梯等发布广告
线下店面推广	和线下商家合作,用户下载App可获得一份商家赠送的礼品
展会物料推广	展会物料是指在展会上用来向用户展示企业或产品的材料,常见的有宣传册、海报、易拉宝、邀请函等,企业可以将下载App的二维码放在物料上,让用户下载,并为用户提供礼品
地面推广	地面推广简称地推,是指营销人员与用户直接面对面交流,直接向用户推荐产品,是一种成本相对低、比较精准的推广方式

2. App广告投放的形式

App广告投放的形式主要有以下8种。

① 横幅广告。横幅广告也叫Banner广告、通栏广告、广告条,一般出现在页面顶部或底部,其优点在于可以直观地展示广告信息,快速吸引用户的注意力,其缺点为存在感不高、很容易被用户忽略、影响用户体验,因此很多时候横幅广告会被用户当作垃圾广告直接关闭,更别提点击广告浏览了。

② 开屏广告。开屏广告是一种十分直观、醒目的广告,每当用户打开App时,就可以看到某品牌投放的广告。开屏广告支持定向投放,可以根据广告主的实际需求,针对用户的行为

特征和消费偏好进行定向投放，例如，今日头条的开屏广告就支持按照地区、时间段进行投放，让对的人看到对的广告，实现精准触达。开屏页面属于用户进入 App 时第一眼看到的页面，因此，这个页面上承载的广告会对用户产生强烈的视觉冲击，该广告传递的信息也会让用户更容易记住。与 App 内的横幅广告和插屏广告相比，开屏广告更容易让用户形成记忆。

③ 首页广告。首页广告的用户触达率极高，可以大幅度增加广告的曝光量，同时提高用户点击率。首页广告的推荐价格较高，广告主可根据实际情况选择。

④ 推荐墙。推荐墙也叫推荐列表，开发者会在程序的任意位置设置入口按钮，在按钮响应事件中调用推荐接口，获得以弹出窗口形式展现的应用列表，当用户看到感兴趣的应用并点击后，开发者可获得广告收益。

⑤ 插屏广告。插屏广告一般会在用户第一次点击某个功能页时弹出，显示需要提示的具体内容。与其他广告形式相比，插屏广告的视觉冲击力强，定位更精准，效果显著，但它会暂时打断用户的操作，影响用户体验。

⑥ 信息流广告。信息流广告会伴随着信息的出现而出现，用户在浏览信息时会在不经意间浏览到广告。这种广告常出现在以关注页或推荐页为主的内容列表里，一般不会影响用户的操作；但如果内容定位不精准也会让用户产生厌恶情绪。例如，很多 App 品牌在快手平台投放信息流广告，用户在"发现页"刷短视频时，每隔 6 个短视频就会被推送相关的信息流广告。一般来说，信息流广告页面会突出显示"立即下载"。信息流广告如图 2-41 所示。

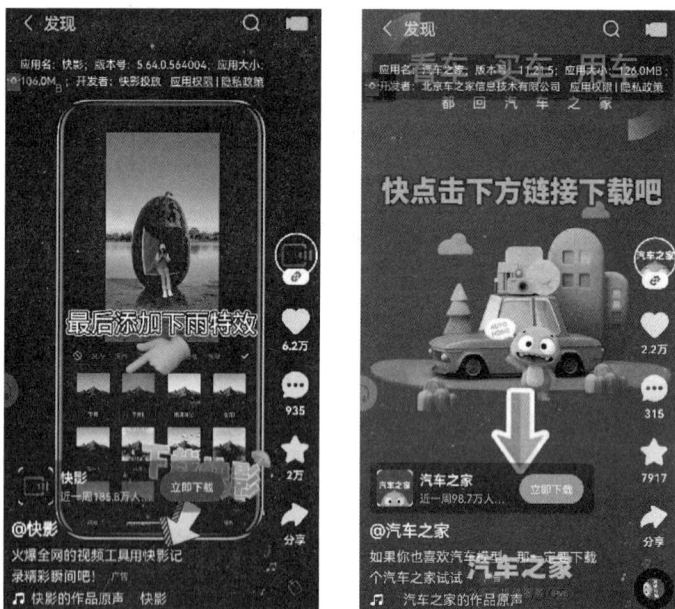

图 2-41　信息流广告

⑦ 视频广告。视频广告通常放在视频内容的开头，以内嵌的形式植入广告，不增加额外的内容板块，用户需要把广告看完才能看后面的内容，因此如果广告的时间太长会影响用户体验感。

⑧ 下拉刷新广告。当列表内容需要刷新的时候，用户一般会采用下拉刷新的方式，这时广告便会填充空白，从而达到宣传效果。由于下拉刷新广告隐藏在内容页面下，在用户刷新时才会出现，所以下拉刷新广告可以节约空间成本，不影响用户体验，但广告出现的时间过短，很难引起用户注意。

课堂讨论

请同学们互相讨论：你见到的最多的 App 广告投放形式是哪一种？你觉得对用户最友好的 App 广告投放形式是哪一种？最让人厌烦的是哪一种？

3. 广告定向方式

运营人员投放广告的目的是触达潜在客户，形成品牌曝光和销售转化。与传统的广告形式相比，定向广告可以通过一系列定向手段提高广告投放精准度，从而帮助企业节省广告费用，提升推广体验。

广告定向方式主要有以下 8 种。

① 地域定向。由于很多广告主的业务有区域特性，所以这种定向方式相当重要，是所有在线广告系统都必须支持的定向方式。例如，某 App 专门为某省的用户提供服务，在推广该 App 时就要针对地域定向推广，精准定位目标受众。

② 人口属性定向。人口属性的主要标签有年龄、性别、收入水平等，运营人员要想获得这些数据，需要有专门的数据来源，如用户的实名制注册信息或在线购物的消费记录等。目前很多平台要求实名注册，所以要获得人口属性信息相对容易。

③ 频道定向。频道定向是按照广告主的内容分类体系，将平台内的频道作为划分依据，针对各频道的流量投放不同的广告，这种定向方式适用于转化需求较高的垂直类 App，如汽车、母婴、购物等类型的 App。而对于内容覆盖面比较广的 App，这种定向方式就很难取得很好的效果。

④ 上下文定向。广告平台可根据网页内的具体内容来匹配相关的广告，即上下文定向，其维度可以是关键词、主题，也可以是根据广告主需求确定的分类。广告平台还可以根据用户当前浏览的界面推测其兴趣，从而向用户推送相关广告。

⑤ 行为定向。行为定向是指根据用户的访问记录了解用户兴趣，从而向用户推送符合其兴趣的广告。

⑥ 精确位置定向。在移动设备上投放广告时，广告主可以通过蜂窝信息或定位系统获得精准的地理位置。这一定向方式比地域定向的精准度更高，可以使大量区域性的 App 有机会投放精准定位的广告，吸引目标受众。

⑦ 重定向。重定向是一种非常简单的定向方式，原理为对某个广告主过去一段时间的访客投放广告以提升效果。广告主要想推广 App，可以分析自己的实体店、PC 端的客户信息，对这些客户推送 App 的下载提示，引导客户下载 App，在移动端聚集精准客户。与其他定向方式相比，这种定向方式是公认的精准程度最高、效果最突出的方式，但人群覆盖范围往往较小。

⑧ 莱卡定向。由于重定向的人群覆盖范围太小，无法满足广告主接触潜在客户的需求，所以不能只依靠重定向来投放广告，可以结合莱卡定向来投放广告。莱卡定向的思路是根据广告主提供的种子访客信息，结合广告平台更丰富的数据，为广告主找到行为上相似的潜在客户，这些潜在客户极有可能对广告主的产品产生兴趣。

案例链接

阅读类 App "买量" 推广分析

近两年，文化娱乐行业广告投放占比稳居前排，并且 2022 年 1—5 月的占比相比 2021 年同期有明显涨幅，从 7.79% 提高到 14.3%，属于重点 "买量" 行业。

阅读类 App 广告数占比位居全品类第六，整体"买量"占比波动较小，维持在 6%～7%。在 App 数量上，阅读类 App 数量占比有波动上升的趋势，截至 2022 年 5 月，阅读类应用数占比已达 7.52%。

根据 App Growing 追踪的移动广告情报数据，腾讯广告、百度营销、巨量引擎、网易易效、快手是阅读类 App 的重点投放平台。细分到流量媒体，阅读类 App 更青睐字节系媒体，包括穿山甲联盟、抖音短视频、番茄小说、字节小程序媒体等。阅读类 App 重点投放平台如图 2-42 所示。

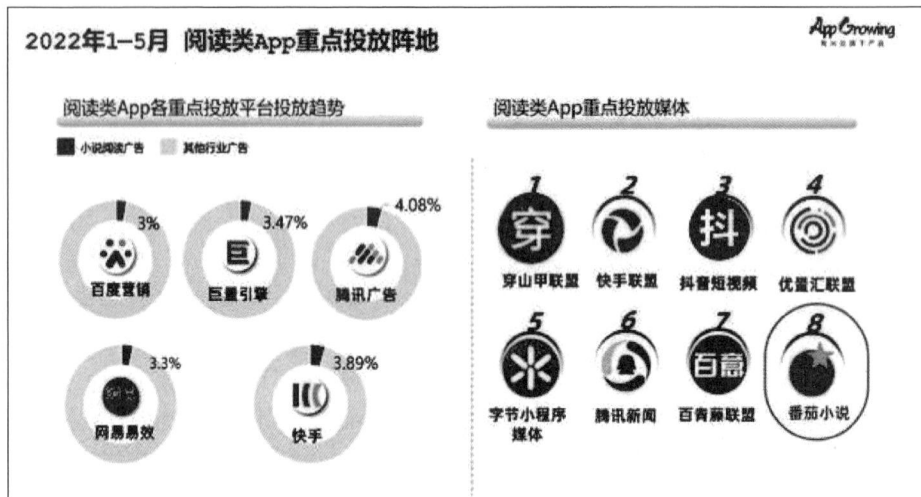

图 2-42　阅读类 App 重点投放平台

番茄小说作为从今日头条引流孵化而出的阅读类 App，截至 2022 年 6 月，月活跃用户接近 7 369 万人，位居移动阅读类 App 排行榜前列，稳稳占据了在线阅读产品热度第一名。作为字节跳动旗下的重点媒体之一，番茄小说也成了游戏、软件应用、生活服务、综合电商等行业的重点投放媒体。其他同类型小说 App 在番茄小说平台上的投放力度也不小，包括喜马拉雅、起飞阅读、快看漫画、得间免费小说等。

阅读类热门投放排名前 4 的 App 以男性用户居多，用户年龄多集中在 31～35 岁。投放的广告素材以竖视频与图片为主，大部分广告素材围绕着"免费""赚钱"等关键词展开，以此维系用户黏度，提高用户日活跃度挂钩。

例如，番茄小说 4—5 月投放增长明显，主投穿山甲联盟，素材形式以竖视频为主，广告文案主要围绕着"免费"等关键词展开，这也与番茄小说"免费阅读平台"的定位有关。

4. 广告营销策略

App 推广的广告营销策略可以分为 3 个阶段：App 发布前、App 发布时和 App 发布后。

（1）App 发布前

App 发布前，营销应早已开始，企业要为产品建立预期，确保在发布 App 时就拥有一批潜在用户。做好 App 发布前的准备，围绕 App 创建相关内容，进行内容营销是一种行之有效的方法。创建内容有很多营销优势，例如，可以建立行业权威，或帮助潜在用户通过搜索引擎找到自己，或进行社交媒体推广。

在创建内容时，企业可以制作以下 3 种类型的内容。

① 网站内容。如果企业有自己固定的网站访问者，就可以在网站上发表文章，告诉访问者

企业正在开发的 App，解释说明该 App 的优势，以及它将如何帮助用户。这些内容让有关 App 的信息得以传播，并在用户心里建立预期。企业为了扩大内容的传播范围，可以创建针对搜索引擎优化的文章，添加目标受众可能正在搜索的关键词，使自己有更多的机会在搜索引擎上获得靠前的排名。当然，企业还可以在其他网站上发表宣传 App 的内容，如其他平台的访客留言、社交媒体账户上的文章、问答平台上的内容等。

② 视频推广。如今短视频已经成为内容营销中的一种十分有效的方法。企业可以在 App 上线之前通过短视频直观地展示 App 的功能，以及它将如何使用户受益，也可以在应用商店列表中添加视频，使用户在下载 App 之前深入了解 App。

③ 建立高转化率的下载链接。企业要为 App 创建一个页面，并引导潜在用户来到这个页面，企业可以在页面中阐述 App 的优点和功能，使潜在用户获得更多与 App 有关的信息。企业可以使用号召性的语言将潜在用户定向到应用商店的链接，引导他们预注册，进而评估他们对 App 的兴趣。在收集预注册信息后，企业要让潜在用户随时了解 App 的进度，并在准备发布 App 时通过电子邮件向用户发送下载链接。对于付费 App 来说，鼓励用户进行预注册的手段包括费用折扣、订阅免费试用、在 App 内获得赠品、访问 App 的 Beta 版。Beta 版即 App 完整发布之前的测试版，可以帮助开发人员找出 App 中存在的问题，而潜在用户提前使用 Beta 版可以使用户提早对 App 建立预期，并在使用 App 后在社交媒体上讨论，形成自发的口碑营销。

（2）App 发布时

企业在发布 App 时，要充分利用社交媒体来提高 App 的曝光率。提高 App 曝光率的方法有以下 5 种。

① 举办比赛。比赛是激发用户热情的好方法，可以帮助企业扩大用户群，宣传即将推出的 App。企业举办比赛要拿出有趣的奖品和足够的预算。用户参与比赛的方式有分享或转发帖子。这一方式易于操作，用户只需分享内容即有机会获得奖品，可以刺激用户在社交媒体上传播 App 的信息。

② 利用名人或 KOL 推广。利用名人效应来推广是常用的营销策略，但其成本较高，企业在选择有影响力的人物时，要选择与自己 App 具有相似目标受众的人。如果企业的预算不多，可以利用在现有目标受众群体中影响力较强的人来推广，尽管这些人可能没有名人那么多的追随者，但也凭借优质内容或个人特质吸引了不少粉丝，且具有较强的粉丝黏性，如果 App 可以在少数几个有影响力的用户中抢占先机，也可以吸引大量的用户。

③ 用户共享。如果另一家企业有与自身相似或相同的用户群体，双方可以互换推广 App，企业在选择交叉推广时，应选择关注者数量与兴趣都与自己的 App 很相似的 App，App 之间应具有相关性，而不是竞争性。

④ 吸引媒体关注。企业可创建新闻稿，不仅说明即将发布 App 的消息，还要专注于说明该 App 如何使人受益。

⑤ 付费广告。如果有充足的预算，企业可以使用付费广告，如在搜索引擎上刊登广告，企业设置好预算，精准定位目标受众，然后将广告放置在特定的搜索列表中，将 App 展示在积极寻找的用户面前。

（3）App 发布后

成功发布 App 并不意味着推广工作已经结束，企业的营销人员仍然可以做很多事情，以使 App 吸引到更多的人。

① 引导评价。下载 App 的用户提交对 App 的正面评价可以形成口碑宣传。不能让用户下

载 App 后就立即做出评价，因为用户尚未使用该 App，应当在用户在 App 中完成某项重要的操作时弹出评价 App 的提示。

为了方便用户做出评价，App 应允许用户直接选择星级而无须离开当前页面去应用商店，这样可能会增大用户留下评价的概率。很多 App 会通过使用"您喜欢这个应用吗？"这样的问题来鼓励用户做出正面评价。如果用户拒绝做出正面评价，客服团队可以与用户进行交流，减小用户做出负面评价的概率；同时也应使 App 开发人员知道该如何改进，解决 App 存在的潜在问题。

② 引导用户推荐。一旦拥有了坚实的用户基础，企业就可以创建推荐方案，鼓励用户推广有关 App 的信息。企业一般要向推荐人提供推荐好友下载 App 的好处，并为其好友提供注册的好处，如折扣、现金奖励、赠品、免费试用、增加存储量等。

（三）App 广告投放操作

App 广告投放操作具体可以分为广告账户注册和广告投放的具体操作。

1. 广告账户注册

现因业务发展需要，半湖农耕 App 准备在腾讯广告平台进行农产品相关业务的竞价广告投放。正式开始广告投放业务之前，需要先在腾讯广告平台以企业身份进行广告账号注册。注册成功后，进入投放管理平台账户中心，完善账户资料，审核通过后方可正常投放广告。刘某作为半湖农耕 App 负责人，梳理完个人信息和企业信息后，开始准备腾讯广告投放账号的注册及认证工作，具体操作步骤如下。

步骤 01 填写基本信息。登录腾讯广告官网，单击页面右上角的"注册"超链接，进入基本信息填写页面，选择以"企业"身份创建，填写企业名称、姓名、省市、行业等，并用手机进行验证，完成所有信息填写后单击"下一步"按钮，如图 2-43 所示。

步骤 02 填写账号信息。填写 QQ 号或微信号，选择广告类型，其中广告类型包括竞价广告、按销售付费（Cost Per Sale，CPS）商品广告、自助合约广告 3 类，然后单击"下一步"按钮，如图 2-44 所示。

图 2-43　填写基本信息 　　　　图 2-44　填写账号信息

步骤 03 关联 QQ 号。在打开的页面中登录 QQ 号，单击"确认关联 QQ 号"按钮，如图 2-45 所示。

步骤 04 打开的页面会显示账号注册成功，如图 2-46 所示。

图 2-45　关联 QQ 号

图 2-46　账号注册成功

步骤 05 完善账户资料。进入投放管理平台，然后进入"账户中心"页面，补全主体信息，如营业执照照片、公司名称、统一社会信用代码、公司所在省市、法人姓名、法人身份证号和身份证照片等信息，然后根据需要设置是否申请附近推账户，设置所属行业，账户信息填写核对无误后单击"确定"按钮，如图 2-47 所示。

图 2-47　完善账户资料

2. 广告投放

半湖农耕 App 在各类应用商店上架一段时间后，为了提高半湖农耕 App 的市场知名度，吸引更多用户下载、安装、转化，刘某制订了"半湖农耕 App 展示推广"计划。此推广计划采用标准投放的方式，日预算控制在 10 000 元。

刘某准备在"半湖农耕 App 展示推广"计划下建立的广告是"半湖农耕 App 特定版位广告"。

"半湖农耕 App 特定版位广告"根据目标人群画像新建定向，地理位置不限，目标受众为年龄在 25～39 岁的人群；行为兴趣意向参考系统优选，主要是未安装半湖农耕 App、使用 iOS 操作系统的用户；联网方式以 Wi-Fi、4G 为主。

以上所有推广计划内容策划完成之后，刘某开始创建推广计划，进行广告投放。整个广告投放周期是 3 个月，即 2022 年 9 月 26 日—2022 年 12 月 26 日，采用按点击扣费（Cost Per Click，CPC）出价方式，价格在建议出价最高的基础上溢价 10%（出价保留 2 位小数）。不开启"一键起量"，广告日预算控制在 6 000 元。

刘某决定针对此次广告制作"App 特定版位广告创意"，采用自定义创意、优选模式，创意形式选择 16∶9 的横版大图。创意文案："理想生活上半湖农耕，随时随地，为你优选"。按钮文案是直接引导用户进行"下载"，添加"购物""半湖农耕""生鲜""农产品""家乡"几个标签（每个标签用英文逗号隔开且顺序不变）。

广告投放的具体操作步骤如下。

步 骤 01 新建广告。登录腾讯广告投放管理平台，在页面上方选择"推广"选项，进入推广标签页，然后选择"广告"选项卡，单击"+新建广告"按钮，如图 2-48 所示。

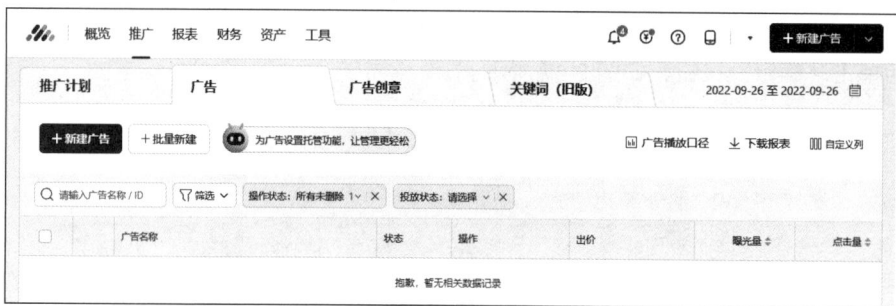

图 2-48　新建广告

步 骤 02 填写推广计划信息。

① 进入"推广计划"页面，选择计划类型，然后设置推广目标，如图 2-49 所示。

图 2-49　选择计划类型，设置推广目标

② 选择投放方式，设置日预算、总预算，输入推广计划名称，单击"下一步"按钮，如图 2-50 所示。

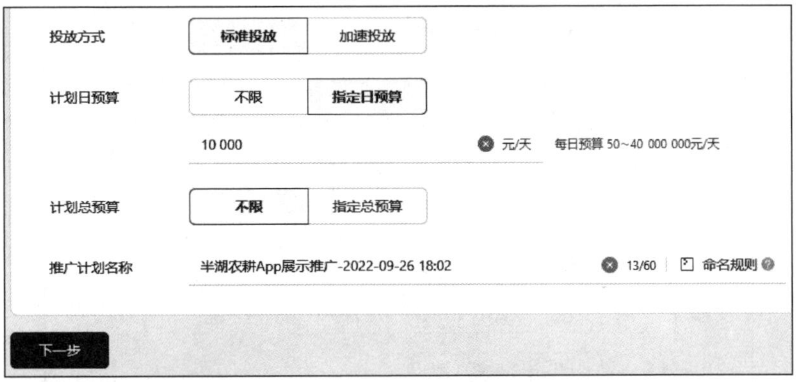

图 2-50　选择投放方式，设置日预算、总预算，输入推广计划名称

步骤 03　编辑广告投放内容。

① 输入应用 ID，如图 2-51 所示。

② 选择广告版位，如图 2-52 所示。

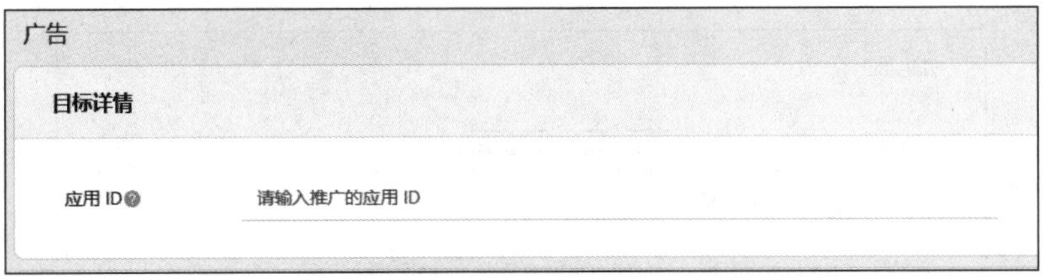

图 2-51　输入应用 ID

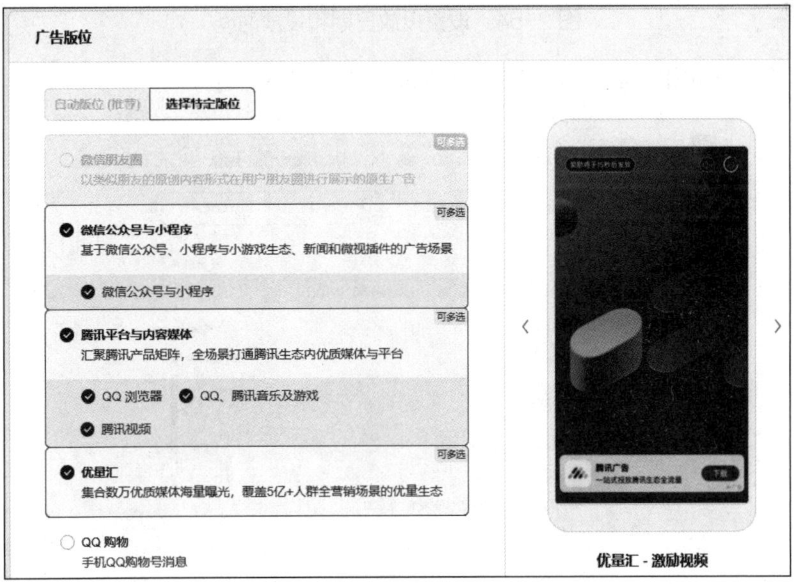

图 2-52　选择广告版位

③ 设置人群定向，如图 2-53 所示。

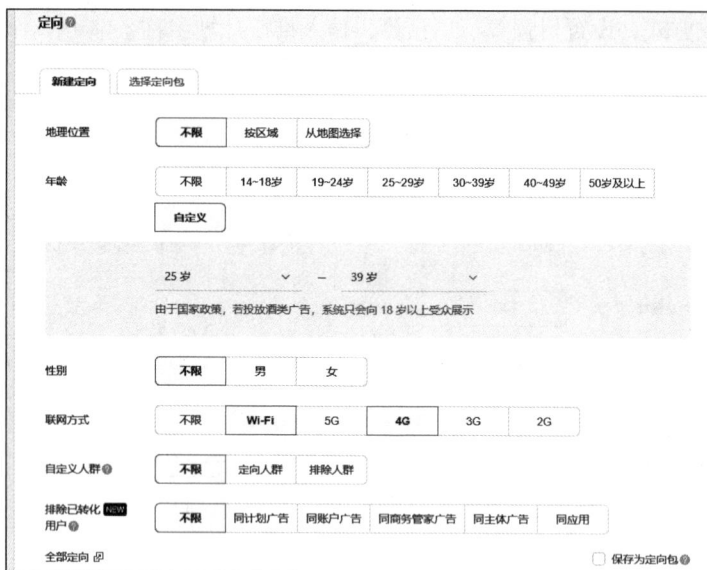

图2-53　设置人群定向

④ 设置投放日期和投放时间，如图2-54所示。

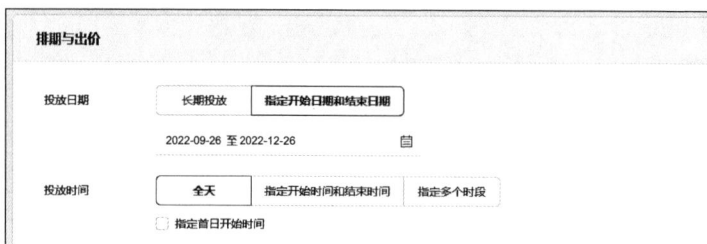

图2-54　设置投放日期和投放时间

⑤ 设置出价方式和出价，设置广告日预算，如图2-55所示。

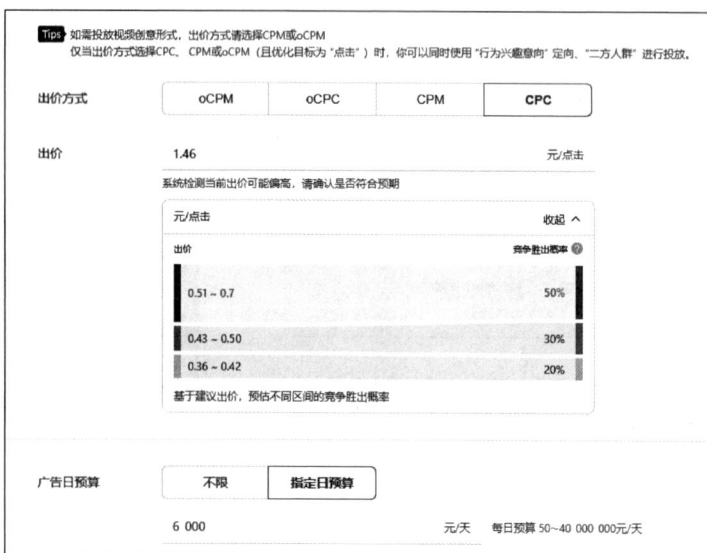

图2-55　出价设置

⑥ 填写广告名称，单击"下一步"按钮，如图 2-56 所示。

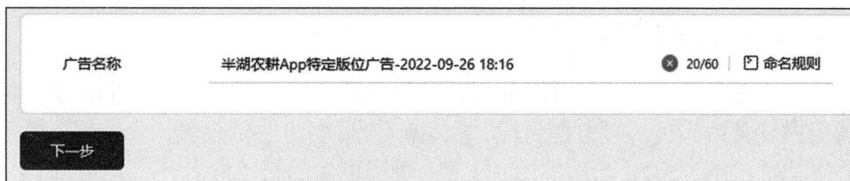

图 2-56　填写广告名称

步骤 04 添加广告创意。

① 进入广告创意设置页面，选择广告创意形式，如图 2-57 所示。

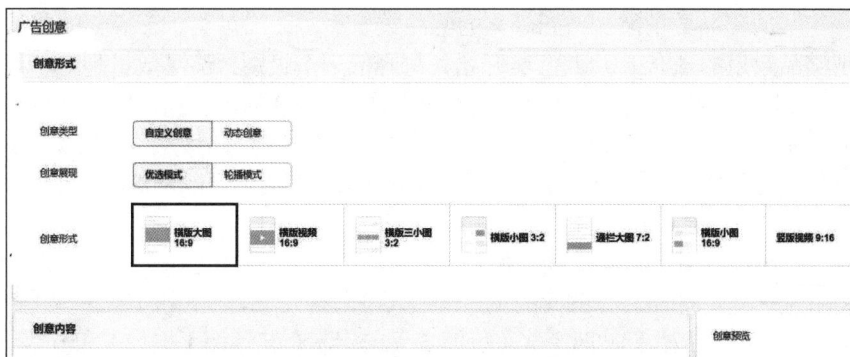

图 2-57　选择广告创意形式

② 添加创意图片和文案，如图 2-58 所示。

③ 填写按钮文案、标签和创意名称，如图 2-59 所示。

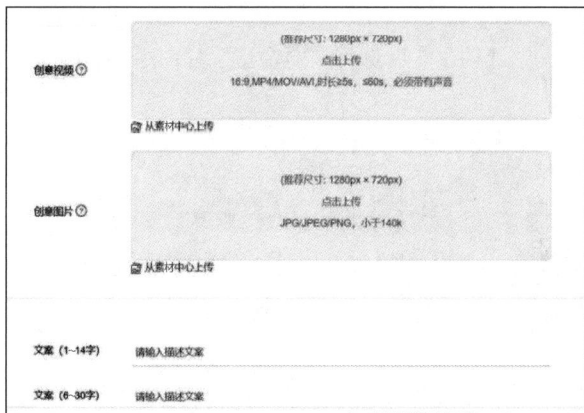

图 2-58　添加创意图片和文案

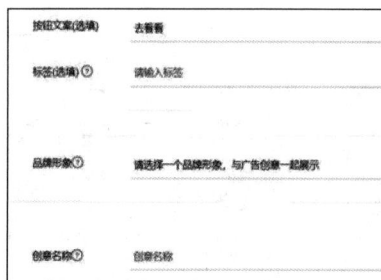

图 2-59　填写按钮文案、标签和创意名称

步骤 05 提交广告。

设置完成后单击"提交广告"按钮，广告进入审核阶段，等待审核完成即可。

任务四　实施 App 用户营销

下面以半湖农耕 App 为例，从 App 用户拉新活动设置和 App 用户活跃活动设置两个方面来展示 App 用户营销的步骤。

（一）App 用户拉新活动设置

在积累了一定粉丝后，苏州经贸职业技术学院想要利用已有的粉丝基础进行裂变拉新，获取更多的新用户。营销人员参考营销目标，在 App 设置名为"砸金蛋，拿大奖"的互动活动，并规定了分享奖励机制，激励老用户主动分享，吸引更多的新用户。

企业给此次营销活动的预算是 3 万元。活动期间每人（ID）仅限中奖 1 次，中奖率为 85%。砸金蛋活动仅限 App 的注册用户参加，注册用户在活动期间每天都可免费获得一次砸金蛋机会，且每拉一位未注册用户成功参与活动，即可额外获得一次砸金蛋的机会。每人每天最多可获得 5 次砸金蛋机会，活动时间内最多可获得 50 次砸金蛋机会。砸金蛋活动的奖品设置 5 个级别，一等奖的奖品数量最少，五等奖的奖品数量最多，二等奖、三等奖的奖品数量分别是上一级别奖品数量的 5 倍，从四等奖开始，每降低一个级别，奖品数量是上一级别奖品数量的 10 倍。营销人员进行了奖品数量库存统计，总计 5 600 件，根据占比计算得出每个级别最大的奖品数量。

用户分享时，显示"快来和我一起砸金蛋，砸出好礼！"的标题以及"我在这里面拿到了惊喜奖品，你也来试试手气吧！"的介绍。

活动时间：2022-05-10 至 2022-05-20。

活动奖品为一等奖（价值 3 980 元的飞利浦空气净化器）、二等奖（价值 329 元的空气炸锅）、三等奖（价值 25 元的切菜板）、四等奖（价值 5 元的定制布艺环保手提袋）和五等奖（3 元的无门槛优惠券）。

实物奖品兑奖时需用户填写姓名、手机号、邮寄地址。所有奖品需在 2022-05-25 前领取完毕，过期视为自动放弃。据统计，半湖农耕 App 已注册用户为 6 000 人。在宣传活动时，告知用户活动奖品数量有限，先到先得，营造活动氛围。

App 拉新活动设置的具体操作步骤如下。

步骤 01 进入 App 后台，在左侧选择"营销"选项，然后选择"砸金蛋"营销活动，如图 2-60 所示。

图 2-60 选择"砸金蛋"营销活动

步骤 02 在打开的页面中单击"创建活动"按钮，进入"基本设置"页面，设置活动名称、活动时间、选择人群、活动说明等，基本设置页面如图 2-61 所示。设置完成后单击"保存，下一步"按钮。

步骤 03 进入"活动项设置"页面，设置中奖次数、参与次数、兑换次数、活动中奖概率等选项（见图 2-62），然后单击"保存，下一步"按钮。

图 2-61　基本设置

图 2-62　活动项设置

步骤 04 进入"奖品设置"页面，单击"增加奖品"按钮，然后设置奖品信息，如图 2-63 所示。设置完成后单击"保存，下一步"按钮。

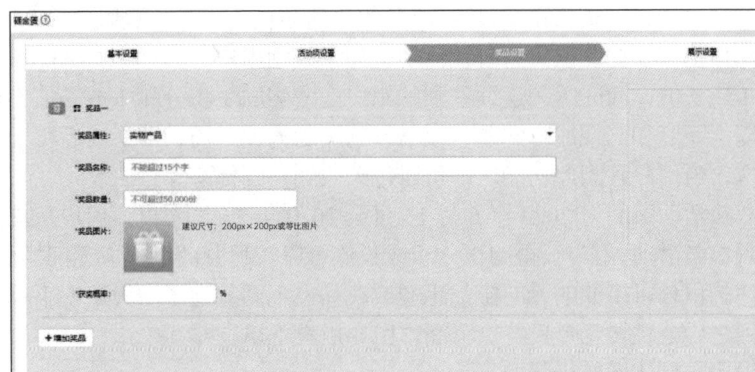

图 2-63　奖品设置

步骤 05 进入"展示设置"页面，进行相关活动页面设置，如图 2-64 所示。然后单击"保存，下一步"按钮。

图 2-64　活动页面设置

步骤 06 进入"分享设置"页面，设置分享封面、分享标题、分享简介、分享规则等，如图 2-65 所示。所有操作完成后单击"保存"完成当前任务。

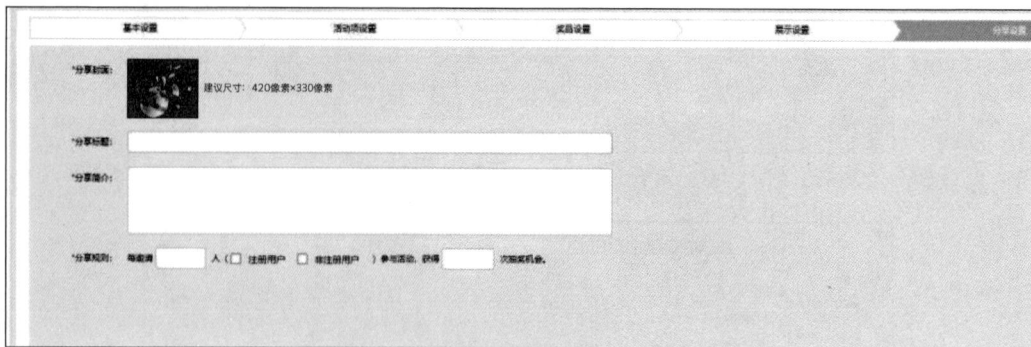

图 2-65　分享设置

（二）App 用户活跃活动设置

用户的活跃度是非常重要的，如果 App 有一定体量的用户数，但用户活跃度很低，依然不会给企业带来期望收益。只有基于一定数量的用户，同时有比较高的活跃率，才利于业务的良性发展。因此，半湖农耕 App 在获得一批新注册的用户后，为了提高新用户和老用户的活跃度，准备开展名为"每日一见，实惠秘密告诉你！"的签到有礼活动，刺激用户的活跃度。

所有注册用户都可参加此次签到有礼活动，为了鼓励用户每天都打开 App，每日签到固定奖励 1 积分和 1 成长值，同时给予连续签到的用户递增奖励 1 积分和 1 成长值，对其进行额外激励。考虑到周活跃度和消耗成本问题，递增签到奖励为期一周，即 7 天后奖励不再递增。同时设置签到提醒，当用户订阅此功能后，可以每天收到签到提醒。

本次签到有礼活动时间为 2020 年 6 月 16 日至 2020 年 7 月 16 日，用户从首页签到有礼活动横幅即可进入参与活动，用户获得的积分和成长值可以在积分商城换取无门槛优惠券或礼品。不同等级的用户的积分可换取的无门槛优惠券或礼品也不同。为了增大用户下单转化的概率，App 在用户签到之后会跳转至今日特价页面，引导用户下单。

活跃活动设置的具体操作步骤如下。

步骤 01 进入 App 后台，在左侧选择"营销"选项，然后选择"签到有礼"营销活动，如图 2-66 所示。

图 2-66　选择"签到有礼"营销活动

步骤 02 在打开的页面中单击"新建活动"按钮，然后进行活动基础设置、活动对象设置、每日签到固定奖励、连续签到额外奖励等设置，如图 2-67 所示。

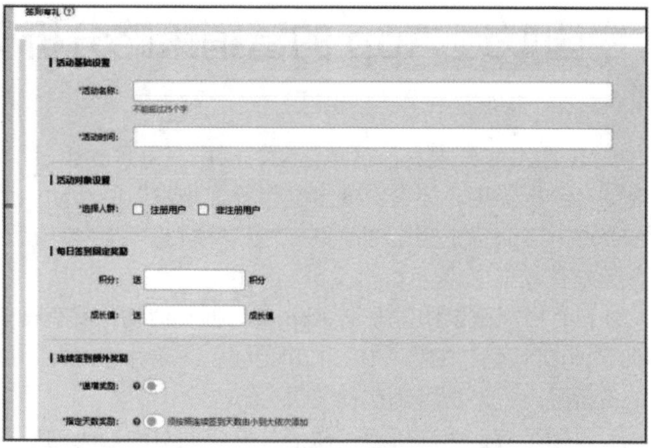

图 2-67　进行活动基础、对象设置和签到设置

步骤 03 填写活动说明，根据需要设置背景图片，如图 2-68 所示。

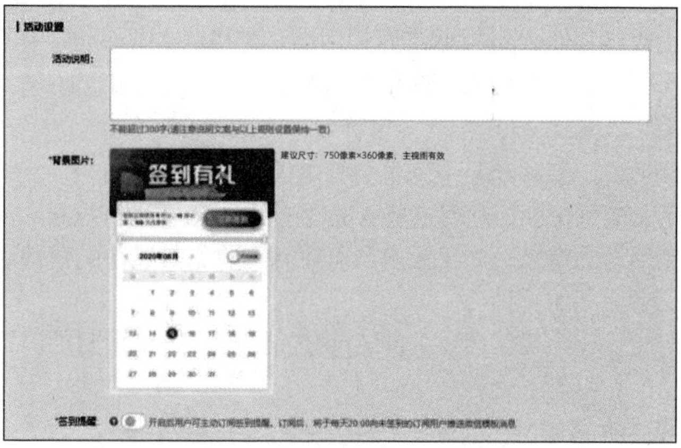

图 2-68　设置活动说明和背景图片

步骤 04 进行营销关联和分享设置，如图 2-69 所示。单击"保存"按钮，完成营销活动设置。

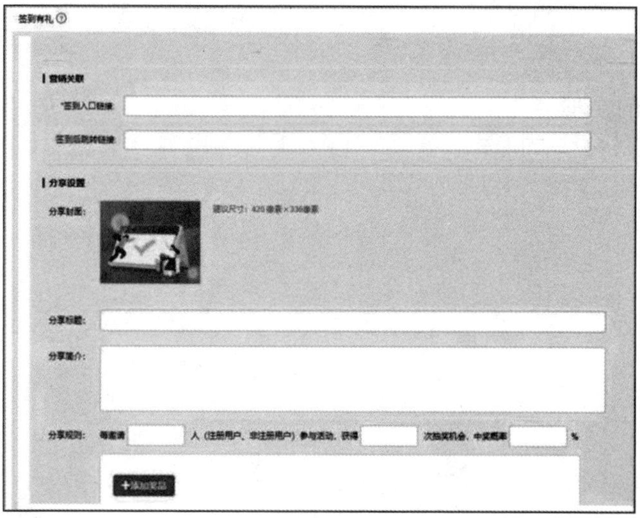

图 2-69　设置营销关联和分享

【实训：中国联通 App 的营销策略分析】

1. 实训背景

2022 年 8 月，中国联通 App 开展充值优惠活动，用户在每月的 3 日和 28 日可参与抽奖赢多重好礼，充话费最高享 5 折优惠，还有"现金红包等你来拿"的活动。活动参与路径：登录中国联通 App，在首页点击"交费充值"，即可在"专享福利"专区参与活动。

活动的具体优惠措施有以下 3 点。

① 每月 3 日和 28 日，当天登录中国联通 App 参与抽奖活动，就有机会抽取话费券、青桔单车骑行周卡、1 800 元购机礼包、酷狗 VIP、120 元红包终端券等好礼。每人每天有 3 次抽奖机会，每成功邀请 1 名新用户，可获得 1 次抽奖机会。

② 活动期间，中国联通 App 用户可通过微信分享或面对面扫码的形式邀请好友下载或登录中国联通 App，每成功邀请 1 名新用户，邀请者和被邀请者均可获得 5 元现金红包。

③ 福利不下线，好运不用等，现在点击"交费充值"，即可享受充话费 9.95 折优惠。

2. 实训要求

请同学们在网上收集其他 App 发起的营销活动，尤其是中国移动、中国电信等电信运营商的营销活动，分析三者的营销活动的共性和不同之处。

3. 实训思路

（1）下载中国联通、中国移动、中国电信等电信运营商的 App

下载并登录以后，浏览页面，观察这些 App 当前是否正在进行拉新、活跃等营销活动。如果有，请总结其营销活动的特点；如果没有，可在网上收集其过往的营销活动并分析其特点。

（2）对比分析三者之间的营销

在仔细浏览和分析这三个电信运营商的 App 营销活动之后，请归纳出三者的营销活动的共性和不同之处。

（3）点评三者的 App 营销

请在综合各项因素之后评比这三者的 App 营销活动。你觉得哪个运营商的营销活动最成功？

【思考与练习】

1. 简述 App 营销的特点。
2. 简述 ASO 的原理。
3. 简述 App 广告投放的形式。

项目三

小程序营销

知识目标

➢ 掌握小程序的运营规范、设计规则。
➢ 掌握小程序推广的优化方法。
➢ 掌握小程序市场分析方法、小程序广告的投放策略。
➢ 掌握实施小程序客户营销的策略。

技能目标

➢ 能够在微信注册、发布小程序，并用微信公众号关联小程序。
➢ 能够运用各种方法推广小程序。
➢ 能够策划小程序广告创意，并投放小程序广告。
➢ 能够进行客户分层。
➢ 能够运用小程序开展客户营销，并提高客户留存率。

素养目标

➢ 培养规则意识，遵循平台规范。
➢ 坚持社会主义核心价值观，创作具有正能量的营销内容。
➢ 培养并提升沟通与理解能力和市场洞察能力。

知识导图

扫一扫

引导案例

扫一扫

任务一　初识小程序营销

随着通信技术的发展，轻应用（一种无须下载、即搜即用的全功能 App）成为被普遍看好的新的发展方向，小程序也在这个时代发挥了它的作用，取代了一大批使用体验差、可替代性强的 App，微信、百度、支付宝、今日头条、抖音纷纷布局小程序，构建了小程序发展生态圈。

（一）小程序基础认知

小程序是一种不需要下载安装即可使用的应用。它实现了应用"触手可及"的梦想，用户扫一扫或者搜索即可打开应用；也体现了应用"用完即走"的理念，用户不用担心小程序安装太多的问题。小程序将无处不在，随时可用。

小程序由微信团队首先发布。2016 年 11 月 3 日，微信团队宣布，微信小程序正式开放公测，2017 年 1 月 9 日，微信小程序正式面对 C 端用户开放。支付宝、百度、今日头条等紧随其后，先后发布了自己的小程序，很多手机厂商也推出了快应用。尽管快应用与小程序的名字不同，但其本质也是小程序。

对于开发者来说，小程序的开发门槛相对较低，而且它可以满足简单的基础应用，适合生活服务类线下商铺应用。对于用户来说，小程序能够帮助他们节约使用时间、使用成本和手机内存空间。

用户在使用小程序时十分方便。以微信小程序为例，用户只需在微信聊天界面下拉菜单，即可出现小程序界面，显示"最近使用的小程序""我的小程序"两个选项。这是小程序的使用记录（见图 3-1），用户可直接点击小程序的图标进入小程序；使用完毕后，直接按手机的返回按钮或点击小程序上方的圆点符号"⊙"即可退出（小程序界面见图 3-2）。如果长按圆点符号，可以弹出多任务界面，点击相应的小程序图标即可切换到其他小程序界面，多任务界面如图 3-3所示。

图 3-1　小程序使用记录　　　图 3-2　小程序界面　　　图 3-3　多任务界面

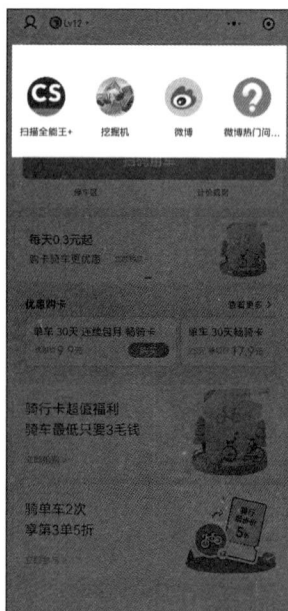

1. 小程序运营规范

每个平台都有一套自己的运营规则体系，小程序也不例外。很多小程序运营者进行了一些不规范的操作导致小程序被封禁。因此，运营者要充分了解小程序运营规范，在运营过程中尽量避免违规操作。

以微信小程序为例，其运营规范主要包括以下 6 个方面。

（1）注册提交规范

运营者要提交有效的电子邮箱、管理员微信号，以确保用户和平台可以联络到运营者；提交的小程序不得关联至不具有完整合法权益或不具备完整授权的网站、应用程序、产品或服务等；在提交和运营小程序的全过程中，运营者要向平台提供相应的材料，进行相应的修改和调整，按照平台要求协助审核；运营者不能重复注册和提交两个及以上页面、内容、功能相同或同质化严重的小程序，也不得注册或提交与已有的小程序相同或类似的小程序。

（2）基本信息规范

微信小程序的名称、Logo 和简介为小程序的基本信息，需要能够准确描述小程序的功能和内容，能让用户对小程序有一个直观的了解，符合用户对小程序实际提供的功能或服务的预期，能避免引导、误导、混淆用户对该小程序实际提供的功能或服务范围的理解。

（3）功能设置规范

小程序实际提供的服务和内容需与其简介一致，且不存在隐藏类目，核心功能也必须在小程序首页得到体现。从注册微信小程序开始，就应该按照国家法律、法规等政策的规定，及相关操作终端设备系统、应用商店的要求，对可能涉及不宜未成年人接触的内容或服务予以提醒或处理，保护未成年人的身心健康和合法权益。

微信小程序的内容或功能应当按照适用法律法规的规定、监管部门要求及腾讯的合理要求，向用户如实充分披露与用户有重大利害关系的内容，包括但不限于活动规则、产品或服务要求与条件、机构与品牌信息、各方权利义务、咨询投诉渠道等，以保障用户的知情权。

（4）主体规范

微信小程序的开发、运营应当符合法律、法规等规范性文件的规定，任何有合理理由认为存在违反法律、法规或监管要求的情况的，将会被拒绝。

开发者、运营者应当按照要求提供相应的审批、备案等资质文件材料，所提交的资质文件材料均应是真实、合法、有效的，如发现提交的文件材料存在任何伪造、造假情况，平台有权拒绝微信小程序或对其采取强制措施，并保留追究相应的法律责任的权利。

任何有合理理由认为从事或为从事违法行为、非法活动提供便利、协助的小程序，将会被拒绝。

未取得法定许可证件或牌照，发布、传播或从事相关经营活动的，将会被拒绝。

（5）行为规范

小程序运营者不得存在以下几个方面的违规行为。

- 滥用分享行为。小程序提供的服务中不得存在滥用分享等违规行为，如强制用户分享行为、分享立即获得利益的诱导行为、通过明示或暗示来达到诱导分享目的。

- 刷量行为。不得存在恶意刷票、刷粉、刷单等行为，一经发现将根据违规程度对该小程序采取限制功能直至封号处理。

- 网赚行为。不得存在自行或协助他人以拟人程序、利诱其他用户参与、转发、下载等方式的行为。

- 外挂行为。未经腾讯书面许可，不得使用或推荐、介绍使用插件、外挂或其他违规第三方工具、服务接入本服务和相关系统。

- 侵犯他人权利的行为。不得擅自使用他人已经登记注册的企业名称或商标，侵犯他人企业名称专用权及商标专用权以及企业商誉。不得擅自使用他人名称、头像，侵害他人名誉权、肖像权等合法权利。不得未经授权发送、传播他人个人隐私资料，侵犯他人隐私权等合法权益。
- 类目不符行为。小程序当前所选类目与实际运营的服务内容不一致，属类目不符行为。
- 欺诈行为。小程序内含有虚假红包、虚假活动、虚假宣传，仿冒腾讯官方或他人业务等，属于对用户进行欺诈的行为。

除此之外，游戏测试行为、多级分销经营行为、互推行为、收集用户隐私行为、虚拟支付行为、混淆行为、滥用接口能力行为、过度营销行为、逃避平台监管的行为等都是运营者应避免的行为。

（6）信息内容规范

微信小程序不得发布、传播、储存国家法律法规禁止的内容，以及色情低俗内容、垃圾广告、煽动夸大误导的信息等。

2. 小程序设计规则

小程序设计规则主要包括以下 10 个方面。

（1）产品轻量化

小程序官方一直强调"即用即走"的产品属性，小程序可以打开即用，用完即走，能极大地满足用户的及时性需求。因此，在功能设计上，小程序不是让用户沉浸体验的产品，与多板块、多功能的 App 相比，小程序的功能设计要更专一，足以让用户用几个字描述该小程序。

（2）重点突出

小程序的每一个界面都有明确的要点，当用户进入小程序后，可以很快找到相应的重点内容，这样有利于提高小程序的使用频率。

（3）保证流程明确

小程序要设计一个明确的流程，让用户在进入小程序之后知道如何具体操作。小程序的流程设计要符合用户的日常习惯。用户运行小程序的流程是：用户进入小程序界面，先判断是否被授权，如果未被授权，展示介绍界面会出现授权按钮，用户点击授权按钮后，小程序会弹出授权对话框，用户在确认授权后，小程序请求应用程序编程接口（Application Programming Interface，API）展示数据，如果用户已经被授权，则直接请求 API 展示数据。为了让用户顺畅地使用小程序，在用户进行某个操作时，应避免因出现用户目标流程之外的内容而打断用户的操作。

（4）视觉设计轻盈化

小程序给用户带来的直观感受会影响用户的首次体验。一般来说，小程序的视觉设计应遵守以下两点原则：界面要去除冗余，减少线条，让内容本身起到区隔界面的作用；界面视觉效果高度统一，界面清晰、协调，降低用户的操作成本，使用户在使用时感觉简单轻松。

（5）优化交互设计

在小程序交互设计中，应该尽量使交互过程贴合用户的使用习惯，这就需要开发者在前期调查中花费时间去研究用户行为。小程序的交互界面不宜太烦琐，应当简洁明了。

尤其需要提出的是，在手机端，虽然输入设备非常精简，但有时操作的准确性不如键盘、鼠标精确，为了适应这个变化，开发者在设计小程序的过程中要充分考虑手机特性，能让用户便捷、优雅地操控界面。开发者要尽量减少用户输入操作，利用现有接口或其他一些易于操作的控件来改善用户输入的体验。

例如，在添加银行卡时，采用摄像头识别接口来帮助用户输入，以降低用户手动输入卡号出现错误的可能性。

在不得不让用户手动输入时，应尽量让用户做选择，而不是让用户用手机键盘输入，如为用户提供搜索历史快捷选项。

在设计界面上需要被点击的控件时，开发者要考虑控件的热区面积，以免点击区域过小或过于密集而导致用户误操作。

（6）优化布局

小程序的模板布局要有适当留白，各个板块之间要有逻辑，且有较强的区分度，能让用户很方便地使用，不至于产生混乱的感觉。一般来说，小程序的布局主要包括轮播图/拼接图海报-快捷按钮-商品及列表，中间可适当添加标题、优惠券等板块。这样的布局比较符合用户的浏览习惯。

（7）优化使用性能

优化小程序的使用性能主要是确保小程序足够流畅，让各个界面保持较快的反应速度，导航设置要合理，一般设置2～5个底部导航，让用户可以快速找到需要的功能和内容。

（8）及时进行加载反馈

界面的加载时间过长会引起用户的不良情绪，使用小程序项目提供的技术能在很大程度上帮助用户缩短等待时间，但即使如此，当小程序不可避免地出现了加载和等待的情况时，开发者应予以及时的反馈，以舒缓用户等待时产生的不良情绪。

开发者可在小程序里自定义界面内容的加载样式，不管是局部加载还是全局加载，自定义加载样式都要尽可能简洁，并使用简单的动画告知用户加载过程。当然，开发者也可以使用微信提供的统一的界面加载样式。

如果加载时间较长，开发者应提供取消操作的功能，并使用进度条显示加载进度。在加载过程中，要保持动画效果，因为如果没有动画效果，很容易让用户觉得界面卡住了。不要在同一个界面中同时使用超过1个的加载动画。

（9）明确反馈结果

对于界面局部的操作，开发者可在操作区域予以直接的反馈。例如，用户点击多选控件，被选择的控件选项前方会出现绿色的圆圈，圆圈内有"√"。对于常用的控件，微信设计中心将提供控件库，其中的控件已提供完整操作反馈。

对于界面全局的操作，开发者可设计弹出式提示。这主要适用于轻量级的成功提示，一般会在1.5秒后自动消失，并不打断操作，对用户产生的干扰较小。该提示不适用于错误提示，因为错误提示需要明确告知用户，所以不适合使用一闪而过的弹出式提示。

对于需要用户明确知晓的操作，开发者可以通过模态对话框来提示，并附带下一步操作指引。

对于操作结果已经是当前流程的终结的情况，开发者可使用操作结果页来反馈，强烈而明确地告知用户操作已经完成，并根据实际情况给出下一步操作的指引。

（10）灵活处理异常场景

开发者在设计小程序的任务和流程时，很容易忽略异常状态及其流程。在操作过程中界面出现异常场景时往往是用户感到沮丧和需要帮助的时候，因此开发者要格外注意异常状态的设计，在出现异常状态时给用户必要的提示，并告知用户解决方案，使用户可以应对，以免用户停滞在某个界面。

在表单较多的界面中，一旦出现异常状态，界面上要明确指出出错的项目，以便用户修改。例如，用户填写的联系方式格式不正确，表单顶部会告知错误的原因，标识出错误字段，提示用户修改。

3. 微信小程序的注册与发布

注册微信小程序共有两种方式：一种是有认证服务号的，用户可以直接复用微信公众号资质快速注册小程序，这样用户就无须再进行小程序认证了；另一种是登录微信公众平台直接注册。

通过微信公众平台注册小程序的具体操作步骤如下。

步骤 01 进入微信公众平台首页，单击页面右上方的"立即注册"按钮，在打开的页面中选择"小程序"选项，如图3-4所示。

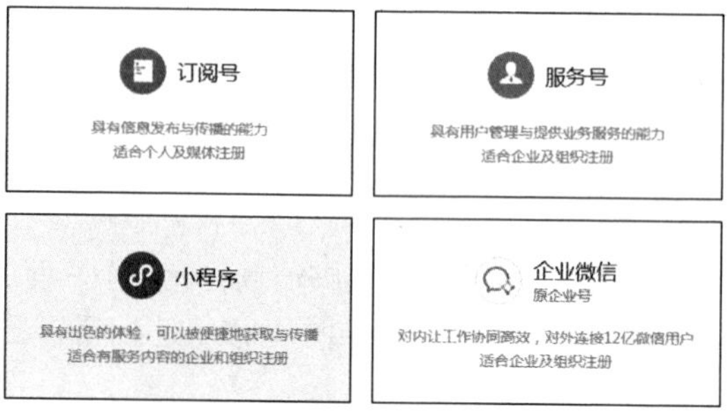

图3-4 选择"小程序"选项

步骤 02 进入"小程序注册"页面，输入邮箱、密码、验证码等信息，然后单击"注册"按钮，如图3-5所示。

图3-5 填写账号信息

步骤 03 在打开的页面中单击"登录邮箱"按钮，登录邮箱进行激活，如图3-6所示。

图3-6 单击"登录邮箱"按钮

步骤 04 登录邮箱后查看邮件，单击相应的激活超链接，如图 3-7 所示。

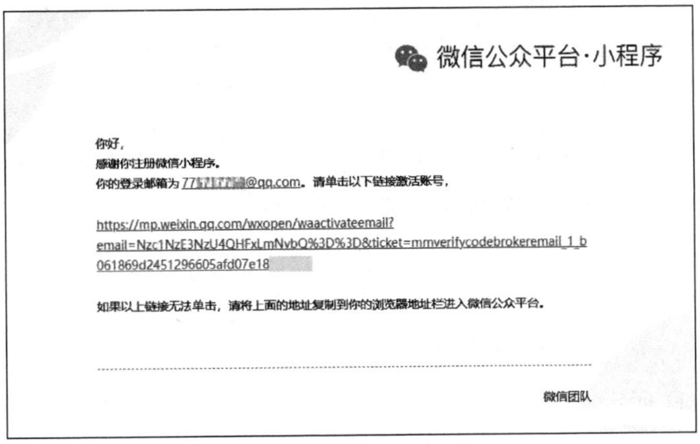

你好，
感谢你注册微信小程序。
你的登录邮箱为 77█████@qq.com。请单击以下链接激活账号。

https://mp.weixin.qq.com/wxopen/waactivateemail?
email=Nzc1NzE3NzU4QHFxLmNvbQ%3D%3D&ticket=mmverifycodebrokeremail_1_b
061869d2451296605afd07e18

如果以上链接无法单击，请将上面的地址复制到你的浏览器地址栏进入微信公众平台。

微信团队

图 3-7　单击激活超链接

步骤 05 进入信息登记页面，选择主体类型，如图 3-8 所示。

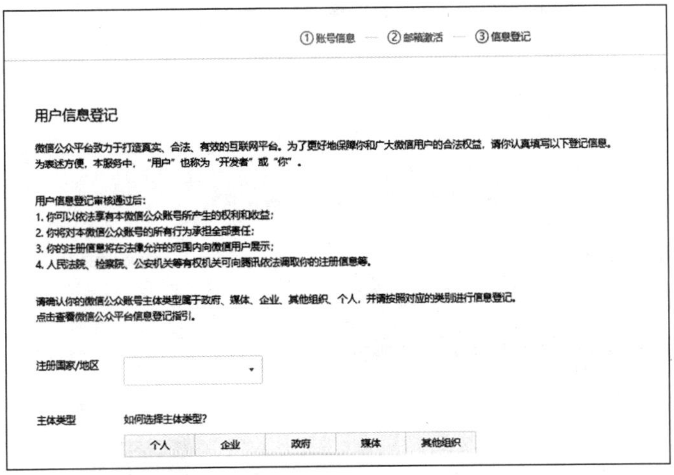

图 3-8　选择主体类型

步骤 06 填写主体信息，如选择企业类型，输入企业名称、营业执照注册号等，如图 3-9 所示。

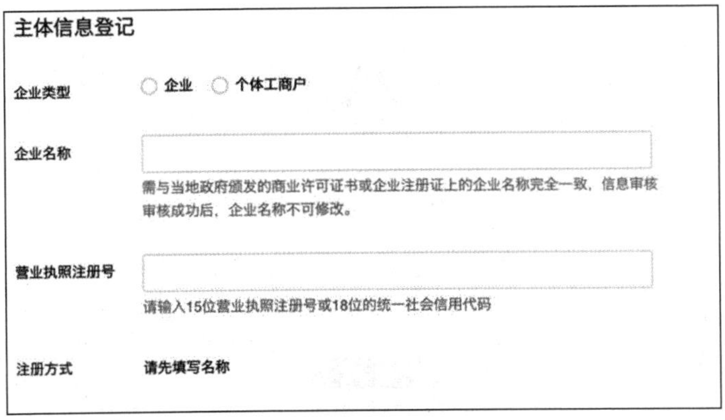

图 3-9　填写主体信息

步骤 07 选择注册方式。注册方式包括"向腾讯公司小额打款验证"和"微信认证"，在此选择"微信认证"，如图 3-10 所示。

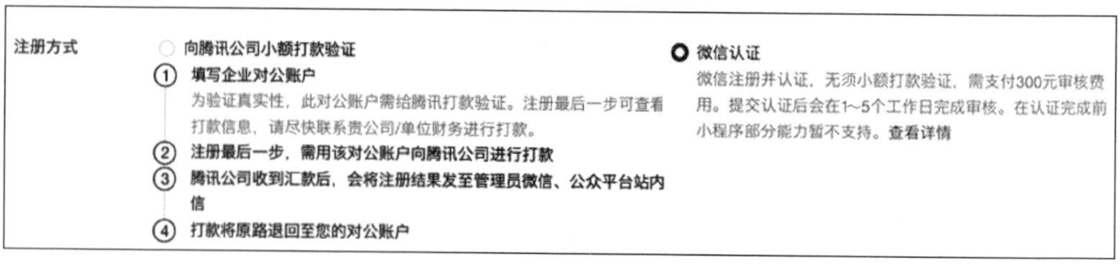

图 3-10　选择注册方式

步骤 08 填写管理员信息，然后使用微信扫描二维码进行管理员身份验证，完成后单击"继续"按钮，如图 3-11 所示。

图 3-11　填写管理员信息

步骤 09 在弹出的对话框中单击"前往小程序"按钮，如图 3-12 所示。

图 3-12　单击"前往小程序"按钮

步骤 ⑩ 进入微信小程序管理后台，在"小程序发布流程"页面中单击"认证"按钮，如图 3-13 所示。

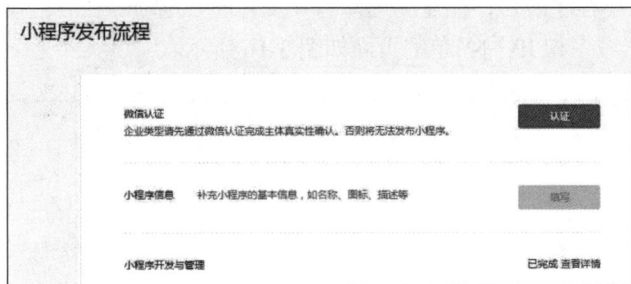

图 3-13 单击"认证"按钮

步骤 ⑪ 进入"微信认证"页面，根据操作向导进行操作，包括同意协议、填写资料、填写发票、支付费用 4 步，如图 3-14 所示。所有操作完成后，即可完成微信小程序的注册。

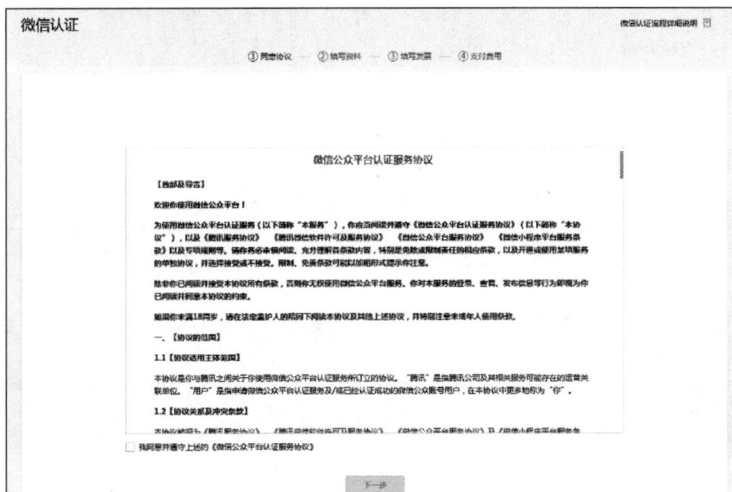

图 3-14 进行微信认证

有认证服务号的用户可以直接登录微信公众号后台，在左侧选择"小程序管理"选项，在右侧单击"添加"按钮，在弹出的对话框中选择"快速注册并认证小程序"选项即可，如图 3-15 所示。

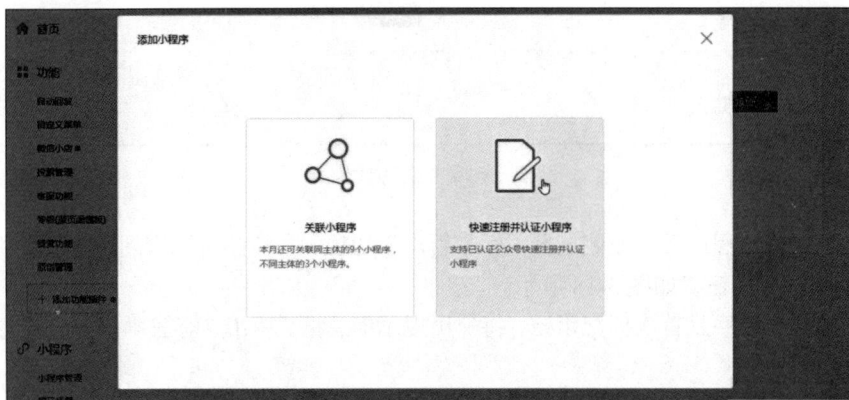

图 3-15 快速注册并认证小程序

开发者完成小程序的开发后，即可上传提交审核发布小程序。发布小程序的具体操作步骤如下。

步骤 01 进入微信小程序后台，在左侧选择"开发管理"选项，在右侧设置服务器域名和 IP 白名单。设置服务器域名和 IP 白名单的页面如图 3-16 所示。

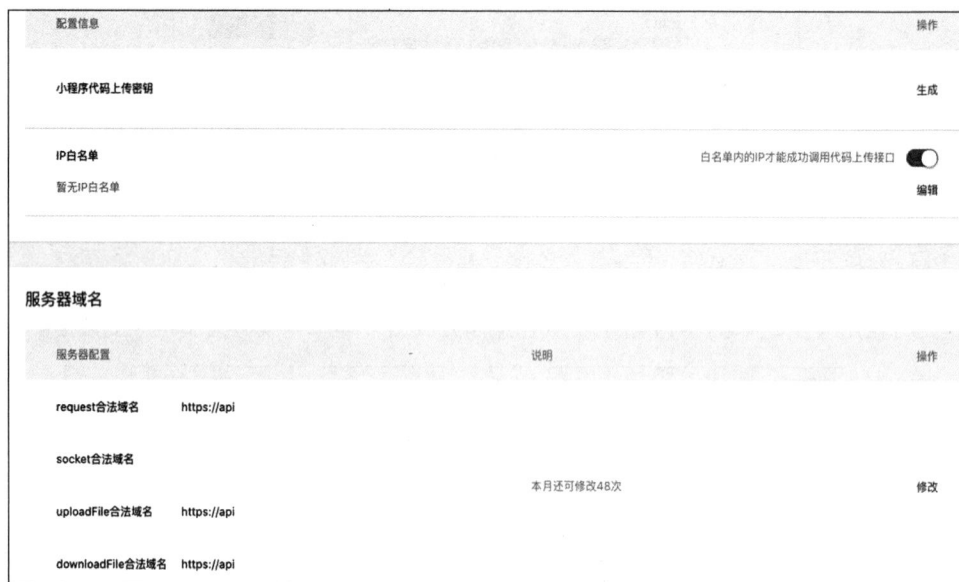

图 3-16　设置服务器域名和 IP 白名单的页面

步骤 02 使用微信开发者工具编辑小程序代码，完成后上传代码，如图 3-17 所示。

图 3-17　上传代码

步骤 03 在微信小程序后台左侧选择"版本管理"选项，在右侧可以看到小程序的版本信息，单击"提交审核"按钮，如图 3-18 所示。

步骤 04 如果小程序是首次提交审核，将弹出提示信息框，单击"前往填写"按钮，如图 3-19 所示。

步骤 05 在打开的页面中单击"填写"按钮，如图 3-20 所示。

图 3-18　单击"提交审核"按钮

图 3-19　单击"前往填写"按钮

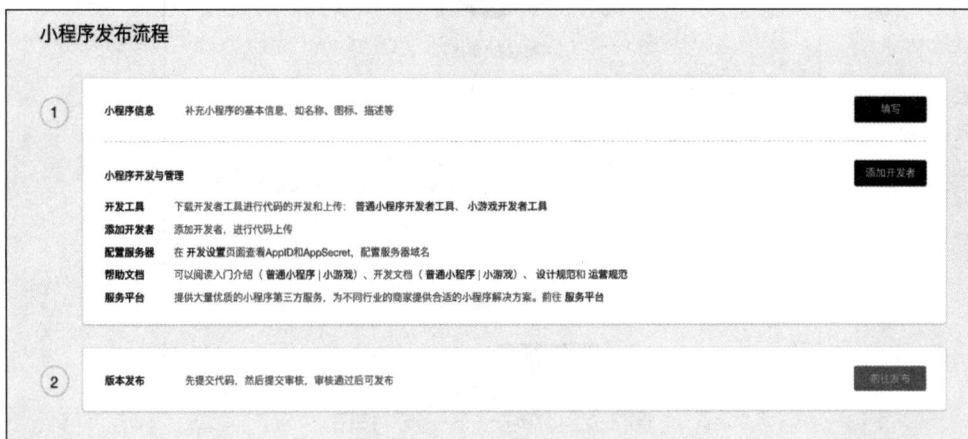

图 3-20　单击"填写"按钮

步骤 06 在打开的页面中填写小程序名称、小程序简称、小程序介绍，上传小程序头像，选择服务类目，如图 3-21 所示。完成后单击"提交"按钮。

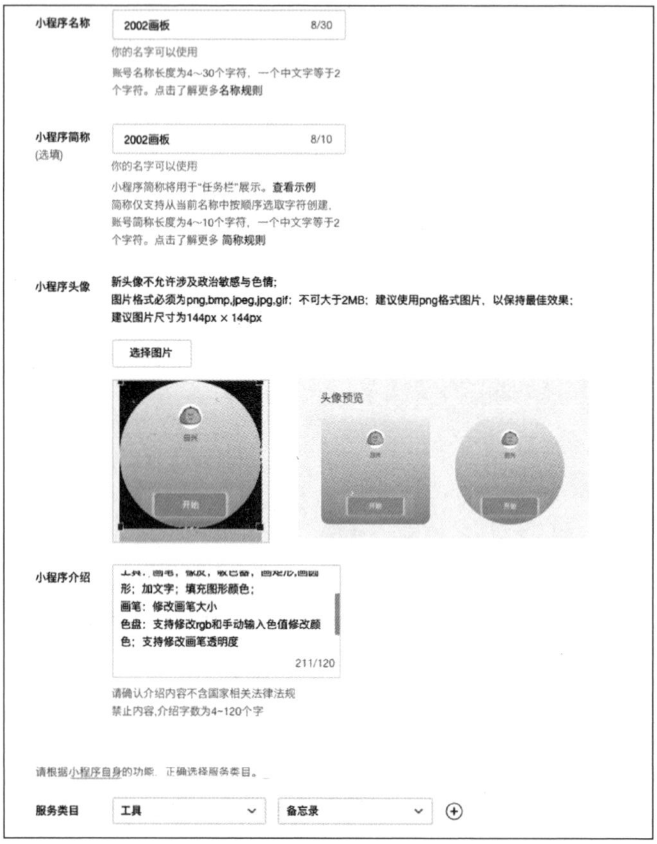

图 3-21　填写小程序信息

步骤 07 再次提交审核小程序，在弹出的对话框中单击"下一步"按钮，如图 3-22 所示。

图 3-22　单击"下一步"按钮

步骤 08 在弹出的页面中填写小程序审核信息，如版本描述、图片预览、测试账号、审核加急等，如图 3-23 所示。完成后，在下方单击"提交审核"按钮，系统审核通过后即可发布小程序。

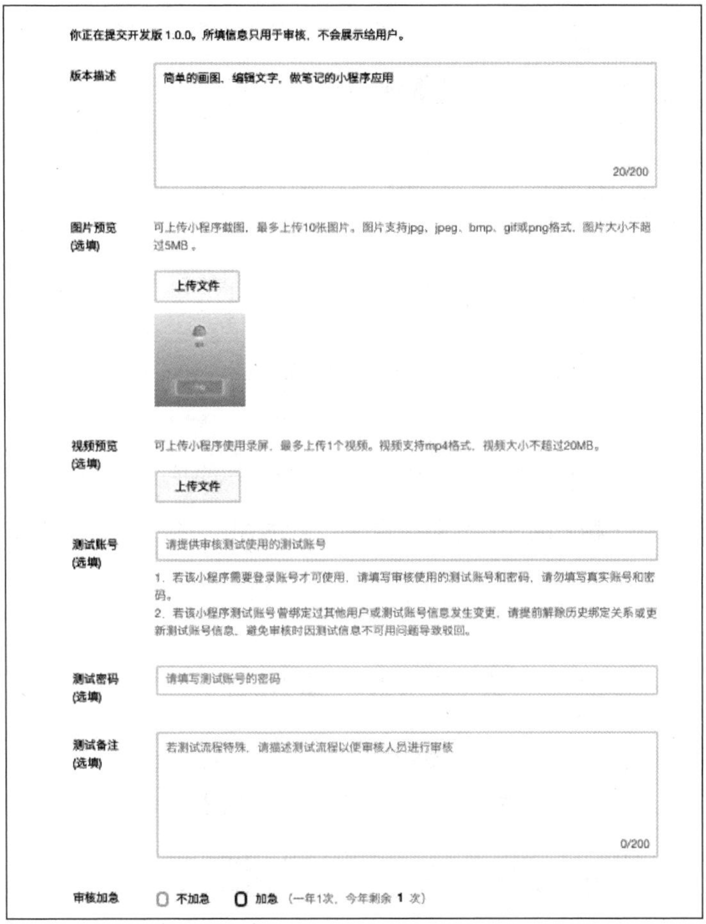

图 3-23　填写审核信息

4．公众号关联小程序

将公众号关联小程序后，用户可在自定义菜单、模板消息、客服消息等功能中使用小程序。开发者就可以将内容和流量进行变现，利用公众号提供内容，积累粉丝，并将粉丝引流到小程序，这样开发者就可以利用内容与用户对品牌的忠诚度玩转粉丝经济，实现内容与商品销售的连接。

公众号关联小程序需要遵循以下规则。

① 平台对所有公众号开放关联小程序的功能。

② 公众号可以关联不同主体的小程序，可关联 10 个"同主体或关联主体"、3 个"非同主体"的小程序，一个月可新增关联小程序 13 次。

③ 小程序可设置需关联确认，设置后，公众号关联小程序需小程序管理员确认后才能关联成功。

④ 小程序也可设置无须关联确认，设置后，公众号关联小程序不需要小程序管理员确认，单方操作即可关联成功。

⑤ 小程序可设置不允许被关联。设置后，公众号无法关联此小程序。

以个人公众号为例，公众号关联小程序的具体操作方法如下。

步骤 01 登录公众号官方平台，选择左侧"广告与服务"中的"小程序管理"选项，如图 3-24 所示。

图 3-24 选择"小程序管理"选项

步骤 02 在尚未关联小程序的公众号中会看到"关联小程序"板块，单击该板块，如图 3-25 所示。

图 3-25 关联小程序

步骤 03 由公众号管理员扫码验证身份后，搜索需要关联的小程序，例如，公众号关联"拼多多"小程序，在搜索框输入"拼多多"，会弹出搜索结果，如图 3-26 所示。

图 3-26 搜索"拼多多"小程序

步骤 04 由于拼多多已设置无须关联确认，所以单击"下一步"按钮即可直接关联"拼多多"小程序。关联成功的页面如图 3-27 所示。

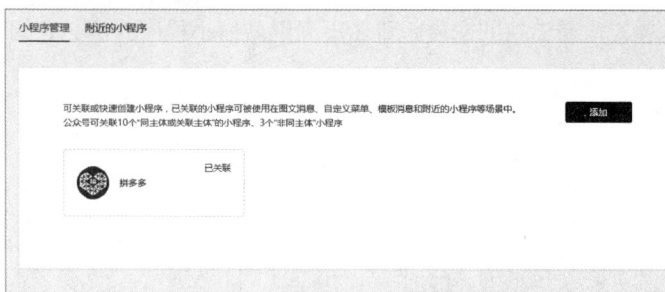

图 3-27 已关联"拼多多"小程序

步骤 05 关联小程序后，可在公众号自定义菜单中增加"拼多多"小程序菜单，在设置菜单内容时单击"跳转小程序"按钮，然后单击"保存并发布"按钮，会出现图 3-28 所示的提示，单击"确定"按钮。

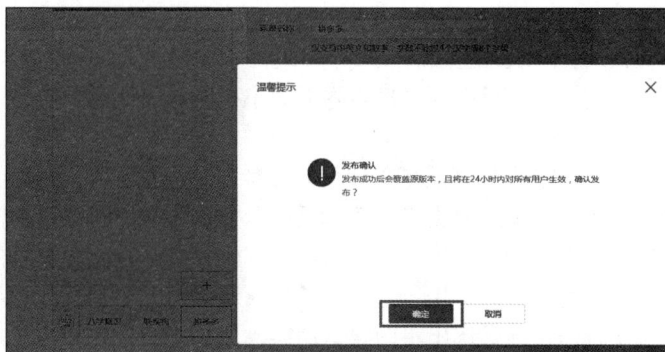

图 3-28 设置自定义菜单内容

步骤 06 更新完成后，用户可在公众号主页看到"服务"一栏出现"拼多多"小程序链接，如图 3-29 所示，感兴趣的用户点击该链接即可进入小程序页面。

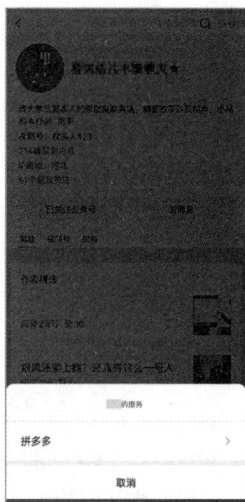

图 3-29 公众号主页可显示关联小程序链接

（二）小程序营销基础认知

与其他营销手段相比，小程序营销拥有很多优势；并且在互联网不断发展的背景下，小程序营销也在不断发展，呈现出新的发展趋势。下面以微信小程序为例，介绍小程序营销的优势和发展趋势。

1. 小程序营销的优势

小程序在营销方面具备的优势主要体现在以下 5 个方面。

（1）成本相对较低

开发一款小程序的成本一般在 1 万元到 10 万元之间，如果直接购买小程序模板，成本自然要低一些。相较于开发同等级别的 App 来说，小程序的开发成本要低得多。

（2）开发速度较快

小程序可以进行跨平台开发，无须进行多端开发，开发周期短，能使开发成本明显下降。

（3）推广难度较低

小程序由微信分发平台做担保，应用的可信度较高，同时小程序在微信平台能以社群应用为基础进行传播，能推动用户自发推广。

（4）入口多

小程序的入口非常多，可以通过微信公众号进入，可以从分享到朋友圈、社群的链接进入，也可以通过"扫一扫"进入，还可以通过搜索附近的小程序、历史记录等方式进入。

（5）回报率较高

微信用户数量庞大，首批小程序能享受到百万 PV（页面浏览量）的流量红利，具备较高的回报率。小程序不仅可以帮助企业引流拉新，还可以为企业维护老客户、构建私域流量提供便利。企业可以利用小程序自动根据访客行为为访客打好标签，将访客做好分类，并通过访客标签、余额、积分、上次消费时间、生日等多种条件筛选访客，多维度分析自己的店铺经营状况。例如，企业通过小程序快速筛选出不同渠道销售人员负责的客户的消费金额、消费频次，以此来分析各渠道运营质量的优劣，并发现优化空间。

2. 小程序营销的发展趋势

小程序营销的发展趋势体现在以下 4 个方面。

（1）小程序+直播，构建营销闭环

与其他直播平台相比，小程序拥有独特的优势，更加适合商家开展直播营销。小程序直播基于微信的社交属性，通过微信全生态引流，更容易被用户打开和分享，转化率更高。而且小程序直播间为商家自有，流量、粉丝均为商家自有资产。随着小程序的发展，小程序+直播可以为商家构建顺畅又高效的营销闭环，用户从进直播间观看直播到下单购买，最后进行社交分享，形成一条完整的营销链路。

（2）精准营销，数字化运营

小程序有多种营销功能，如拼团、分销、套餐组合、拆红包、直播等，可以满足商家在大多数场景下的需求。商家可以依托于小程序开展数字化运营，在引流、交易、服务、数据等方面挖掘用户触点的价值，实现精准营销，使商业变得更加智能化，让用户享受更加个性化、更优质的服务。

（3）会员管理，管理智能化

会员制能给不同的用户带来不同等级的服务体验，同时能增强粉丝对商家的黏性。小程序中的"会员积分""会员等级"可以让会员体验到更优质的服务，从而大幅度提高其复购率，提高会员的忠诚度。此外，商家可以通过移动端管理后台，不受时间和空间限制地实时掌握店铺经营状况。

（4）提高效率，智能化

随着人工智能技术的不断发展，人工智能成为未来的发展趋势，而小程序在未来势必也会进一步智能化，在安全、效率、服务或娱乐等方面，人工智能会帮助小程序提高服务品质和效率，让商家和用户看到小程序的更多可能性。

课堂讨论

请同学们互相讨论：你觉得小程序在你的日常生活中发挥着哪些重要作用？出现频率高不高？你在平时使用小程序时主要是通过哪些入口进入的？

任务二　实施小程序推广

目前，小程序已经成为很多商家重要的引流拓客、线上卖货渠道之一。市场上的小程序数量越来越多，商家要想在激烈的竞争中提高自己的小程序的曝光度，吸引更多用户，就需要做好小程序推广。

（一）小程序的推广

小程序的推广主要涉及小程序的展现方式、推广方式，在了解这些基础知识以后，运营人员还要掌握推广小程序的操作步骤。

1. 小程序的展现方式

小程序的展现方式主要有以下3种。

（1）附近的小程序

小程序会被自动展现给周围5千米内的微信用户。附近的小程序的排名规则：根据微信用户与店铺的地理位置进行判断，用户距离店铺越近，相应的小程序的展示就越靠前，几乎没有人工干预的因素。用户只要打开定位，即可查看附近的小程序，具体路径：发现—小程序—附近的小程序，如图3-30所示。

图3-30　查看附近的小程序的路径

（2）搜索小程序

采用附近的小程序方式展现受到地理位置的局限，小程序只能被展现给部分本地用户，运营人员再想为小程序增加流量就需要采用其他手段。于是，微信推出一个辅助功能，即关键词搜索，这是小程序流量的另一个重要来源，具体可以分为微信搜索和小程序搜索两种方式。

在使用微信搜索方式时，用户可点击微信聊天界面上方的放大镜搜索标志，进入搜索界面，如图 3-31 所示，或者在"发现"界面的"搜一搜"界面进行搜索（见图 3-32），然后点击"小程序"进入小程序的搜索界面，输入关键词可查询搜索结果，如图 3-33 所示。

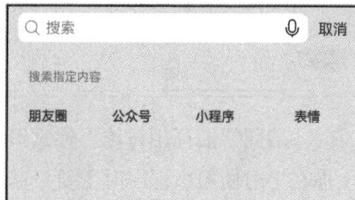

图 3-31　微信搜索界面

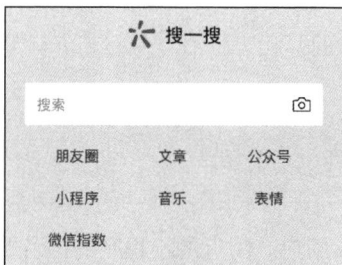

图 3-32　"搜一搜"界面

图 3-33　小程序搜索结果

小程序搜索的具体操作方法和打开小程序的操作方法差不多，即点击"发现"—"小程序"，然后点击右上角的放大镜搜索标志，在搜索框中输入关键词即可，如图 3-34 所示。

图 3-34　小程序搜索的操作方法

（3）微信公众号关联展示

将小程序与微信公众号关联可以实现公众号资料页展示、模板消息推送、自定义菜单入口、公众号图文中插入小程序卡片、图文广告等。微信公众号和小程序实现无缝衔接互转，可帮助小程序获得种子用户。微信公众号主导内容，负责触达用户和粉丝，小程序提供服务和交易，二者互利互补。例如，"美团外卖"就在某篇公众号文章中插入了小程序，引导用户参与活动，如图3-35所示。

图 3-35 微信公众号关联小程序

2. 小程序的推广方式

小程序的推广方式主要有以下9种。

（1）拼团

商家可以利用微信小程序来开展拼团等优惠活动，激发用户低价消费的积极性，从而实现快速裂变，在较短时间内积累庞大的精准用户，后期商家可以借此进行精准营销。

（2）社交立减金

社交立减金的功能和美团、饿了么的分享红包非常相似，用户可以将立减金分享给微信好友或微信群。立减金为卡片式，这种展示形式对用户来说有很大的吸引力，能有效激发用户快速领取立减金。用户领取立减金后，立减金会被放入卡包的"我的票券"中，用户下次再到该小程序内消费时，就能使用立减金。

如今电商小程序的立减金已经成为微信社交生态里的重要一环，帮助拼多多、蘑菇街等众多电商小程序提升了获利能力。

以拼多多小程序为例，用户在完成支付环节后，支付成功界面下方会生成立减金，用户将其转发至朋友圈或微信群中，邀请好友一起领取后就能即刻领取立减金。好友在领取立减金后，也可通过快速入口完成新的交易。

（3）小程序互推

小程序之间互相跳转，不仅使商家的多项服务之间形成互补，还能让商家的小程序得到传播。例如，商家可以为各个产品线分别做一个小程序，并将这些小程序绑定在同一个微信公众号主体上，让这些小程序互相跳转、互相引流。

（4）支付后入口引流

商家可以在微信支付推送的支付成功通知界面上设置进入商家小程序的入口，引导用户在微信支付后进入小程序，形成二次触达。

（5）朋友圈的信息流广告

微信朋友圈广告以类似好友的原创动态的形式在用户朋友圈进行展示，其在基于微信用户画像进行精准定向的同时，还可以通过用户的社交关系进行互动传播。商家在用户朋友圈中为小程序投放广告，可以帮助小程序获得潜在的优质粉丝，助力商家商业活动的推广，快速增加活动的曝光量，提高潜在用户的参与度。

（6）制作包含小程序码的海报

商家可以在后台生成小程序码，将其植入线上线下海报或者户外广告中，这样有助于小程序获得更多的曝光，让商家形成"码—小程序—支付"的营销模式，完美连接线下的场景和线上的服务。

（7）小程序搜索排名优化

在微信搜索入口，小程序的排名与小程序的名称、描述、上线时间、用户访问量和小程序的综合质量有关，商家可以根据用户的搜索习惯和产品特性多注册小程序的名称，并优化小程序的关键词，这样才能让小程序在搜索结果中的排名更靠前，让小程序更有可能被用户搜索到。

（8）微信群聊分享

微信群聊分享有两种方式，一是通过红包、优惠券等措施激励用户将小程序分享到其他群，二是商家自建社群。在微信群内分享小程序，有利于用户在有需求的时候快捷地找到小程序，这也是小程序打通微信群的一个重要方式。

（9）App 推广

App 推广是指利用 App 来分享小程序。例如，用户可以使用小程序的形式在 App 内分享内容，其好友一旦感兴趣就可能会点击进入小程序。

📖**案例链接**

微博信息流广告助力小程序实现裂变

截至 2020 年 9 月，微信小程序的流量入口已超过 80 个，但其主要的引流方式仍局限于以下 5 类：略带克制的推荐机制、用户主动搜索机制、扫码获取、好友或群分享，以及公众号推广。这些引流方式有共同的特质：一是高度依赖用户自身私密关系圈层内的推荐，对小程序本身的功能设计与内容质量要求极高；二是用户的自发分享仅在私域扩散，所形成的影响力具有一定的边界。

在这样的产品机制下，对于一款承载营销信息的小程序而言，通过"以质取胜"实现吸引用户的操作难度较大，并且多数头部的互联网媒体对微信小程序仍保持着平台间的壁垒。可见，广告主若希望实现小程序营销的裂变效应，仍需将流量冷启动等因素纳入考量范围，在整合营销策略上进行深度思考与布局。

而在当年 9 月，微博的超级粉丝通推出了微博信息流广告跳转微信小程序的功能，以开放的姿态打破平台间的壁垒，聚焦广告主的营销目标，充分发挥微博以兴趣聚合粉丝、擅长公域"引爆"的平台优势，为拥有小程序资产的广告主带来海量精准的优质流量，最大限度地避免用户在跨 App 跳转时流失。同时，超级粉丝通也为用户提供了一种极致流畅、无缝衔接的广告互动体验，有助于提高用户对品牌的好感度。

例如，当年 9 月，丝芙兰开启了"惊喜 7.5 折起"的促销活动，通过超级粉丝通信息流广告的形式向广大用户重磅宣布优惠消息——不同级别的丝芙兰粉丝和会员将在活动期间享受不同力度的折扣。当用户点击超级粉丝通视频 Card 中的视频部分，界面将会自动呈现"边看边 H5"样式，H5 部分展示了来自丝芙兰官网的更为丰富的活动信息。

当用户点击视频 Card 中的"购买"按钮时，便可立即跳转至"SEPHORA 丝芙兰"小程序，用户可即刻绑定会员账号，以折扣价格抢购热门商品。

在此次推广中，微博超级粉丝通信息流广告的多重内容呈现与互动样式，充分满足了丝芙兰信息承载丰富与强势引流转化的多维营销诉求。

3. 利用微信公众号推广小程序

利用微信公众号推广小程序的方式主要有以下 4 种。

（1）投放微信公众号广告

商家在微信公众号投放广告，一方面可以增加粉丝，另一方面还可以推广自己的产品，促进成交。微信公众号广告主要是通过竞价购买，计费方式为 CPC。广告主可以登录微信公众平台，选择左侧的"广告主"模块，单击创建"公众号广告"按钮。若是电商商家，可以选"电商推广"目标下的"底部广告"位。

（2）在微信公众号的自定义菜单中加入小程序入口

商家可以在微信公众号底部的菜单中加入小程序入口，用户点开微信公众号后可以很快地在微信公众号主页的"服务"一栏中找到小程序入口。

（3）在文章中嵌入小程序

商家可以在公众号文章中嵌入小程序入口，目前微信支持以文字、图片、卡片等形式在公众号文章中展现小程序入口，这样用户在阅读文章时可以直接点击进入小程序，方便快捷。采用这种方式，商家在选择推广的小程序时要填写小程序的详细信息，如图 3-36 所示。

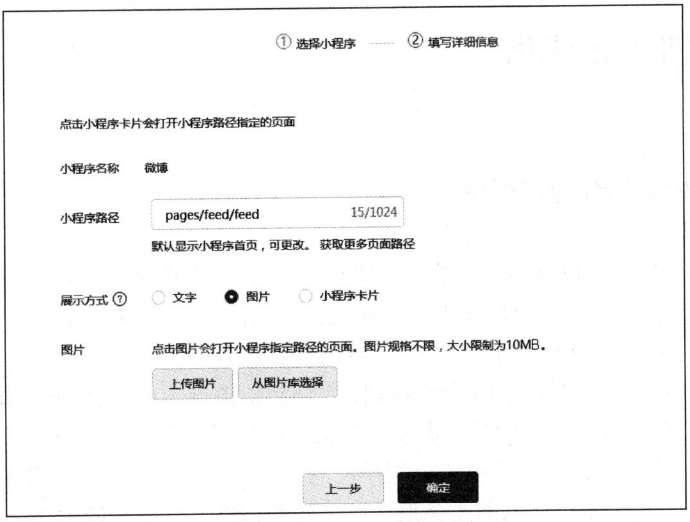

图 3-36 填写小程序的详细信息

（4）在自动消息回复中添加小程序链接

商家可以通过微信公众号的内容属性来沉淀和留住用户，当有新用户关注微信公众号时，自动消息回复就发挥了非常重要的作用，它可以第一时间将用户可能感兴趣的内容推送出去，如平台的自我介绍、商家销售的产品、商家可以提供的服务、新用户可以获得的新人奖励、正在进行的优惠活动等。商家可以将以上内容设置成文字、图片、活动链接等，还可以添加小程序链接，以小程序的形式引导用户参与。商家在添加小程序链接时要填写小程序名称、点击链接跳转的路径、链接显示的文字内容和网页超链接等信息。

例如，用户在关注"樊登读书"微信公众号后，公众号的自动回复就包括"樊登读书"小程序，为新用户提供了免费领取7天会员的福利，感兴趣的用户可以直接点击链接进入小程序，如图3-37所示。

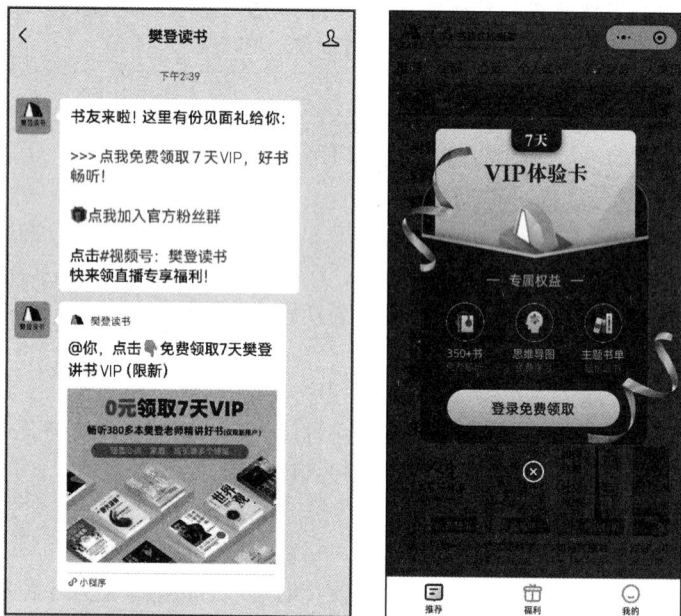

图 3-37 "樊登读书"的微信公众号和小程序

（二）小程序推广的优化

运营人员要想优化小程序推广，首先要知道小程序搜索排名的影响因素，然后掌握小程序搜索排名的优化方法。

1. 小程序搜索排名的影响因素

影响小程序搜索排名的因素主要有以下7个。

① 小程序名称。小程序与用户重要的接触点在于搜索，而微信为小程序名称设置的搜索权重是很高的。因此，运营人员要想让小程序获得更好的排名，就要为小程序取一个好名称。小程序的名称要简单易懂，这样便于用户记忆，小程序也更容易被用户提到。

② 关键词。小程序可以设置10个关键词，微信会根据这10个关键词估算小程序提供的服务，为用户推荐匹配的小程序。运营人员要在提交小程序代码时将10个关键词都填上，并且要将用户常搜索的词汇填上。携程旅行的小程序使用了"机票""旅行"等关键词，因此当用户使用"机票""旅行"等关键词搜索时就会搜索到携程旅行的小程序，如图3-38所示。

③ 是否使用过。只要用户使用过某个小程序，等到用户下一次搜索时，只要小程序名称中含有用户搜索的关键词，该小程序就会排在搜索结果的最前面。在使用关键词"扫描"搜索时，由于用户之前使用过"扫描全能王+"这款小程序，所以，"扫描全能王+"出现在搜索结果的最前面，并带有"使用过"标志，如图3-39所示。

图 3-38 关键词   图 3-39 是否使用过

④ 小程序介绍。微信为了让小程序提供的服务和用户需求得到最大限度的匹配，会根据小程序的功能介绍为用户推荐小程序。微信优先推荐功能介绍和用户搜索匹配度最高的小程序。所以运营人员一定要写好小程序功能介绍。

⑤ 上线时间。小程序排名有一个原则，即越早上线的小程序排名越靠前。而且小程序名称具有唯一性，小程序越早注册上线越有优势。

⑥ 小程序质量。质量越高的小程序的排名会越靠前，因此，运营人员要提供优质内容，及时添加商品和各个功能板块，使小程序的内容丰富起来，且小程序的设计要美观整洁，版面要有条理，以给用户留下良好印象。

⑦ 使用人次。小程序的访问用户数量越多，用户使用小程序的频次越多，系统就会认为该小程序受欢迎的程度越高，小程序的排名也会越靠前。

2. 小程序搜索排名优化方法

很多用户是通过搜索进入小程序的，因此，如果运营人员可以让自己的小程序的搜索排名靠前，自然就可以获得相对较多的流量。运营人员可以采用以下 5 种方法来优化小程序的搜索排名。

（1）选择相关性高的关键词

关键词是影响小程序搜索排名的十分直观的因素，但是用户在搜索时使用的关键词会呈现阶段性的变化，很多关键词会呈现不稳定的升降趋势。运营人员在选择关键词时需要重点考虑两点：社会热点、季节特性。

运营人员可以从朋友圈的动态中抓取近期的高频词汇，将其作为关键词嵌入小程序名称中，同时关键词要与小程序的内容具有相关性。例如，如果小程序中的产品种类为蛋糕烘焙，小程序的名称中就要含有"蛋糕""烘焙"等相关性高的关键词，而不能是"百货""超市"等相关性低的词语。

（2）添加长尾关键词

关键词可以分为两类：一类是词汇包含的范围较大、相对主流的关键词，即目标关键词；

另一类是词汇包含的范围相对较小、用户搜索频率较低的长尾关键词。与目标关键词相比，长尾关键词的语义相对具体，因此更利于小程序获得精准用户。在挖掘长尾关键词时，运营人员可以采用以下方法：通过热点内容、用户搜索习惯挖掘；对目标关键词进行重新组合；将目标关键词的语义进一步具象化；寻找与目标关键词语义相近的词语。

（3）积极争取用户的认可

从关键词的搜索排名来看，用户点击量越高的小程序的排名越靠前，而用户点击小程序很大程度上是因为他喜欢和认可该小程序的功能。因此，用户认可小程序至关重要。让小程序获得用户认可的方法主要有以下两种。

- 对用户有价值。如果小程序对用户来说确实有价值，用户会出于理性为小程序给出好评。因此，运营人员要通过完善小程序功能、提高产品质量等途径让小程序获得更多用户的认可。

- 激发用户的好感。如果小程序可以让用户产生好感，用户会出于感性为小程序给出好评。例如，运营人员可以通过互动、向用户赠送礼品等方式加深小程序与用户的情感联系，让用户觉得小程序很好，提高其对小程序的情感分。

（4）通过链接增加流量

用户使用小程序的次数会直接影响小程序的搜索排名，而通过链接增加流量是增加用户使用小程序次数的重要途径。链接主要分为两类，一类是实现小程序内跳转的内部链接，另一类是由其他平台跳转到小程序的外部链接。从流量的获取效果来看，外部链接明显优于内部链接。

（5）通过评估小程序内容进行优化

商家要通过评估小程序的内容找到小程序的不足之处，并对小程序做出改进和调整，以此来优化小程序的搜索排名。

- 从用户的角度评估内容。运营人员要想知道用户如何搜索小程序，就要从用户的角度思考，基于用户的搜索习惯来评估和设置小程序内容。用户的搜索习惯是用户在搜索自己所需要的信息时所使用的关键词形式，运营人员可以通过在搜索栏中输入自己所在领域的关键词，查看搜索栏下方显示的主流关键词，然后在设置小程序信息时有意识地加入这些主流关键词，以增大小程序被用户搜索到的概率。

- 从竞争对手的角度评估内容。摸清竞争对手小程序的关键词和布局情况，除了可以让运营人员找到竞争对手的漏洞，创造自身优势之外，还可以让运营人员掌握目前关键词的竞争热度，以进行关键词的优化部署。从竞争对手的角度评估内容的具体方法如下：运营人员搜索与产品相关的关键词，重点查看排名靠前的关键词，并对这些关键词进行对比分析；查询排名靠前的企业信息和小程序，查看目标关键词和长尾关键词，统计出竞争对手名单；分析行业内领头竞争对手的小程序内容设计，并将其作为学习模板。

任务三　投放小程序广告

随着小程序的发展，依托大平台的巨大流量，小程序广告将会给企业带来更多的客户源，并帮助企业提高知名度。因此，企业纷纷在小程序中投放广告。但是，投放广告不能盲目，企业首先要进行小程序市场分析，明确目标受众和自己的定位，在投放广告时要以独特的创意来吸引用户，之后通过营销活动来留住用户。

（一）小程序市场分析

市场瞬息万变，企业要想保持小程序的生命力，实现长期发展，必须精准分析并把握市场情况和需求，对小程序的开发定位与策略进行适时的完善与调整。小程序市场分析主要涉及小程序目标受众分析和小程序竞争对手分析两个方面。

1. 小程序目标受众分析

小程序发展的关键在于留住用户，对目标受众进行分析可以帮助运营人员跳出惯性思维，发现小程序的核心价值，真正做到为产品赋能，同时在小程序推广时精准地找到受众，提高广告转化率。目标受众分析即明确目标人群，分析目标人群特征，以准确把握目标人群的需求。

目标受众分析的内容主要包括用户基本属性（用户年龄、性别、所在地、手机号、活跃度等）、兴趣偏好、行为特征、交易属性等。运营人员要通过用户的公开数据，精确分析用户的消费行为，将具有不同兴趣点的用户进行分类，形成用户画像。

一款成功的小程序要拥有清晰的目标受众，并且用户群体的特征比较明显，而为特定的群体服务，会比给许多用户提供低标准的服务更容易成功。例如，"豆瓣书店"服务的对象是文艺青年，由于其服务对象的特征非常明显，用户对"豆瓣书店"的黏性也比较强。

用户画像还能够避免运营人员把自己的期望当成用户的期望，能够避免出现运营人员费了很多心血设计的小程序并不被用户认可的情形。

用户画像还能够提高小程序开发的决策效率。在小程序设计的过程中，总会出现不同的声音，分歧也是难以避免的，这无疑会影响小程序的开发进度。通过用户画像对用户进行分析，小程序开发也会围绕一个总体方向来进行，因此能够提高小程序开发的决策效率。

在大数据时代，可捕捉到的用户数据越来越多，用户画像也因此更具有价值，运营人员对大数据时代的用户画像可重点关注两个方面：用户消费偏好、用户行为偏好。

- 用户消费偏好。用户的消费行为会反映出用户一定的需求，运营人员分析用户的行为与需求，就能刻画出比较精准的用户画像。例如，用户在网上购物留下来的数据痕迹就能够为运营人员提供运营思路，运营人员通过分析用户的消费内容、消费能力、消费品质等内容可以为用户构建消费画像。

- 用户行为偏好。运营人员通过对用户的一些网络行为进行分析，可以推断出用户的偏好。例如，用户经常听的歌曲，翻阅的新闻、小说等内容都透露出用户的偏好。

小程序运营人员实施小程序用户画像具体包括 3 个步骤，如图 3-40 所示。

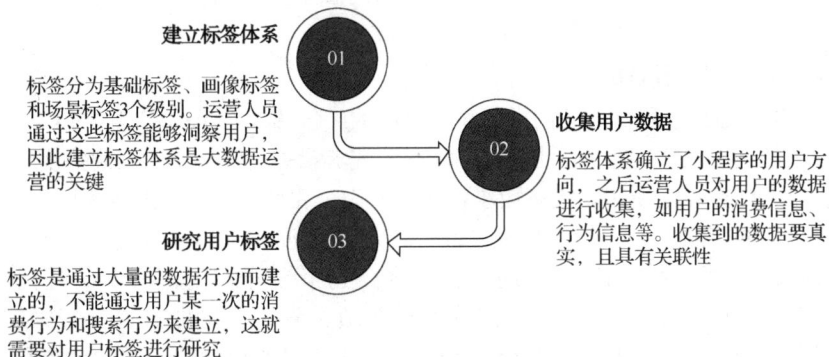

建立标签体系
01
标签分为基础标签、画像标签和场景标签3个级别。运营人员通过这些标签能够洞察用户，因此建立标签体系是大数据运营的关键

收集用户数据
02
标签体系确立了小程序的用户方向，之后运营人员对用户的数据进行收集，如用户的消费信息、行为信息等。收集到的数据要真实，且具有关联性

研究用户标签
03
标签是通过大量的数据行为而建立的，不能通过用户某一次的消费行为和搜索行为来建立，这就需要对用户标签进行研究

图 3-40　实施小程序用户画像的 3 个步骤

找出小程序的潜在用户群是找出用户需求的首要任务。运营人员在设计和推广小程序的时候，根据以上3个步骤就可以最终确定小程序的用户群特征，精准地找出潜在用户，从而为找到用户的核心需求、精准投放广告打下基础。

2. 小程序竞争对手分析

对其他竞品进行分析可以帮助运营人员了解小程序市场的情况，明确其他产品的优势和劣势，为自己实施小程序推广提供经验，也可以帮助运营人员从分析中寻找自身的发展优势和缺陷。

每一行业的小程序都非常多，运营人员并不能做到对这些小程序都进行分析，因此运营人员要对竞品进行选择。一般来说，运营人员可以采用以下两种方式来选择竞品：寻找行业内领先的榜样产品，从中汲取经验；寻找类似于自己的、与自己竞争关系最大的产品，通过对其进行分析明确自身的独特性，突出竞争区别和优势。

SWOT 分析法是小程序竞争对手分析常用的分析方法。SWOT 是英文单词 strengths（优势）、weaknesses（劣势）、opportunities（机会）、threats（挑战）首字母的组合，SWOT 分析法是将分析对象内部和外部等各方面的条件进行综合和概括，然后分析每方面的优势和劣势、面对的机遇和挑战。这种分析方法具有较强的宏观性和主观性，运用这种方法可以让分析者对分析对象形成一个全面、系统而准确的认识，然后以此制定相应的发展战略。

优势和劣势都是小程序的内部因素，如小程序的质量、服务、人员等因素；机会和威胁则是影响小程序的外部因素，如市场、经济、政策等。因此，根据内外两个方面，SWOT 分析法可以分成两个部分：第一部分就是对优势、劣势的比较，这一部分主要是分析内部条件；第二部分主要是分析外部条件。

在做小程序推广时，SWOT 分析法能够帮助运营人员找到对自己有利的因素和不利的因素，发现存在的问题和要避开的问题。

对竞品进行分析的目的在于找出对自己的小程序有用的内容，因此，运营人员在进行竞品分析时要紧紧围绕自己的小程序来进行，不要把心思过多地放在竞品上，却没有对自己的小程序进行反思优化。

（二）小程序广告的投放

要想合理、有效地进行小程序广告的投放，运营人员应首先了解小程序广告的基础知识，包括小程序付费推广入口、小程序广告位扣费方式、小程序广告位页面布局，以及小程序广告投放方法，并在投放小程序广告时做好广告创意策划，将广告以用户喜爱的方式呈现给用户。

1. 小程序广告基础认知

小程序广告是指在小程序页面内进行宣传推广的广告形式。小程序广告使广告主在微信生态内多了一个宣传品牌的渠道，而使小程序所有者或流量主也增加了一个商业变现的方法。常见的小程序广告如图3-41所示。大多数小程序广告为页面首部或中部的轮播广告。

小程序广告推广的一大优势为精准度高。广告主在创建小程序广告时，系统会提供 14 个人群细分领域，除了为广告主提供地域、年龄、性别等基础信息选择外，还提供兴趣、学历、婚恋状态、手机系统等选择，其中"兴趣"一项，系统共提供24个一级兴趣标签、183个二级标签供广告主选择，并且系统会根据用户近3个月的社交轨迹（如公众号订阅类型）和行为表现（如文章阅读类型）帮广告主选择潜在用户，因此在小程序上投放广告更精准、效果更好。

图 3-41 小程序广告

（1）小程序付费推广入口

小程序付费推广入口主要有以下 4 个。

● 公众号文章中间的小程序广告。运营人员可在公众号文章中插入小程序广告，不必再让公众号关联小程序，该广告可通过广点通实现精准投放，按点击收费，最低 0.5 元/次。用户点击广告就能进入小程序指定的页面，如图 3-42 所示。这类广告更适合电商类小程序，用户通过跳转直达购买页面下单。这种推广方式通常通过文章内容的刺激使用户产生购买欲望。

图 3-42 公众号文章中间的小程序广告

● 公众号文章底部的小程序广告。与公众号文章中间的小程序广告一样，底部广告依然适合电商推广，广告预算范围为 50 元～400 万元。公众号文章底部的小程序广告如图 3-43 所示。

图 3-43　公众号文章底部的小程序广告

- 朋友圈小程序广告。朋友圈小程序广告支持品牌活动推广和本地推广，有常规广告和卡片广告两种呈现形式供商家选择。常规广告是点击文字链接跳转小程序，卡片广告则是点击卡片灰色区域跳转小程序，商家可根据自己的需要选择适合自己的广告呈现形式。朋友圈小程序广告如图 3-44 所示。
- 小程序内的小程序广告。在小程序中可加入"小程序广告"，利用小程序的跳转功能，让小程序之间彼此拉新，吸引用户。如果业务或产品之间互补，采用这种广告形式可以带来更好的导流效果。如图 3-45 所示。例如，"人人出行通"和"今日天气"都是本地生活服务类应用，因此在"人人出行通"小程序中插入"今日天气"小程序的广告链接就显得合理，用户转化率也更高一些。

图 3-44　朋友圈小程序广告　图 3-45　小程序内的小程序广告

对比分析各个小程序付费推广入口，你觉得哪一个付费推广入口效果最好，哪一个效果最差？

（2）小程序广告位扣费方式

小程序广告位扣费方式为按点击扣费（Cost Per Click，CPC），即广告投放后，只有在广告被用户点击之后，广告主才需要向网络平台支付广告费用，广告展现完全免费。每条广告的起步价格为 0.5 元，每日预算最低 50 元。

在设置投放广告时，广告主除了能填写公众号已关联的小程序，还能填写其他小程序的原始 ID，这表明异业合作的精准度能够得到很大的提高。对于广告主和流量主来说，选择合适的异业合作有助于活动推广、流量变现、给用户带来增值体验。

（3）小程序广告位页面布局

小程序的运营人员要想做好广告位页面布局工作，需要了解小程序广告位页面布局的 4 种类型。

① 首页广告位。

小程序首页的广告位主要用来展示整个平台的重要活动，因此小程序首页的广告位要设置在最显眼的地方，并以轮播形式展示，这样有利于在首页展示更多的商品信息，满足更多用户的需求。

② 首页二级页面广告位。

运营人员可以在小程序首页的二级页面中设置广告位，用于展示小程序中的各种商品，以及营销活动的信息，这样可以有效提高主打商品的销量，提高营销活动的用户参与度。

③ 页面底部广告位。

在小程序页面底部的广告位中，运营人员可以展示一些头条公告信息，让用户了解新的资讯。如果企业有自己的官方网站，也可以在页面底部加入企业的官方网站链接，将页面底部的广告位设置成引导用户访问官方网站的模块，用户在点击小程序页面底部的官方网站链接后，就可以进入企业的官方网站，从而提高企业官方网站的曝光度。

④ 留言区广告位。

通过定制开发，小程序可以将广告位设置在留言区，利用用户在阅读公众号时养成的浏览留言区的习惯，将留言区作为小程序广告位投放布局的位置选择之一，可以起到一定的营销效果。

（4）小程序广告投放方法

广告主在投放小程序广告时会遇到很多困难。例如，接触新的投放渠道时不知如何下手；用户逐渐显露疲态，拉新效果越来越差；投放过程中确实有效，但用户流失率高；广告投放后，难以确定增益来源，无法精细优化。

为了改善投放效果，广告主在投放小程序广告时要按照以下 4 种方法来做。

① 以创意拉新。

一个优秀、有效的广告应当是好产品、好创意和好渠道的结合。在如今的市场条件下，用户对广告的接受度和忍耐程度不高，因此，广告主要摒弃传统的投放渠道和思路，让广告变得有趣一些，以增强广告对用户的吸引力，这样才能最大限度地获得较好的拉新效果。

② 精准触达目标人群。

在决定做小程序广告投放之前，广告主要针对不同人群的不同场景来挖掘痛点，展现创意，让广告更精准地匹配和触达目标人群。

③ 建立私域流量沉淀用户。

在基于社交、场景的去中心化的小程序电商模式下，广告主通过广告投放获取大量精准用户，然后利用产品自身的社交裂变实现用户数几何式增长，最终将用户沉淀到公众号和社群，建立私域流量，随后通过内容或营销活动不断地促活和再营销，形成从获客到转化到沉淀再到复购的闭环。

④ 根据投放数据持续调整。

有些广告主存在一种错误的认知，认为获取精准的流量之后就万无一失了。事实上，在广告投放和流量交易的过程中广告主需要不停地根据投放数据持续调整自己的产品和广告素材，配合广告平台优化投放策略。

在此过程中，广告平台应针对广告主的投放效果、数据维度分析报告等进行反思，优化数据监测能力，补充监测维度。以上举措可以避免广告主广告投放的浪费，让广告平台为广告主提供行之有效的精细化营销方向，有利于实现双赢。

案例链接

朋友圈小程序广告，助力打造消费新"食"机

随着人们消费呈现出个性化、多元化的趋势，食品饮料行业的新消费品牌呈现爆发式增长，也让更多传统品牌觉醒——建立品牌自有的流量护城河已经刻不容缓。为此，腾讯广告根据成功案例解析了品牌如何借助微信朋友圈小程序广告实现精准触达目标人群。

如何触达新消费群体，洞察其消费意愿，是食品饮料品牌需要研究的重点，腾讯广告为此提出三大洞见。

一是"适情适景"找对人。品牌可基于腾讯社交平台上的用户社交行为等内容，结合用户的商业兴趣，刻画出更为全面、立体的用户形象，改变以往片面化的人群圈选逻辑，助力品牌实现真正意义上的人货匹配，高效扩量。

二是"投其所好"选好品。当"人"和"货"完成精准对接后，下一步就要考虑借助交易场优势，提高对接效率，进而促成更多转化。社交场景储备了海量的商品交易数据，品牌可从商品库中实现多维的选品投放，做到广告投放的有的放矢。腾讯广告结合商品舆情和历史表现等，了解到人们提到"辣、怕胖、馋"的频率正在提高。借助商品库的科学分析，腾讯广告最终帮助王小卤在众多商品中选取搭配"凤爪"且高销量的商品进行组合，提高了品牌整体客单价。王小卤的朋友圈小程序广告如图 3-46 所示。

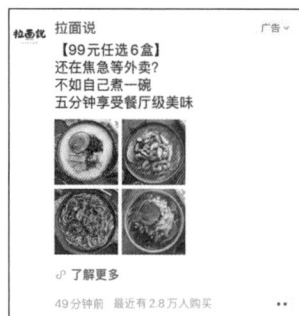

此外，对于多口味商品，品牌也可借助此逻辑进行活动测试。拉面说就推出"99 元任选6 盒"的活动将多口味商品进行组合售卖，高销量口味的商品拉动品牌商品的整体转化，大大提高了品牌的月销量。拉面说的朋友圈小程序广告如图 3-47 所示。

图 3-46　王小卤的朋友圈小程序广告　　图 3-47　拉面说的朋友圈小程序广告

三是"千人千面"优投放。不少用户在商品需求上的表现较为相似，但在沟通上他们又是独一无二的个体。既要打动用户又要兼顾品牌调性，是品牌在投放广告的过程中时常遇到的难题。腾讯广告为品牌提供了后台创意元素拆解，品牌可以将元素组合成创意，进行精细的分层触达，并在量化投放后实时调整投放内容，把最优的创意匹配给最合适的用户。以休闲食品垂直购物平台哈哈镜为例，其在朋友圈进行广告投放时，以单图率先启动投放测试，结合投放后的反馈，快速迭代多图模式，同步筛选高点击率的素材进行多创意投放，最终实现 2.5 倍点击率的提高。哈哈镜的朋友圈小程序广告如图 3-48 所示。

图 3-48　哈哈镜的朋友圈小程序广告

2. 小程序广告投放操作

微信小程序广告投放的具体操作步骤如下。

步骤 01 登录微信小程序后台，在左侧选择"推广"组中的"广告主"选项，设置开通广告主，进入"投放管理"后台，选择"广告"选项卡，单击"+创建竞价计划"按钮，如图 3-49 所示。

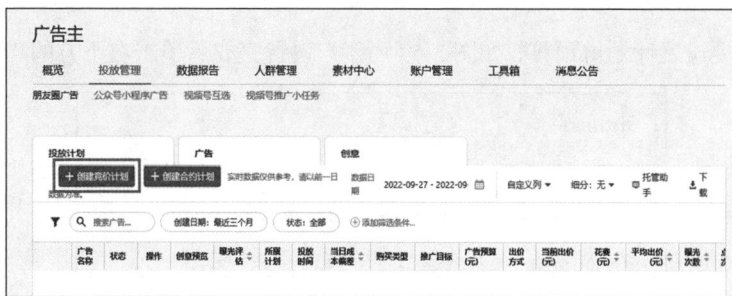

图 3-49　单击"+创建竞价计划"按钮

步骤 02 进入"投放计划"页面，设置投放位置、购买方式、素材格式、广告位和计划日预算等。

① 编辑竞价计划名称，选择投放位置，在此选择"公众平台流量"选项，如图 3-50 所示。

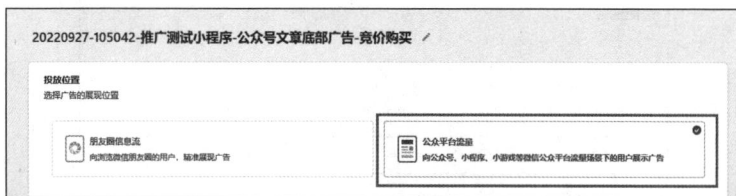

图 3-50　选择投放位置

② 选择投放形式，在此单击"按广告位投放"按钮，然后在列表中选择所需的广告位，如图 3-51 所示。

图 3-51　选择广告位

③ 选择广告购买方式和素材格式，如图 3-52 所示。

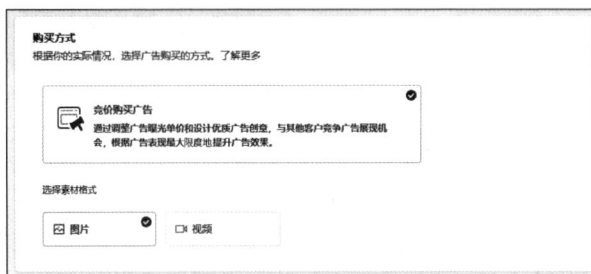

图 3-52　选择购买方式和素材格式

④ 根据需要设置计划日预算，如图 3-53 所示。设置完成后单击右下方的"下一步"按钮。

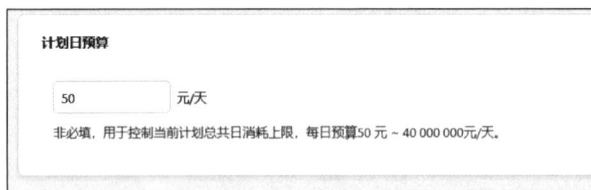

图 3-53　设置计划日预算

步骤 03 进入"广告"页面，编辑广告标题，在"投放时间"模块中设置投放日期和投放时段，如图 3-54 所示。

图 3-54　设置投放时间

步骤 04 在"出价方式"模块中设置出价方式，在此单击"智能优化（oCPC）"按钮，然后设置投放模式、优化目标等，如图 3-55 所示。

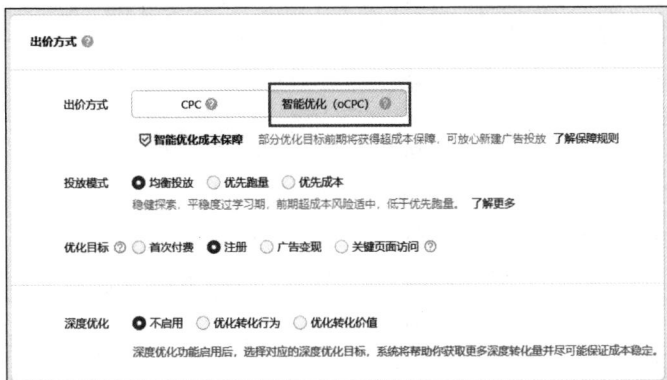

图 3-55 设置出价方式

步骤 05 设置定向人群，选择合适的人群投放广告。

① 在"定向人群"模块中设置地域、年龄、性别等属性，如图 3-56 所示。

图 3-56 设置地域、年龄、性别

② 在"公众号媒体类型"中选中"自定义"单选按钮，然后选择公众号媒体类型，如图 3-57 所示。

图 3-57 设置公众号媒体类型

③ 在"更多人群信息"选项下启用"自定义受众"功能，然后添加"定向人群"和"排除人群"，如图 3-58 所示。

图 3-58　设置自定义受众

④ 打开"自动扩量"功能以寻找更多合适的目标用户，根据需要设置"不可突破定向"和"扩量种子人群"，如图 3-59 所示。

图 3-59　设置自动扩量、不可突破定向、扩量种子人群

步骤 06 在"预算花费"模块中设置"每日预算"和"出价"，如图 3-60 所示。然后单击"下一步"按钮。

图 3-60　设置预算花费

步骤 07 进入 "创意" 页面，从中设置广告创意效果。

① 设置素材类型和点击跳转，选中 "图片式 Banner" 和 "原生推广页" 单选按钮，如图 3-61 所示。

图 3-61 设置素材类型和点击跳转

② 编辑创意标题，然后上传素材，选择原生推广页，在右侧可以预览创意效果，如图 3-62 所示。广告创意效果设置完成后单击右下方的 "预览提交" 按钮等待审核即可。

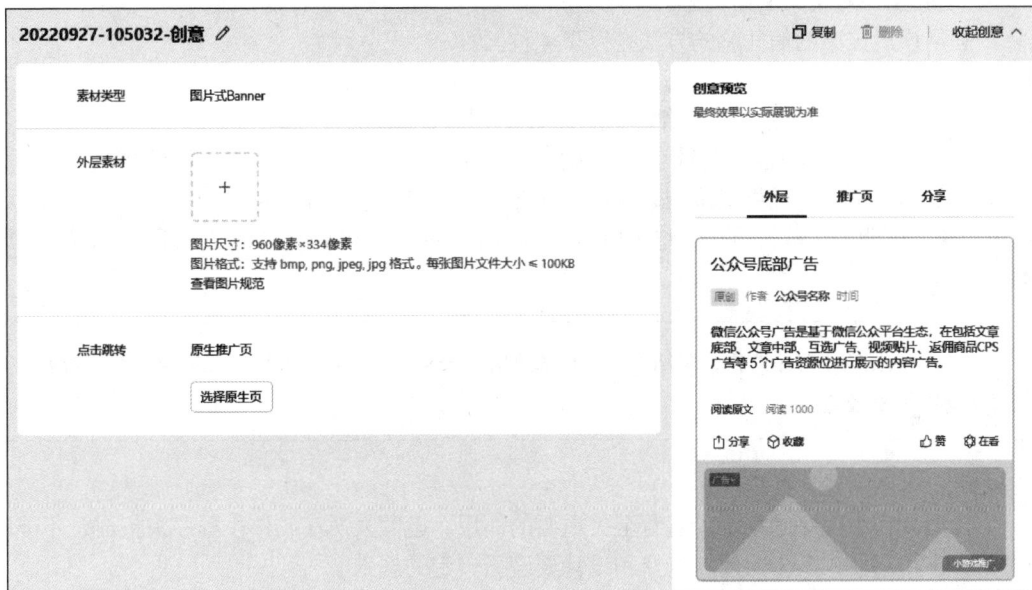

图 3-62 创意设置

3. 小程序广告创意策划

小程序广告创意策划的具体实施可以分为广告文案撰写、广告图片设计和广告图文排版 3 个部分。

（1）广告文案撰写技巧

广告文案是小程序广告创意的主要体现形式，创意文案的撰写技巧主要有以下 4 点。

① 强调利益附加值，直击用户痛点。

优秀的广告文案创意可以增加产品的附加值，使用户看到产品能给自己带来的利益。广告文案要表现出产品的利益消费点，向用户提出利益承诺，抓住用户的消费渴望，刺激他们对广告中的信息产生了解的渴望并自觉继续浏览广告。

运营人员要在文案中传递出能帮助用户解决问题、做出购买决定的信息。用户的痛点恰恰就是那些能触动、感动、打动他，让其付诸行动的关键点。

② 提升广告文案的吸引力。

一个好的广告文案应当能够吸引用户注意到文案和产品。提升广告文案吸引力的主要方法有以下 5 种。

- 使用悬念，激发用户的好奇心。
- 围绕热门的事件、新闻、话题、人物等撰写文案，寻找文案与热点的契合点。
- 制造冲突，且引起冲突的事件要贴近用户的生活，是用户近期比较关注的事情。
- 运用反向思维，突破常规。
- 制造强对比，直接触发用户的大脑决策机制。

③ 提升用户的代入感。

广告文案想要真正赢得用户，就要让用户产生代入感，挖掘和重构用户的生活场景，为用户提供良好的体验。

在构建场景时，广告文案可以描绘某种情境，使用户对产品产生联想，并告知用户产品的使用场景。广告文案还要营造意境，适当地用文案营造使用产品的氛围。

④ 增强用户对文案的信任感。

增强用户对文案的信任感的方法有以下 4 种。

- 彰显权威。利用权威效应，让权威人物在文案中为产品背书。
- 展示细节。将产品的每个细节逐一展示给用户，以体现产品的卖点。
- 罗列数据。用户往往对数字十分敏感，但有时又对数字没有具体的形象概念，运营人员在罗列数据时可以尝试将空洞的数据转化为形象的、可以被感知的数字内容。
- 实证证明。运营人员可通过拆解产品、晒出剖面图、实验测定等方式证明产品的品质。

🎓 课堂讨论

在各平台浏览小程序广告，总结其中运用的撰写广告文案的技巧，然后自己运用这些技巧创作一些小程序广告文案。

（2）广告图片设计技巧

广告图片在小程序的宣传中起着至关重要的作用。运营人员在制作小程序海报时，不能随便排列文字和图片，广告图片的选择和设计要遵循一定的规则。

- 色彩简洁。由于小程序是轻量级应用，不需要花里胡哨的图片，图片应尽量简洁、清爽，但具体用什么色调要根据小程序的类型做选择，图片的色调要与品牌主题一致，这样更利于给用户留下深刻的印象。
- 风格一致。小程序图片的风格要一致，以强化小程序的商务形象。例如，运营人员要制作卡通风格的小程序，小程序的轮播图、快捷按钮、商品列表等都要尽量可爱一点，与卡通风格一致。

当然，运营人员也可以去小程序素材网站购买一些高质量的素材图片，以应用到文章封面、快捷按钮等位置。运营人员在设计好小程序广告图片后，要发送预览仔细检查，以及时对图片进行优化。

（3）广告图文排版技巧

运营人员在进行小程序广告图文的排版时可以采用以下技巧。

- 增加对比度。商家投放小程序广告的目的是宣传品牌或产品，因此运营人员在设计图文的环节要做到让用户看一眼广告就被吸引。增加对比度可以提高广告的可识别度，是吸引用户注意力的一个重要方法。增加对比度主要体现为增加广告文字与图片的对比度，增加广告整体与页面背景的对比度。如果品牌是简约风，小程序广告就要适当留白，塑造视觉上的反差，为用户创造良好的视觉体验。

- 内容平衡。小程序广告的内容要保持平衡感，图片、文字、其他设计元素不能都放置在版面的一侧，要均匀放置。图片应尽量简单易懂，图片中可以添加少量说明文字，但不要太多。

- 增强指引性。在进行小程序广告图文排版时，运营人员可以通过使用下画线、粗体字、斜体字、手写体、大写字体、色彩字、对话框、字加框、箭头标注等方式增强信息的指引性，使用户注意到关键核心信息。

（三）小程序客户营销

有些商家在知道小程序的红利之后，也开始跟风制作小程序，但是他们不知道如何运营小程序，只能"照葫芦画瓢"，这样做很难取得成效。商家要想高效运营小程序，就需要做好小程序客户营销。商家需要学会利用小程序中的营销工具，如拼团、满减、优惠券等将客户分层，实现精细化运营，进而实现利益最大化。

1. 客户分层

客户分层是指企业依据客户对企业的不同价值和重要程度，将客户区分为不同的层级。客户分层是有效进行客户沟通、实现客户满意的前提。不同的客户为企业带来的价值不同，不同价值的客户也有不同的需求，企业应当分别满足不同客户的需求，并根据客户的不同价值为其分配不同的资源。

客户分层实际上是一种以客户特征、客户行为等为中心对客户进行细分的精细化运营的手段。常见的客户分层方法主要有以下两种。

（1）客户价值区隔分层

客户价值区隔分层可以分为两个维度，一是依靠客户生命周期的定义进行客户价值区隔分层，二是依靠客户关键行为进行客户价值区隔分层。

① 依靠客户生命周期的定义进行客户价值区隔分层

一般来说，客户生命周期有导入期、成长期、成熟期、休眠期和流失期 5 个阶段，在不同的阶段，客户会表现出不同的特征，具体如表 3-1 所示。

表 3-1　客户生命周期及对应的客户特征

阶段	客户特征
导入期	客户注册登录小程序后，刚刚上手，对小程序及其可以为自己带来的价值还不熟悉，尚未体验小程序的核心功能
成长期	客户已经对小程序有了一定的了解，对其提供的价值比较认可，对小程序形成初步的使用习惯，会定期使用小程序。客户的使用频率和使用时长不小于最小阈值，如每周登录 3 次，每次使用 10 分钟
成熟期	客户对小程序已经形成高度的使用依赖，使用频率和使用时长显著增加，付费频率和价值达到一定阈值
休眠期	曾经是成熟期客户，但如今不再访问或使用小程序，或者访问频次越来越少。一般超过 10 天未使用小程序的客户即可被定义为休眠期客户
流失期	客户长时间不登录小程序，甚至已经删除小程序访问记录，一般超过 30 天未使用小程序

② 依靠客户关键行为进行客户价值区隔分层。

依靠客户关键行为进行客户价值区隔分层的典型且常用的方法为 RFM 模型分析法。R、F、M 分别代表客户的 3 种关键行为：R（recency），最近一次消费的时间间隔；F（frequency），消费频率；M（Monetary），消费金额。

通过 RFM 模型分析法，运营人员可以将客户分成八大类型：重要价值客户、重要发展客户、重要保持客户、重要挽留客户、一般发展客户、一般价值客户、一般挽留客户、一般保持客户。

RFM 模型分析法的核心逻辑是找出影响用户价值高低的关键行为，然后进行交叉分析和用户划分。因此，RFM 模型在不同领域可以是不同的定义。例如，在金融领域，R 代表最近一次投资的时间，F 代表投资频率，M 代表投资金额；在直播领域，R 代表最近一次观看直播的时间，F 代表观看频次，M 代表观看总时长。

（2）AARRR 模型分层

AARRR 是获取（acquisition）、激活（activation）、留存（retention）、推荐传播（referral）、获得收益（revenue）等 5 个英文单词的首字母的组合。

通过 AARRR 模型分层，运营人员可以将用户分为以下 5 个层级。

- 用户获取。用户下载小程序但未注册，或完成注册但无进一步行为。这一阶段运营人员要关注不同渠道的注册转化率，优化渠道资源投放。
- 用户激活。用户已注册小程序，但是未完成产品的核心流程体验。这一阶段运营人员需要加强引导用户完成核心流程体验，提高用户的活跃度。
- 用户留存。用户体验了小程序的核心流程，但是持续留存时长不长。运营人员要针对用户留存问题进行分析，然后给出具体的运营策略，提高用户留存率。
- 推荐传播。用户活跃频次超过一定阈值，运营人员可通过工具刺激用户进行传播。
- 获得收益。用户活跃度和留存时长超过一定阈值，运营人员要针对特定用户，结合特定的场景对其加强付费引导。

AARRR 模型是一个比较粗略的用户分层模型，适用于小程序的初级阶段，因为该阶段小程序的用户量不大不小，企业的数据体系可能尚未搭建起来。

2. 常见的营销活动

营销活动主要是以折扣、优惠来吸引客户购买商品，运营人员策划活动之后还要配合推广，再从数据出发，监测活动的数据，在活动期间对活动策略进行微调，活动结束之后对活动进行复盘。在使用小程序做营销活动时，常见的营销活动有以下 5 种。

（1）折扣促销

折扣促销有提供优惠券、满减优惠、打折等多种形式。

商家可以在小程序上发布优惠券，让客户直接领取，也可以为优惠券设置领取门槛，以提高整体销量和业绩。

满减优惠表现为客户消费达到一定的金额时可以享受一定额度的优惠，如"满 200 元减 50 元"，这种方式可以激发客户凑单购买的欲望，在提高整体销量的同时提高客单价。

打折是十分简单的一种促销方式，商家只要将小程序中售卖的商品按照一定的折扣进行促销即可，这种方式可以在短时间内刺激客户的购买欲，提高销售额。但是打折促销的方式也有很明显的弊端，即商品价格一旦下调，就很难再恢复到原来的水平，经常性地打折促销还有可能导致恶性价格竞争。

（2）捆绑销售

捆绑销售一般是买一赠一或购买某个商品后附赠其他相关商品的方式。这种促销方式既能刺激客户消费，又能避免降价带来的各种问题，但如果捆绑销售的商品质量不佳，就有可能影响客户对小程序商城的评价。

（3）试用商品

试用商品是指将某些商品赠送给客户免费试用，引导客户购买商品。这种促销方式可以帮助商品在极短的时间快速抢占市场，但是这种方式所花费的成本比较高，对于特色不强的商品来说，营销效果可能会不太理想。

（4）拼团

拼团活动有很强的社交属性，是小程序拉新和裂变常用的方法，一次成功的拼团往往会给商家带来大量的客户和订单。在策划一个拼团活动时，运营人员首先要明确预期目的，再根据预期目的制定具体的拼团形式。

拼团形式主要有 3 种：一是普通折扣团，客户可选择原价购买或拼团购买，其目的是用优惠吸引客户消费，提高订单量；二是团长优惠团，只有开团者才能享受拼团价，其他参团者依然原价购买，一般用于发动老客户拉新；三是助力砍价团，用于推广裂变，客户分享给好友让其帮忙砍价，好友无须参团，最终达到设定的门槛客户即可享受免单或低价优惠。

拼团活动的基本信息如表 3-2 所示。

表 3-2　拼团活动的基本信息

元素	说明
可开团商品	拼团活动重要的就是先确定拼团商品，适合拼团的商品一般客单价不高于 100 元，主要是客户经常购买的刚需商品，如应季食品、化妆品、配饰、小型数码产品、零食等
拼团活动时间	运营人员要根据商品属性来确定拼团活动时长，例如，应季食品可采用短期拼团，配饰、小型数码产品等可采用长期拼团
拼团人数	拼团人数一般为 3～5 人
拼团有效期	一般为 24 小时或 48 小时，在该时间段内若成功拼团，则物流发货，若拼团失败，系统会自动退款处理
拼团价	拼团价要低于日常促销价格，运营人员可以将其设置成最低价，让客户有足够的动力去拉人拼团
拼团活动状态	主要有未开团、活动中、已成团、已超时等状态

（5）和其他商家合作

小程序商家可以与同行业的、商品不冲突、有共同目标客户的商家合作，互相引流，从而提高小程序的曝光度。例如，母婴行业经营奶粉的商家可以与经营婴幼儿服装的商家合作，实现共赢。

3．影响用户留存的因素

一个小程序平台要想获得长期的良性发展，就有必要提高小程序的用户留存率，而用户留存率的提高有赖于用户购物体验的优化。因此，在小程序营销过程中，运营人员要把握用户留存的制胜因素，让用户看到小程序的优点。

一般来说，影响用户留存的因素有以下 5 个。

（1）商品的质量

商品的质量是用户非常关心的内容，是小程序商家的立身之本，也是其口碑传播的动力。因此，运营人员在推广小程序时，能不能把商品的品质信息完整传递给用户并保障商品的品质，会影响用户的留存与转化。

（2）小程序的设计问题

如果小程序本身存在很多漏洞，如运行不流畅、闪退等，会严重影响用户的使用体验，这样用户可能会选择其他小程序。因此，开发者要在开发小程序时把控好小程序各个环节的质量，尽量减小小程序出现问题的概率。

（3）小程序对用户的干扰

有些小程序会利用模板消息向用户推送大量消息，这些频繁的推送会干扰用户的正常使用，使用户对小程序产生反感情绪，最终导致用户流失。因此，运营人员要合理地向用户推送消息，降低打扰用户的频率，尽量在用户真正有需求的时候为其推送相关消息。

（4）小程序的设计新鲜感

有些小程序因为独特的产品设计和良好的使用体验，在上线之初便吸引大量用户关注，但过一段时间之后，随着小程序的热度消退，很多用户开始流失。要想避免出现这种问题，开发者就要做好小程序设计的更新，让用户始终保持对小程序的新鲜感，从而让小程序持续吸引用户的关注。

（5）小程序的不可替代性

如果用户获得其他更为优质的替代品，小程序的用户流失也就不可避免了。这也从侧面反映出自己的小程序质量低于其他小程序。因此，开发者和运营人员要对替代品展开分析和研究，找到自己小程序的不足之处并做出改进，同时坚持发挥自己的优势，增强小程序的不可替代性。

4. 用户留存方法

运营人员在做小程序营销时，常用的提高用户留存率的方法有以下5种。

（1）签到有奖

签到有奖是大部分互联网平台具备的模块，其基本特点如下：可以让用户主动记录，并通过签到记录用户的网络位置；带动分享，一般签到功能会引向分享行为，扩大签到活动的影响力；签到可以预热接下来的内容；签到可以与奖励机制直接挂钩。

（2）积分奖励

受到人类趋利本能的驱使，奖励模式会让用户觉得自己有所收获，从而使其更容易关注某些事物，并在社交的推动下形成雪球效应。奖励模式的形式有很多种，积分奖励十分常见。

在积分奖励模式下，用户在签到、购物、完成任务后均可获得积分，积分规则可以由商家自由设置，例如，购买100元的商品可获得100积分，在使用积分时，每100积分可兑换1元。

在设置积分奖励时，运营人员要有意识地增加用户与线下实体店的接触机会。例如，用户在小程序积累到足够的积分后，可以兑换成优惠券，到线下实体店使用。

（3）任务奖励

任务奖励对潜在用户来说有利可图，因此对他们有很大的吸引力。任务奖励的模式十分简单，运营人员通常要设置一个任务，这个任务常与社交活动相结合，用户在完后任务后就能获得一定的奖励，而在此过程中，小程序不仅能获得用户的使用时间，还可以通过用户的社交圈获得更多新用户。

（4）提供个性化等级服务

建立了会员制度的小程序比没有建立会员制度的小程序更容易获得核心用户，因为会员制意味着用户需要为成为会员付出一些成本，而大多数人在付出成本之后通常会增加使用会员权益的次数，进而逐渐养成使用小程序的习惯，并在不知不觉中成为小程序的核心用户。

在实施会员制的过程中，等级服务是关键，运营人员只有让用户成为会员之后享受到一定的权利，才能让用户心甘情愿地成为会员。

（5）通过沟通和售后服务增加好感

运营人员要及时通过沟通解决用户提出的疑惑或问题，要用接地气的方式与用户进行沟通，拉近自己与用户的心理距离。运营人员还要积极地对用户的评价进行反馈和解答，或者建立社群，在日常生活中多与用户交流，从而提高小程序在用户心中的好感度。

📖 **案例链接**

蜜雪冰城以"社群+小程序"维系目标用户，扩大私域流量

蜜雪冰城是一家以销售冰淇淋、茶饮为主的连锁经营品牌，其门店遍布全国，不管是繁华的商业中心，还是人来人往的街边小巷，不管是一线城市还是三四线城市，都有蜜雪冰城的身影。

除了亲民的价格、娱乐化的营销方式和标准化的产品外，蜜雪冰城的私域运营也是其成功的原因之一。

做私域运营的第一步是引流，蜜雪冰城从自有渠道引流，主要在用户进店、下单、饮用3个环节布局私域引流入口。在用户进店环节，门店店主会在门店的玻璃上张贴一张显眼的海报，引导用户扫码进入官方社群。在下单环节，品牌方除了有支付成功之后的视频号、包裹卡、代金券等引流入口，小程序也是引导用户进入私域的重要触点。与其他品牌过分强调让用户通过下载 App 下单不同，蜜雪冰城的门店店主主要引导用户通过小程序下单，对于用户来说，这样下单更加方便、快捷。在饮用环节，蜜雪冰城把进群二维码张贴在瓶子上的口味标签的下方，因为贴有口味标签的区域是用户视线停留频次最多、停留时间最长的地方，再加上"扫一扫，新品早知道"的文案，引流效果十分明显。

把用户引流到私域后，第二步要做的是留存、引导复购，在这一环节，蜜雪冰城主要是通过官方社群来完成的。对于蜜雪冰城这种产品标准化、客单价低、决策成本低、复购频率高、用户数量大、一对一转化投资回报率低的品牌来说，社群营销是最省人力且最有效的运营策略。

蜜雪冰城的社群主要是福利群，衡量社群营销是否成功的标准是下单率而非活跃度，因此蜜雪冰城的运营活动都围绕促使用户下单来进行。

在用户进群后，群主"雪王"会自动推送一条消息，告知用户社群福利："欢迎加入蜜雪冰城福利群。1元优惠券：@雪王回复'新人礼'，即可领1元券。每日活动：@雪王回复'签到'，每天签到抽好礼。周三会员日：#蜜雪冰城#小程序下单每周单满12元减2元。"

当用户输入"新人礼"后，"雪王"会发送一条小程序图文链接，内容为"社群专属福利，新用户1元券，立即领取"，其视觉设计简单直接，以红色背景、金黄色文字或红字为主，很容易吸引用户注意，用户点击链接后进入图3-63所示的小程序页面。

在社群产品推荐环节，蜜雪冰城的操作比较单一，即每天上午9点和下午6点左右在社群内以"小程序+文本"的形式推荐当前新品，如图3-64所示。

图 3-63　小程序页面　　　　图 3-64　以"小程序+文本"形式推荐新品

　　为了长期锁客，蜜雪冰城小程序也设置了会员体系，会员等级分为 4 个等级，分别为微雪花会员、小雪球会员、大雪人会员、冰雪王会员，如图 3-65 所示。会员等级是由蜜雪冰城的用户在一定时期内累计获取的甜蜜值所决定的，会员达到相应等级的甜蜜值即可升级并享受对应权益。

图 3-65　蜜雪冰城会员等级

　　在私域中，蜜雪冰城通过会员体系可以将那些购买过品牌、认可品牌的用户培养为忠诚用户，持续延长用户的生命周期。蜜雪冰城通过会员权益可以进一步增强用户对品牌的黏性与认可度，刺激用户持续停留、使用小程序下单，不断产生复购行为，最终实现品牌与用户价值共同发展的良性循环。

【实训：抖音小程序与猫眼娱乐合作策略分析】

1. 实训背景

　　猫眼娱乐与抖音在电影宣传与发行领域的合作迎来重要升级，双方共同开发猫眼抖音小程序并搭载了 CPS 功能。这也意味着，猫眼成了抖音首个拥有小程序 CPS 功能的票务合作伙伴。

通过此功能，抖音平台的创作者可在自己上传的作品中加入猫眼小程序的购票链接，当观看作品的用户通过此链接购买电影票后，创作者可以按照实际的购票转化获得相应的返佣，这将进一步强化从"视频种草"到"一键购票"的闭环。

这不仅是猫眼在短视频宣传与发行上的一次升级，也是继打通"想看"后猫眼与抖音在电影宣传与发行合作上的进一步深化。双方希望通过此次合作，为行业树立电影短视频宣传与发行的新标杆。

这一功能不仅为更多抖音创作者在平台内提供了全新的变现机会，还有助于进一步激励创作者产出影视类优质短视频作品，丰富抖音平台内容生态。对片方来说，这一功能既可以在宣传环节提高影片在抖音平台内的曝光度与热度，又可以在转化端缩短转化链路，提高影片宣传与发行效率。

在具体合作中，猫眼与抖音双方合作打造了定制活动落地页，通过"完成任务—获取积分—换取电影票"的形式直接为短视频宣传与发行的转化环节加分。抖音开放了发现页、话题页、搜索结果页入口的优势资源，全方位助力电影宣发，提高宣传与发行效率。

猫眼多元化的营销功能深度嵌入抖音，是猫眼与抖音建成从宣传与发行到购票的一站式链路闭环的努力。未来，猫眼将继续携手抖音，进一步强化在短视频宣传与发行层面的合作，深入探索短视频宣传与发行的更多可能性，实现创作者、片方、用户、平台的多赢。

2. 实训要求

请同学们搜索抖音与猫眼娱乐对电影宣传与发行开展的合作案例，具体到某一部电影，在抖音 App 上找到小程序入口，深刻感受短视频对抖音小程序的推广和宣传的方式，最后提出对抖音小程序宣传推广的建议。

3. 实训思路

（1）对比抖音小程序与其他小程序的区别

打开抖音 App，在个人中心找到小程序入口，进入之后浏览，并分析其与微信小程序、百度智能小程序、支付宝小程序、头条小程序的区别。

（2）分析抖音小程序对电影宣传与发行的作用

在全网搜索抖音与猫眼娱乐在电影宣传与发行方面开展的合作案例，找出其合作运营的大致方式，分析其中抖音小程序的作用有多大，具体在哪个坏节发挥作用，抖音小程序是通过哪种方式被用户看到的。

（3）提出推广方面的建议

请和同学们讨论，该如何优化抖音小程序的推广。

【思考与练习】

1. 简述小程序营销的优势。
2. 简述小程序的推广方式。
3. 常见的小程序客户营销活动有哪些?

项目四

新媒体营销

● 知识目标

➢ 了解短视频营销的特点、方法。
➢ 了解短视频的内容类型、内容表现形式和内容创作方法。
➢ 了解直播营销的特点、常见方式和商业模式。
➢ 了解各类直播平台。
➢ 了解直播营销话术的运用。

● 技能目标

➢ 掌握短视频账号定位的方法。
➢ 掌握短视频账号注册、主页设置的流程。
➢ 掌握短视频营销推广技巧。
➢ 掌握直播营销定位。
➢ 掌握开通直播的方法，并开展直播营销互动活动。

● 素养目标

➢ 培养接受挑战、树立革新的观念。
➢ 培育在新媒体营销中兼顾社会效益的价值取向。
➢ 养成系统化思维，懂得通盘思考，不顾此失彼。

● 知识导图

扫一扫

● 引导案例

扫一扫

任务一　实施短视频营销

随着移动互联网的普及，短视频不断发展，既让人们的生活方式发生了巨大的变化，又为各行各业的企业或商家开辟了全新的营销渠道。

（一）认识短视频营销

短视频营销是指借助短视频向目标受众群体传播有价值的内容，吸引他们了解企业品牌、产品和服务，最终形成交易的营销方式。短视频营销属于内容营销，它较传统营销方式更具魅力，传播能力、流量变现能力更强，操作方法更简单，制作成本更低。

短视频营销以场景化、创意性的视听内容开展营销活动，不仅满足了人们的感官需求，直接触达人们的内心，还增强了营销内容的真实性和震撼力，强化了人们对产品或品牌的体验与印象，从而取得了更好的营销效果。

1. 短视频营销的特点

短视频营销的特点表现在以下 5 个方面。

（1）营销目标精准

与其他营销方式相比，短视频营销具有指向明确、目标精准的特点，能够让企业或商家更好地实现精准营销。短视频平台通常会设置搜索框，并对搜索功能进行优化，用户一般会在平台上搜索关键词，这一行为使得短视频营销更加精准。企业或商家还可以通过在短视频平台上发起一些有奖活动来聚集目标用户。

（2）传播速度快

短视频的传播渠道丰富多样，很容易实现内容的裂变式传播。企业或商家除了可以在自身平台转发和传播创作的短视频外，还可以与短视频平台、微博、微信等社交平台进行合作，从而使精彩的短视频实现更大范围的传播。

短视频还可实现可持续性传播，用户看到的短视频可能是刚发布的，也可能是很早之前发布的，只要是用户喜欢的内容，该视频就会持续受到用户的关注与观看。因此，短视频营销具有传播速度快、覆盖范围广、可持续性传播的特点。

（3）符合用户需求

短视频的时长较短，用户在较短的时间内花费较少的精力就能看完一个短视频，符合当下人们快节奏的生活方式和碎片化的阅读习惯。短视频内容丰富，表现形式多样，有技能分享、幽默搞怪、时尚潮流、社会热点、街头采访、公益教育、广告创意等内容，符合用户个性化和多元化的审美需求。另外，短视频内容开门见山、主题明确、观点鲜明，容易被用户理解和接受。

（4）营销成本低

随着信息技术的发展，短视频的拍摄、制作、上传与推广等环节具有易操作、流程简单的特点。企业或商家可组建短视频创作团队来创作短视频。由于短视频观看免费，受众群体数量大，如果短视频的内容精良，很容易提高目标用户对短视频所宣传的产品的好感度，从而使产品以较低的成本得到更高效的推广。短视频的迅速传播并不会耗费太多的成本，只要短视频的内容真正击中用户的需求点，就很容易形成裂变式传播。

（5）营销数据清晰

短视频营销具有网络营销的特点，企业或商家可以对短视频的传播和营销效果进行分析和衡量。短视频的营销语言由数据构成，如点赞量、关注量、评论量、分享量等。企业或商家通过分析这些数据即可判断短视频营销的效果，然后筛选出可以促进销售的短视频，为市场营销方案提供正确的指导。

2. 短视频营销的方法

通过短视频进行品牌或产品营销的方法主要有以下 6 种。

（1）直接呈现

如果产品本身创意独特，企业可以根据自身品牌或产品的特点直接拍摄产品短视频，在短视频中直接展示产品的优势或亮点，或快速有效地解答用户的疑问，以吸引更多的目标用户。一些知名品牌就经常会选择有创意的短视频来直接展现产品的亮点。

（2）侧面烘托

假如企业的产品创意不足，与同类产品相比并没有明显的差异，企业可以尝试利用配套物品来侧面展示自己的产品。例如，如果企业的主打产品是化妆品，那么除了化妆品以外的其他物件，如包装盒、优惠卡、说明书等，都可以被称为化妆品的配套物品。颇具特色的配套物品可以从侧面凸显主打产品的价值。

（3）口碑宣传

产品好不好，有时不一定非要通过语言表达出来，通过短视频从侧面表现出产品的火爆程度，这样的宣传效果会更好。例如，企业可以在短视频中展示品牌与用户合作的舞蹈、用户在线下门店排队购买产品等场景。

（4）植入场景

为了让用户记住自家企业的品牌或产品，企业可以尝试把产品植入某些生活场景。例如，短视频中可能只是介绍了一个生活小窍门或展现了某个搞笑片段，但企业可以在这些场景中不着痕迹地植入产品，如在桌角放置产品、背景画面中有品牌 Logo、背景中有品牌专属广告声音等，这样也能对品牌起到很好的宣传效果。

（5）解答疑问

解答用户疑问是短视频营销的基本方法之一。例如，企业可以以"如何解决……"作为短视频的标题，然后在短视频中快速并有效地解答用户的疑问。

（6）展示品牌

短视频为企业提供了一个能够充分展示企业品牌文化和特点的渠道。企业可以拍摄并制作展现企业活动、员工日常工作等场景的短视频，让更多的用户了解并关注企业品牌文化，掌握企业更多的产品及品牌信息，从而提升用户对企业品牌或产品的认知，拉近企业品牌与用户的心理距离。

（二）短视频账号设置

企业或商家要想做好短视频营销，首先需要有短视频账号，并做好短视频账号的设置，包括账号的定位、注册及主页设置。

1. 短视频账号的定位

账号定位决定了短视频的内容布局和账号布局，关系着账号的引流效果、涨粉速度、变现方式及获利情况。短视频账号定位明确、清晰，才能在后续的营销推广中取得好的效果。短视频运营者做好短视频账号定位需要注意以下 5 点。

（1）内容垂直细分

短视频运营者创建短视频账号时，要做好短视频的内容定位。短视频运营者要深挖垂直细分领域，打造垂直度高的内容，垂直度越高，账号属性越明显，越容易更精准地吸引目标用户，让账号得到更好的推荐，提高账号核心竞争力。例如，短视频运营者确定要做情感类短视频，就要在账号中坚持发布这一类型的短视频，不能在账号中随意发布搞笑类或美食类等短视频，内容杂乱的短视频账号很难引起用户的注意。

（2）坚持原创作品

短视频作品只有具有自身的创意和个性才容易吸引用户的关注，才会有更好的发展前景。短视频运营者不能盲目跟风拍摄短视频，要结合账号定位创作具有独特性、辨识度较高的短视频，这样的短视频更容易被用户记住，更容易被快速传播。

（3）分析目标用户群体

短视频运营者进行短视频营销首先要了解目标用户群体的特点，知道他们爱看什么、爱玩什么，然后将短视频内容与目标用户群体的特点相结合，确定短视频的选题内容，根据目标用户群体的特点采取有针对性的营销方案。

（4）打造优质内容

随着人们生活品位的不断提升，优质的短视频内容才更容易吸引用户观看。短视频运营者创作出的短视频要能给用户带来某种价值，例如，解决用户的某种问题、满足用户的某种情感需求等。也就是说，短视频要具有价值性，包括实用性、娱乐性、情感性等，这样才能够给用户带来更好的体验，吸引用户持续关注。

（5）统一账号风格

短视频运营者要策划好短视频的表现形式，如动画表现形式（见图 4-1）、真人出镜（见图 4-2）、宠物出镜（见图 4-3），并在运营中坚持使用统一的表现形式。短视频的风格统一更能强化账号的标签属性，从而吸引更多的流量。

图 4-1　动画表现形式　　　图 4-2　真人出镜　　　图 4-3　宠物出镜

2. 短视频账号的注册

抖音和快手是短视频领域极具代表性的两个平台，下面就以抖音和快手为例，介绍注册短视频账号的具体操作步骤。

（1）注册抖音短视频账号的步骤

在抖音平台注册短视频账号的具体操作步骤如下。

步骤 01 进入抖音 App 之后，点击界面右下角的"我"按钮，进入账号登录界面。点击"一键登录"按钮，用本手机号登录，如图 4-4 所示。除了手机号码登录外，还可通过其他方式登录。

步骤 02 点击"其他方式登录"按钮，会打开以其他账号登录抖音的选项，包括今日头条、QQ、微信、微博登录方式，如图 4-5 所示。例如，点击微博图标，弹出图形验证窗口，如图 4-6 所示，完成验证后可继续登录抖音。

图 4-4　手机号一键登录　　图 4-5　其他登录方式　　图 4-6　微博登录方式

（2）注册快手短视频账号的步骤

在快手平台注册短视频账号的具体操作步骤如下。

进入快手 App 之后，可点击"一键登录"按钮，用手机号一键登录，如图 4-7 所示，还可以点击微信图标，使用微信登录快手，如图 4-8 和图 4-9 所示，也可以选择其他登录方式，如QQ、微博、邮箱登录。

图 4-7　手机号一键登录　　图 4-8　微信登录方式　　图 4-9　登录快手

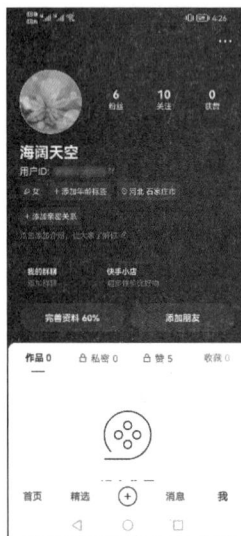

3. 短视频账号的主页设置

短视频账号主页设置在很大程度上影响着用户的关注、点赞、转发和评论等行为。短视频账号主页设置主要包括账号名称、头像、简介的设置。

（1）账号名称

优质的账号名称不仅更容易被用户记住，而且可以使用户快速了解账号的风格和账号内短视频的内容，提高短视频的传播效率。

短视频运营者在设置账号名称时应遵循好记、易懂、好搜、易传播的原则。

- 好记。一个好名字应该是不需要人们刻意留意就能记住的，现在越是简单、直接、明了的名称越容易被人们接受和记忆，如"一禅小和尚""潘姥姥""疯狂小杨哥"等。
- 易懂。账号名称还要与短视频内容密切相关，让用户清楚账号的定位和短视频内容涉及的领域，即让用户看到账号名称就知道"你是谁""你是做什么的"，如"小燕子简笔画""孙小厨教做菜"等。
- 好搜。短视频账号名称不要太长，不要过于复杂，最好不要使用生僻字，让用户搜索时可以直接输入，不用多次切换输入法。
- 易传播。账号名称应使用户在分享短视频的时候可以直接说出来，如"张同学"。

设置短视频账号名称的方法主要有以下 6 种。

- 以真实姓名命名。以运营者的本名命名，这种名称真实、简单、易记，如"涂磊"。
- 职业+昵称或昵称+职业。此类名称具有职业化、专业化特点，容易精准吸引本领域的粉丝，如"设计师阿爽""儿科医生鲍秀兰""龙飞律师"。
- 地域+昵称。带有地域性的名称更容易让本地用户搜索并关注，如"上海小阿姨""蜀中桃子姐"。
- 以称呼命名。这类账号名称通俗易懂，读起来朗朗上口，没有深奥或生僻的字词，如"潘姥姥"。
- 以企业或品牌名称命名。如果短视频是以企业或产品为主体进行运营的，可以用企业名称或品牌名称命名，如"海尔集团商务有限公司""小米手机"。
- 以媒体、组织机构名称命名。如果短视频运营者属于行政/事业单位，媒体、社会组织等机构，可以直接以其名称或简称命名，如"人民日报""央视新闻""北京大学"等。

（2）账号头像

头像是短视频账号的视觉标志，账号头像的设置需注意两点：一是头像要符合账号本身特征；二是头像要清晰、美观，能给用户带来视觉舒适感。

账号头像主要有以下 3 种。

① 真人头像。

真人头像可以让用户在进入账号主页之前就能直观地看到人物形象，有利于拉近账号与用户间的心理距离。如果账号头像中的人物气质非凡或风格独特，就很容易吸引用户点击进入账号主页。真人头像如图 4-10 所示。

② 图文 Logo 头像。

图文 Logo 头像可以明确展示短视频的内容方向，有利于强化品牌形象。图文 Logo 头像如图 4-11 所示。

③ 动画角色头像。

动画角色头像可以强化短视频内容中的角色形象，有利于打造动画人物 IP。动画角色头像如图 4-12 所示。

图 4-10　真人头像　　　　图 4-11　图文 Logo 头像　　　　图 4-12　动画角色头像

（3）账号简介

账号简介可以让用户明白短视频账号的定位与内容方向，对账号形成一个更加明晰和更有深度的认知。账号简介也是吸引用户关注的重要因素之一。

短视频账号简介的撰写主要有以下 3 种方法。

- 表明身份。例如，"猴哥说车"的账号简介为"猴哥，做你身边的车痴好友"。
- 表明领域。例如，"小燕子简笔画"的账号简介为"每天分享简笔画、儿童用品"。
- 表明理念和态度。例如，"醒醒吧张律"的账号简介为"睡不醒还有职业病，怕是没救了吧，用演技传递法律温度"。

很多短视频账号的简介中有商务合作的联系方式，如微信号、微博账号、手机号、邮箱等。短视频账号的简介可以作为账号的广告宣传栏，如说明账号直播时间、业务范围等。

（三）短视频内容策划

短视频的内容是决定短视频账号运营成败的关键因素之一。因此，短视频运营者要想让自己的短视频从众多作品中脱颖而出，做好短视频的内容策划至关重要。

1. 短视频的内容类型

短视频运营者在开展短视频营销前要明确短视频的内容类型，常见的短视频的内容类型有以下 8 种。

（1）剧情类

剧情类短视频以短剧、表演为主，通过演员夸张的表演效果来吸引用户的关注，包括故事、笑话、喜剧等内容，主要是满足用户的娱乐需求。

（2）美食类

美食类短视频主要涉及美食制作、美食展示和美食试吃等内容。美食类短视频讲究画面的"色香味俱全"，应能满足用户对美的需求，并激发用户的食欲。

（3）时尚类

时尚类短视频主要展示美妆和服饰穿搭等内容，这类短视频主要面向追求和向往时尚、美丽、潮流的年轻用户群体，为他们提供化妆、护肤或穿衣搭配意见和建议，并在无形中进行产品营销。

（4）情感类

情感类短视频主要以文字或语言来展现的情感短文、真人出演的情感短剧或以声音形式来呈现内容，主要是满足用户情感方面的需求，帮助用户解决情感类问题或引发用户产生情感共鸣。

（5）运动类

运动类短视频以体育竞技、休闲健身和健康知识为主要内容，短视频运营者可以在短视频中向用户介绍简单的健身动作、普及健康知识或倡导健康锻炼等，满足用户运动健身的需求。

（6）教育类

教育类短视频以各种知识的讲解和教授为主要内容，包括科学知识教育、艺术培训、语言教学和各种专业技术教育等内容。

（7）生活类

生活类短视频以展示人们日常生活为主，主要包括生活小技巧、民间传统活动等。

（8）宠物类

宠物类短视频以展示宠物日常为主，主要包括宠物的生活习性、可爱形态、人宠互动，以及饲养技巧等。

除以上介绍的类型外，短视频还有很多类型，如才艺类短视频、旅游类短视频、测评类短视频等。

2. 短视频内容表现形式

内容表现形式决定了短视频运营者以何种方式来向用户展示短视频的内容，不同的表现形式会给用户带来不一样的观看体验。一般来说，短视频的内容表现形式主要有图文形式、录屏形式、解说形式、实拍形式、动画形式和创意形式。

（1）图文形式

图文形式较简单，易操作，此种形式的短视频主要由一张或几张底图与说明性的文字组成，有时也会出现与内容相关的人物。图文形式的短视频对文字内容的要求较高，文字内容要精雕细琢，足够惊艳，这样才更容易吸引用户。

（2）录屏形式

录屏形式是指短视频运营者通过录屏软件把计算机或手机上的一些操作过程录制下来，在录制过程中可以录音，最终将内容导出为视频格式的文件，并进行发布。这种内容表现形式多用于教学类或操作说明类的短视频，一些游戏解说类或电子竞技类的短视频也采用这种表现形式。

（3）解说形式

解说形式是短视频运用得较多的一种表现形式。解说形式的短视频是由短视频运营者收集视频素材并对其进行剪辑加工，然后配上片头、片尾、字幕、背景音乐、声音解说的视频。在这种表现形式中，短视频运营者的声音解说非常重要，独具创意的解说方式更容易引发用户关注、点赞和评论。

（4）实拍形式

实拍形式包括真人出镜和其他事物出镜两类。实拍形式的短视频更具真实感，更容易让用户产生沉浸感。

① 真人出镜。真人出镜的主角人物应具备独特的人格魅力，这样更容易让短视频获得用户的好感，短视频账号也更容易吸粉。真人出镜的短视频类型主要有脱口秀、搞笑短剧、知识分享、探店、Vlog 等。有的短视频为了塑造神秘感和新鲜感，出镜人员可能会选择蒙脸，激发用户的好奇心，也可能易装出镜，用外形的反差给用户留下深刻的印象。

② 其他事物出镜。其他事物出镜主要是宠物出镜、风景出镜、美食出镜等。

（5）动画形式

动画形式的短视频一般分为两种：三维动画角色的小故事和二维漫画式的小故事。动画形式的短视频降低了动画的制作成本，而且更新速度快、碎片化的发布方式让用户感觉到在陪伴动画角色成长，增强了用户对动画角色的信赖感和亲切感，使其黏性非常强。

（6）创意形式

创意形式是指采用创新的艺术表现形式来表现短视频的内容，这种形式的短视频往往会非常吸引眼球。创作者要重视那些新鲜又有创意的表现形式，如果有新颖的思路，不妨尝试着做出来。创意形式可以快速触达用户内心，但对于需要积累粉丝或新兴的团队来说，创意形式也存在很大的风险，因此要以稳扎稳打为主、新颖创意为辅，以减少时间成本和试错成本。

📚 **案例链接**

伊利"茶与茶寻"以 IP 动画展示产品特色

如今，打造动漫品牌 IP 已成为品牌开展营销的重要方式之一，制作动画短视频则是其中的一种重要手段，甚至能够帮助品牌与虚拟偶像等领域接轨，抓住营销机会。

"茶与茶寻"是伊利创建的首个茶饮料品牌，2022 年 5 月，"茶与茶寻"发布品牌 IP 系列动画，将产品特色与品牌 IP 形象展示在动画里，如图 4-13 所示。

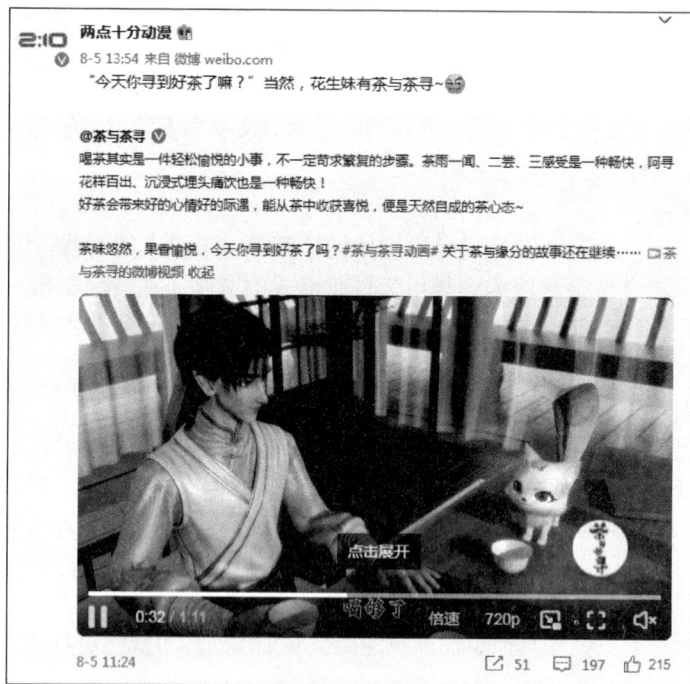

图 4-13 "茶与茶寻"品牌 IP 动画

该动画由两点十分动漫公司承制，动画中有两个原创虚拟 IP 形象，分别是茶雨——茶叶宗门传人，茶宠阿寻——一只可爱的狐狸。

故事讲述的是茶雨在路边救下阿寻，却被阿寻抢走了他的研发成果。一场弥漫着茶香与桃香的追逐战就此展开，茶雨抓到阿寻后，在与现实大小完全不同的巨大普洱树下，神奇的事情正在发生……

该系列动画利用有趣的故事将产品的特点娓娓道来，且有针对性地将青柑普洱和桃香乌龙两款产品的特色融入动画中，有利于让用户对"茶与茶寻"的品牌和产品形成深刻的印象，同时，以动画为载体赋予产品灵魂，有助于将品牌打入年轻用户群体，一举两得。

3. 短视频内容创作方法

在创作短视频时，运营者要了解短视频的内容创作要求。一般各平台对短视频原创内容的基本要求主要包括以下 7 点。

- 创意性。视频内容构思独特，视角新颖，让人耳目一新。
- 知识性。视频内容有价值，能够让人们看完后学到相应的知识，解决相应的问题。
- 专业性。内容见解要有深度，主张的观点具有较强的说服力。
- 娱乐性。视频内容生动有趣，能够带给用户放松、愉悦的感官享受。
- 情感性。视频内容具有情感性，能够真实地表达人物的情感。
- 完整性。视频表述层次清晰，主题突出，结构完整。
- 健康性。视频内容积极向上，充满正能量。

无论在哪个平台上进行短视频营销，运营者在创作短视频时都要先找到正确的创作方向。短视频内容创作方法主要有以下 4 种。

（1）价值提供法

价值提供法是指运营者创作短视频时要以给予的心态帮助用户，帮助用户解决问题、降低成本，使用户感知到明显变化。

① 解决问题。解决问题是指在短视频中对人们在某个具体场景下出现的具体问题给予精确回答，解决用户疑问，为用户提供可执行、可操作的具体方案。

② 降低成本。短视频的内容可以降低用户的选择成本，例如，直接给出答案的知识类内容、针对用户在各个方面有实际需求的内容、直接帮助用户总结答案的内容等。

③ 感知明显变化。用户看了短视频之后可以感知到自己与之前相比发生了明显变化。运营者可以在短视频内容中呈现出超出用户想象的变化，形成前后对比，让用户获得新的认知，加深用户印象。

（2）讲述故事法

优质的故事具有巨大的魅力和吸引力，可以激发用户产生情感共鸣，为用户创造生动、形象、真实的体验，从而让短视频赢得用户的信任和赞赏。运营者创作故事性短视频需注意以下 4 点。

① 塑造鲜明个性。短视频故事中人物的形象要鲜明，这样才能让短视频在有限的时间内引起用户的关注，加深用户的印象。

② 预设矛盾冲突。故事只有存在矛盾冲突，才能高潮迭起，扣人心弦，推动故事情节不断向前发展，才能突出人物性格，塑造更加丰满的人物形象，给用户留下深刻的印象。

③ 设置意外拐点。拐点是指故事情节发展的转折点，巧设拐点可以使故事情节变得跌宕起伏，引人入胜。

④ 巧妙制造悬念。悬念是指人们对文艺作品中人物的遭遇、未知的情节所保持的一种期待的心情。短视频运营者可以在故事中巧设悬念，以此来吸引用户的关注，让用户迫不及待地看下去。

（3）场景细分法

场景细分法是指以用户在现实生活中的使用频率和深度为标准，将用户场景进行细分来创作短视频。用户场景可细分为高频场景、低频场景、重度场景和轻度场景。

① 高频场景是指人们几乎每天都离不开、每天都会面对的生活场景，如吃饭、娱乐等。高频场景面对的用户群体比较大，几乎是每个人必经的场景。

② 低频场景。低频场景是指人们平时应用较少的场景，如买车、买房、旅行等，但这些场

景对应的是一些不可或缺的生活需要、兴趣爱好等。这样的场景对于每个人而言虽然不是高频的，却是自己奋斗的目标和执着的追求。

③ 重度场景。重度场景是指与人们生活方式息息相关、每天都会接触的场景。一些上班族因为职业的不同，围绕每个工种的知识学习也是离不开的场景，以及每个人每天都要使用的计算机、手机以及其他电子设备等，都属于重度场景。通过细分一个垂直领域中人群的高频场景，然后找到自己的切入点，也是创作的一条捷径。

④ 轻度场景。轻度场景是指一些对于很多人而言是稀缺的，但是自己向往、心仪、羡慕的生活方式和梦想的生活场景。这样的场景主要包括对独特生活方式的记录、对独特阅历的分享和能够带来内心情绪力量的生活场景，例如，有些创作者会展示自律带来的积极改变。

（4）目标人群细分法

目标人群细分法是指以短视频内容的目标用户作为切入点进行针对性的创作，围绕目标用户的需求进行创作。在采取目标人群细分法创作短视频时，运营者要把握以下两点。

① 目标人群真实存在。此方法的创作路径是：先找到真实目标人群，挖掘他们多样化的需求，让目标人群的需求与创作内容保持一致，最后将需求再次细分到更加具象的问题上，从而找到具体切入点。

② 细分得到验证的垂直人群。每个平台的定位不同，且拥有的用户群体不同。平台拥有的用户群体已经得到了验证，并具有一定的垂直性，且这些用户群体有着自己的实际需求，因此，运营者可以将平台拥有的用户群体进行细分，并对平台用户群体的实际需求再进行细分，这样更利于运营者创作与平台定位相符的垂直内容。

4. 短视频封面与标题的设计

短视频的封面和标题也是影响短视频流量的重要因素。好的封面和标题更容易吸引用户点击观看短视频，同时也有助于加深用户对短视频账号的整体印象。

（1）短视频封面设计

运营者在设计短视频封面时可以采用表 4-1 所示的技巧。

表 4-1　短视频封面设计技巧

项目	说明
画质清晰	短视频封面的画质要足够清晰，切忌模糊或者昏暗，以免影响用户的观看体验，阻碍用户点击观看短视频
密切相关	短视频封面必须和标题有直接的、密切的联系，并能突出短视频的内容重点，例如，人物要突出表情和情绪，物体要放大其特点等
排版层次	短视频封面的排版要层次分明，标题不能挡住封面，封面也不能挡住标题，二者要互不干涉。封面上的字要大，字号不宜低于 24 号；文字颜色要合理；封面上的文字要少而精，且最好居中放置
个性风格	短视频封面要建立自己的风格，运营者可以专门设计一个固定的封面模板，打上个人标签，形成个人特色，以加深用户印象，方便用户查看历史记录
吸引力强	短视频封面必须对用户有足够的吸引力，能够达到吸引用户眼球的效果。这类封面包括悬念封面、唯美封面等
禁止违规	运营者设置短视频封面时必须遵守法律法规，封面上禁止出现暴力、惊悚和低俗等违规内容，不能含有二维码、微信号等推广信息，也不能带水印，封面应符合平台的相关要求

（2）短视频标题设计

短视频标题也非常重要，运营者为短视频拟定一个响亮、醒目的标题能够帮助短视频吸引流量。运营者在设计短视频的标题时可以采用表4-2所示的技巧。

表4-2　短视频标题设计技巧

项目	说明
运用关键词	在短视频标题上添加关键词，容易让短视频被更多的用户搜索到，有利于增加短视频的推荐量和播放量
设置悬念	在短视频标题中设置悬念，可以有效引发用户的好奇心，激发用户观看短视频的欲望，引导用户在短视频中寻找真相或答案，从而增加短视频的播放量
增强代入感	让用户觉得短视频的内容与自己密切相关，不由自主地将自己代入短视频的场景中。方法一，使用第二人称，拉近短视频与用户的心理距离；方法二，在标题中添加用户标签，标明目标用户群体特征，如职业、年龄、性别、兴趣爱好等
适度追热点	运营者在短视频标题中合理地插入热点词汇，可以提高短视频的传播速度，提高短视频账号的曝光量。追热点属于借势营销，追热点的前提是短视频的选题与热点事件有关联，且与短视频自身定位一致
巧用数字	使用数字的标题逻辑更清晰，有助于用户轻松理解短视频的内容要点，同时数字表达具体、形象，容易激发用户的兴趣，如"制作 PPT 封面的 5 个技巧""用土豆制作美食的 6 种方法"等
制造矛盾	在标题中制造矛盾冲突容易引发用户的好奇心，例如，在标题中提供两个完全不同甚至对立的观点或事实，可以吸引用户点击观看短视频
强互动性	短视频标题要具有强互动性，运营者在短视频标题中抛出有讨论性的观点或话题，采用设问或反问句式，如"大家觉得怎么样"，更容易引发用户讨论和互动
戳中痛点	短视频标题如果能够戳中用户的痛点，然后为用户提供解决问题的方案，使用户能在短视频中学到解决现实生活中遇到的问题的方法和技能，则能让短视频更容易吸引用户的注意
禁做"标题党"	短视频标题切忌与内容不符，也不能断章取义，故意夸张或引起用户误解，欺骗用户，以免引起用户的反感，甚至让用户取消对短视频账号的关注

课堂讨论

在课余时间浏览短视频时收集你认为精彩的短视频标题，记录下来，在课堂上和同学们分享，并讨论其设计技巧。

（四）短视频营销推广

提高短视频流量是做好短视频营销的关键，而做好短视频的营销推广可以有效提高短视频的流量。创作者可采用多平台分发、构建引流矩阵及付费推广的方式进行短视频的营销推广。

1. 多平台分发

创作者只有让短视频覆盖更多的新媒体平台，让更多的用户看到，才能保证短视频的曝光率，最大限度地实现短视频营销目标。创作者可以通过多渠道方便快捷地将短视频分享推广到不同的媒体平台，吸引不同的用户群体观看。只要短视频内容优质，对用户有足够的吸引力，短视频就会被越来越多的用户关注和支持。

（1）@好友

很多短视频平台支持创作者将短视频分享给自己的站内好友，通过@功能来推广短视频。创作者在发布短视频时，@好友就能使好友得到消息，从而把短视频精准地分享给特定的人。创作者在@好友时，应尽量选择人气较高的好友或互动较多的好友，这样有利于短视频被更多的用户看到。

（2）微信推广

创作者可以将短视频分享至微信朋友圈，或推广至微信公众号，以扩大短视频的传播范围。

（3）微博推广

微博是国内主流的社交媒体平台，也是创作者分享短视频的主要渠道。微博具有广场属性，适合做内容的裂变传播。创作者将短视频分享到微博，有利于提高短视频的曝光率，吸引更多的用户观看。

（4）线下推广

常见的推广短视频的渠道除了线上新媒体社交平台外，还有线下渠道。一般来说，创作者会将短视频营销广告发布在人群比较密集的场所，这些场所覆盖的用户通常具有明显的群体属性，因而这一方式的推广效果比较精准。线下推广渠道主要包括社区电梯广告展示位、地铁广告位、城市商圈（如城市大型商场内外的大型广告屏）、公交候车厅、线下店等。

2. 构建引流矩阵

短视频创作者可以通过构建短视频引流矩阵以达到推广短视频的目的。引流矩阵包括单平台账号矩阵和多平台账号矩阵。

（1）单平台账号矩阵

单平台账号矩阵常见的运营模式如表 4-3 所示。

表 4-3　单平台账号矩阵常见的运营模式

运营模式	说明
"AB"型矩阵	此模式以"形象短视频账号+品牌短视频账号"的形式组建账号矩阵，以达到塑造品牌形象的目的。通常"A""B"两个账号一主一辅同时发力，但创作者要确保两个账号定位清晰，避免信息混乱
蒲公英型矩阵	此模式是以一个账号为核心，此账号发布信息后，让其他多个账号进行转发，再以其他账号为中心进行新一轮的扩散
"1+N"型矩阵	此模式是在一个主账号下再开设 N 个产品专项账号，以此构成完整的产品宣传体系。例如，抖音的"美的官方旗舰店"主账号下面另有"美的厨卫旗舰店""美的冰箱旗舰店""美的空调旗舰店"等一系列产品账号

创作者采用单平台账号矩阵模式构建引流矩阵时，要注意以下几点。

- 内容定位。每个账号要有不同的内容定位，即不同的账号发布的短视频内容要有所区别，否则账号所发布的内容无法得到短视频平台的推荐，账号之间也无法实现互相引流。
- 具有关联性。矩阵中的每个账号在保证内容定位有所不同的前提下，还要能够因为某个点形成一定的关联，这样才能让矩阵中的各个账号通过这个联结点相互引流。
- 风格一致。在矩阵运营过程中，创作者要注意矩阵内账号所发布的内容不能太杂、过于混乱，内容风格必须保持一致，不能相差太多；同时创作者要仔细斟酌短视频的内容，短视频要对用户具有足够的吸引力。

（2）多平台账号矩阵

实施短视频营销既要求短视频创作者能找准垂直领域，又要求创作者能充分利用多个平台同步推送信息，尽可能扩大短视频的覆盖范围。除了短视频平台外，微博、微信、今日头条、媒体客户端等平台也可以作为创作者推广短视频的阵地。

一般来说，多平台账号矩阵是多平台同账号矩阵，这样有助于加深用户对账号的记忆。创作者构建多平台账号矩阵时，要注意以下几点。

- 寻找适配平台。不同类型的短视频账号适合的平台类型也不尽相同，首先是形式上的匹配，其次是内容上的兼容。单从形式上来看，可以发布短视频的平台有很多，如微博、优酷、西瓜视频、今日头条等平台。除了形式，创作者还要看内容的兼容性，同时要注意把握平台用户群体的特征。

- 引导流量交流。创作者选择了适配的引流平台之后，短视频账号与其他平台之间已经具备了建立联系的基础。创作者要想让不同平台之间真正实现互相引流，就要让不同平台的流量之间产生交流。

- 维系平台联系。账号在不同平台上的粉丝之间形成联系和转化后，并不代表引流就完成了，创作者要持续性地维持这种联系，保持不同平台间的联系不中断。

案例链接

"樊登读书"借助账号矩阵收获上亿粉丝

作为一个学习平台，樊登读书 App 的注册用户数量在 2022 年 9 月突破 6 000 万，并且注册用户的数量每年仍在高速增长中。当前的"樊登读书"不只是一期节目，还构建了直播、短视频、读书会等项目的阅读新生态体系。"樊登读书"之所以能快速发展起来，除了有优质内容做基础，矩阵式布局也在其中发挥着重要的作用。

打开抖音，搜索"樊登读书"，用户会发现各种"樊登读书"的"蓝 V"账号，各个账号的粉丝数从几万到几百万不等。粉丝数最多的单个账号有 900 多万粉丝，拥有二三百万粉丝的账号更是有多个，这些账号都是"樊登读书"在抖音平台构建的账号矩阵中的成员。

"樊登读书"在抖音平台有几百个短视频账号，运营者用大量的视频内容打造 IP。因为一个账号的推荐量是有限的，使用多个账号会让 IP 获得更多流量，而抖音平台的流量池足够大，也可以容纳这么多账号的内容输出。另外一个重要的原因是，"樊登读书"拥有上千个独立运营的授权点，这些授权点也共同打造了"樊登读书"的矩阵号。

"樊登读书"在抖音上获得了上亿粉丝，其中大部分粉丝来自"樊登读书"的授权点，这些授权点是"樊登读书"分布在全国各地，负责推广"樊登读书"的业务点。"樊登读书"用矩阵的方式让授权点参与短视频账号的运营，多个账号进行积累，最终大大提高了"樊登读书"IP 的影响力。

另外，"樊登读书"还将矩阵中的短视频账号分为职场、亲子、生活、情感等不同类型，这更加满足了用户的个性化需求，而且账号的定位不同就为不同的账号贴上了个性化的标签，可以让账号矩阵在不同维度建立起评价体系。

3. 付费推广

为了达到为短视频引流的目的，有些创作者会采用付费推广的方式来推广。在进行付费推广前，短视频创作者应明确推广的目的，即是增强账号的影响力，还是推销产品，创作者可以根据不同的目的选择相应的付费推广渠道。

下面以抖音平台为例介绍短视频常见的付费推广形式。

（1）信息流广告

信息流广告可以灵活地穿插在各类内容中，给用户带来原生竖屏沉浸式体验。这类广告能够获得较高的曝光量，有助于创作者实现收集用户数据、产品推广、品牌传播等目标。

（2）KOL 推广

创作者可以根据产品特点和预算选择合适的 KOL 利用短视频来推广产品和品牌。粉丝基数大、垂直化程度较高的头部 KOL 是创作者重点考虑的合作对象。头部 KOL 实力强，但合作的价格也较高，创作者要根据自己的预算选择合适的 KOL。

（3）贴纸广告

贴纸广告主要面向企业或知名 IP。与其他形式的广告相比，贴纸广告形象生动，用户体验好，用户接受度高，而且容易激发用户主动传播分享，从而达到很好的传播效果。贴纸广告属于非标产品，具体的价格需要创作者和平台官方负责人进行洽谈。

（4）发起挑战赛

挑战赛的形式多种多样，品牌发起挑战赛的目的是给短视频账号引流，扩大品牌在线上、线下的影响力。这种广告形式的互动性强、传播速度快，但是门槛较高，品牌仅有预算是不够的，其最终的营销效果在很大程度上取决于品牌本身的知名度。发起挑战赛也属于非标产品，需要创作者与合作方详细商谈。定制挑战赛通常可与贴纸广告、KOL 推广等广告形式结合使用。

（5）投放 DOU+

DOU+是抖音内容加热和营销推广工具，它能够有效提高短视频的播放量、互动量和曝光度。DOU+分为速推版和定向版两种投放方式。

速推版操作简单，创作者只要确定想要将短视频推荐给多少人，以及是需要增加视频点赞、评论数量，还是增加粉丝量即可。速推版设置界面如图4-14 所示。

定向版需要创作者进行相关的参数设置，包括"期望提升""投放时长""投放金额""把视频推荐给潜在兴趣用户"（即投放目标用户群体）等"把视频推荐给潜在兴趣用户"分为系统智能推荐（见图4-15）与自定义定向推荐（见图4-16）。设置好以后付费，即完成投放。

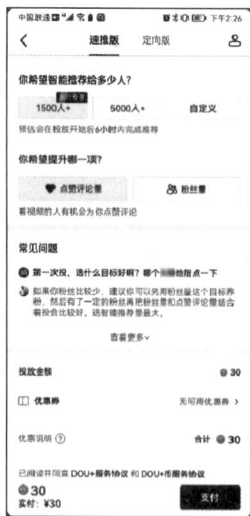

图 4-14　速推版设置界面　　图 4-15　定向版系统智能推荐设置　　图 4-16　定向版自定义定向推荐设置

短视频创作者投放 DOU+时，首先应确保制作的短视频内容优质，符合用户的偏好。创作者发布短视频后应先观察一下短视频的相关数据，如果短视频的播放量较好，用户反馈比较好，创作者再考虑为其投放 DOU+。创作者为短视频投放 DOU+后也要持续关注短视频后期的数据表现，如短视频的点赞量、评论量、转发量及账号的关注量等，以确保达到推广效果。

任务二　实施直播营销

随着互联网的发展，直播作为全新的信息传播方式，以其即时互动性、现场真实性、目标明确性、内容丰富性等特点，获得了人们的喜爱，也得到了企业和品牌方的重视，成为一种新兴的营销方式。

（一）认识直播营销

直播营销是指企业或品牌方以直播平台为载体、以互联网技术为依托开展营销活动，以达到增强品牌影响力和提高商品销量的目的。

1. 直播营销的特点

直播营销具有以下 4 个特点。

（1）直接触达用户，即时互动性强

直播可以实现企业与用户的实时交流。在直播过程中，主播在向用户呈现商品信息时，用户可以针对商品信息发表评论，分享消费体验，将自己的意见实时反馈给企业，真正参与企业的商品生产或营销活动。

在直播过程中，主播可以针对用户的疑问进行解答，对用户的支持表示感谢，满足用户多元化的需求。直播营销有利于增强用户的参与感，拉近企业与用户的距离，增强用户对品牌或商品的黏性，因此，直播逐渐成为企业重要的营销方式之一。

（2）营销成本低，传播范围广

直播营销对设备、场地、物料等的需求较少，是目前成本较低的营销方式之一。企业仅用一部手机就可以完成直播营销，直播场景也可以由企业自己搭建。直播营销的话题效应强，它可以轻松引起用户的传播和关注，且直播以视频为表现形式，营销内容便于形成二次传播，因此直播营销具有传播速度快、传播范围广的特点。

（3）目标精准，营销氛围好

开始直播前，企业可以将相应的宣传推广信息精准推送给目标用户，使目标用户在特定的时间进入直播间观看直播。观看直播的这些用户通常对企业或品牌具有较高的忠诚度，这有助于企业或品牌方实现精准营销。

在直播间，用户更容易因为受到环境的影响而产生消费行为。这种环境影响可能是受直播间内很多人争相下单购买的氛围的影响，也可能是用户因为感觉主播使用这款商品效果不错而产生的代入感，还可能是主播话术突出的紧迫感触发的稀缺心理。无论什么原因，在主播营造的营销氛围下，如商品特点、功能或具有吸引力的促销活动会极大地刺激用户的消费热情，促使用户产生消费欲望，形成直播间的消费热潮。

（4）场景真实，用户体验感好

在直播营销中，企业或品牌方不仅可以展示商品的生产环境、生产过程，让用户了解商品真实的制作过程，还可以展示商品的试吃、试穿、试用等过程，让用户直观地了解商品的使用效果，让用户形成真实感，优化用户的购物体验，从而刺激用户的购买欲望，促使用户产生购买行为。

2. 直播营销的常见方式

为了吸引用户观看直播，营销者需要根据实际情况选择合适的直播营销方式。常见的直播营销方式主要有以下6种。

（1）直接推销式

直接推销式直播营销是指主播在直播间内直接向用户分享和推荐商品，用户通过在评论区留言参与互动，主播按照用户的需求推荐并讲解相应的商品，吸引用户下单购买。

（2）现场制作式

现场制作式直播营销是指主播在直播间内对商品进行现场加工、制作，向用户展示商品经过加工后的真实状态。食品、小型家电、3C商品等适用于此种营销模式。

（3）基地走播式

基地走播式直播营销是指主播到直播基地进行直播。很多直播基地是由专业的直播机构建立的，能够为主播提供直播间、直播商品等服务。在供应链比较完善的基地，主播可以根据自身需求在基地挑选商品，并在基地提供的直播场地中进行直播。

（4）产地直销式

产地直销式直播营销是指主播在商品的原产地、生产车间等场地进行直播，向用户展示商品真实的生产环境、生产过程等场景，通过主播的讲解与镜头展示使用户近距离观看商品的生产过程，从而认可商品质量，完成交易转化。

（5）知识教学式

知识教学式直播营销是指主播以授课的方式在直播中分享一些有价值的知识、技能或技巧，如商务礼仪、服饰搭配、化妆技巧、运动健身方法等，主播在分享知识或教授技能的过程中推广一些商品。

（6）开箱测评式

开箱测评式直播营销是指主播拆箱并介绍箱内商品的一种直播方式。在这类直播中，主播要在开箱后诚实、客观地描述商品的特点和商品使用体验，让用户真实、全面地了解商品的功能、性能等，从而达到推广商品的目的。

3. 直播营销的商业模式

主播在直播中销售商品，为用户讲解商品功能，介绍品牌价值，从而提升用户对品牌的认知。如今，直播营销已成为一种新兴的商业模式。

直播营销的商业模式如表4-4所示。

表4-4　直播营销的商业模式

商业模式	说明
直播+电商	此模式广泛用于线上店铺，是由主播介绍店内商品，或者传授知识、分享经验的一种营销方式
直播+发布会	此模式灵活多样、生动有趣，能够为宣传企业商品和品牌带来更多的流量和人气，且比传统营销模式下的发布会的营销成本更低、影响力更大、效果更好
直播+企业日常	此模式已逐渐成为企业与用户建立密切关系的社交与营销方式，企业通过直播的方式展示企业文化，如分享员工的工作日常、传递品牌理念等
直播+广告植入	在直播场景下，主播可以自然而然地进行商品或品牌的宣传与推荐。在商品讲解和分享时，导入购买链接，引导用户购买
直播+访谈	直播时主播通过访谈的方式，以第三方视角来阐述观点和看法，如采访行业意见领袖、特邀嘉宾、专家、路人等，利用第三方的观点来提高商品信息的可信度

你是否有过在直播平台购物的经历？如果有，你觉得直播购物给你带来的购物体验是否优于以往的主动式搜索购物，为什么？你在直播平台购物时最好的体验来自哪一方面？

（二）直播营销定位

直播营销要从 3 个方面来进行定位。

1. 人设定位

鲜明的人设是直播营销的先决条件。人设就是对人物的设定，主播可以通过树立人设让自身的定位更加鲜明、立体，让用户通过一个关键词或一句话就能记住自己，对自己印象深刻。做好账号的人设定位有助于快速建立个人品牌，增强个人影响力，带来巨大的流量，从而提升直播营销效果。

主播的人设定位可以按以下步骤来确定，如图 4-17 所示。

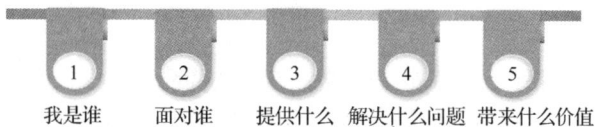

| ① | ② | ③ | ④ | ⑤ |
| 我是谁 | 面对谁 | 提供什么 | 解决什么问题 | 带来什么价值 |

图 4-17　确定人设定位的步骤

（1）我是谁

主播首先要确定自己的身份，要根据自身特点、专业知识和经验，找到能够施展自身才华的领域，确定好自己的身份，如美妆达人、服装设计师、某行业的专家等。

（2）面对谁

主播要清楚目标群体的特征，如地域、年龄、性格、偏好、收入状况、消费能力等。

（3）提供什么

主播要根据目标群体确定能够在直播间提供的商品或服务，如针对"宝妈"群体提供婴幼儿用品，如玩具、绘本、食品、童装等。

（4）解决什么问题

主播要根据目标群体特征，挖掘用户痛点，然后提供解决方案，推荐品质好货。

（5）带来什么价值

主播在直播时，要能够给目标群体带来一定的价值，如让年轻女性变美，使她们更加自信等。

示例如下。

- 我是谁？——我是 8 年品牌服装连锁店的买手。
- 面对谁？——面对身高较矮的年轻女生。
- 提供什么？——提供简约、有设计感的女性服装。
- 解决什么问题？——解决小个子女生的穿搭困扰。
- 带来什么价值？——使小个子女生通过服装搭配重拾自信。

主播在塑造人设时，要掌握以下技巧。

（1）展示亮点

在塑造人设时，主播要以自身特点为出发点，在镜头下多展示自身的闪光点，体现出自己的真实特征，以吸引用户。主播塑造的人设要真实，切忌一味追求完美的人设而脱离实际。

（2）提高辨识度

主播要明确自己的人设定位，贴上自己的专属标签，突出独特、别致、与众不同的特点。如果是某些人使用过的标签，主播就要分析自身与其他主播的差异性，以差异性为出发点确定自己的标签。标签的提炼可以从外表、性格、兴趣、职业、语言等方面来考虑。

（3）形成独特风格的直播话术

形成颇具个人特色的直播话术有利于直播营销的成功。改善直播话术的方法是多听、多练、多总结，主播要学会解构其他主播直播话术的逻辑，分析其切入话题的方式，说话时的动作、语气、节奏甚至眼神等，从中汲取经验，不断提升自己直播时的语言表达能力。

（4）强化 IP 形象

主播为了让更多的用户记住自己，要善于利用自己的专业或从事的职业做背书，将自己的经历、爱好、情感和观点融入直播话题中，体现主播的人格魅力，同时也让人设更加立体、饱满，强化 IP 形象，赢得用户的信任，引发用户的共鸣。需要注意的是，人设一旦设立，就要长久坚持，要输出风格一致的内容，不断强化用户对主播 IP 的印象，继而提高用户的黏性。

（5）正确选品，强化人设

选对商品对于塑造主播人设来说也很重要，合适的商品对人设的塑造具有强化作用。主播要选择符合自身定位、契合自身人设的商品，并且愿意将其分享给用户，这样做能够为人设的打造锦上添花。

（6）调整人设标签

主播进行人物设定时，除了根据自身特点来为自己贴标签，还要充分考虑到人设面向的主要用户，通过对目标用户的调研，明确用户画像，继而从目标用户的视角审视人设的标签，去掉一些目标用户偏好较少甚至排斥的标签，不断调整人设标签，使主播人设对特定群体产生足够的吸引力。

2. 内容定位

随着主播数量越来越多，直播行业的竞争也越来越激烈，只有做好直播内容的精准定位，才有可能获得预期的营销效果。直播内容要围绕目标用户进行定位，首先要弄清楚直播的目标用户是谁，他们的年龄、性别、职业、需求是什么，从这些元素中确定直播能给用户提供什么、是否能满足他们的需求。

主播做内容定位时，需要注意以下事项。

（1）坚持原创内容

做直播营销要养成原创的习惯，要学会收集各种素材，在创作内容时关键素材可以帮主播找到方向，打开思路。素材可以是自身经历、热点事件等。主播还要分析和学习竞争对手的视频或直播，取长补短，加上自己的理解，灵活运用到自己的内容中。

（2）坚持内容差异化

主播要专注于某一个领域持续输出优质内容，深耕细分垂直领域，向精而专的方向发展。主播要单点切入，做到极致，并且在内容垂直化过程中做出自己的差异化，赋予直播内容个性和灵魂。直播主体和内容人格化会让直播更有温度，更能吸引用户，也更容易赢得用户的信任。

（3）突出内容的价值性

在这个"内容为王"的时代，用户越来越注重内容的价值性。直播平台越来越多，内容呈现多样化的状态，直播营销行业越来越需要精细化运营。确保直播内容的价值性是直播营销制胜的关键。

案例链接

"东方甄选"直播呈现新花样

2021 年 11 月，新东方成立"东方甄选"，入局农产品带货，进行助农直播。"东方甄选"直播首秀仅获得 47 万元销售额，但随着不断摸索，在 2022 年"6·18"期间，"东方甄选"抖音号的粉丝数飞速增长，其间仅"美得窒息的唐诗宋词诗经 3 册套装"的销售额就接近千万元。

"东方甄选"能够火遍全网，主要原因或许是其主打优质内容带货。从知识科普到双语教学，再到风趣幽默的段子，各种在新东方课堂上才能听到的内容，从线下搬到了直播间。

"东方甄选"的直播本质上是创立了一种新的场景，观众会对主播直播时讲的故事产生共鸣，也会对主播的个人经历及其做过的事情产生共鸣。在有些直播片段中，主播会用故事来激励观众，特别是一些年轻人。这种为深层次的共鸣买单的行为，在原来那些带货直播中是很少见的。

"东方甄选"生动有趣的直播互动形式和干货满满的知识讲述，与主播们背后的常年积累有着很大的关系。"水瘦山寒的深秋，树叶飘落的院子，不紧不慢洗干净的菜叶，和认认真真的母亲，那一缸菜曾是家人过冬的希望。"某主播在一次直播中讲述了一段自己与妈妈之间的温情故事，有网友在直播间留言："我第一次看直播带货看得热泪盈眶。"就是这种与"1、2、3，上链接"不同的讲述形式，让观众耳目一新，成了"东方甄选"的特色。

3. 商品定位

直播营销的商品定位是综合用户需求、自身能力和竞争对手的情况制定自己的营销策略。主播要想做好商品定位，要掌握以下几点。

（1）满足需求

无论在哪个平台进行直播营销，主播都要保证商品优质、性价比高，尽量选择大品牌的商品，并且商品价格要低于用户预期价格，让用户觉得质优价廉，才能激发其购买欲望。

主播还要判断商品是否能够满足目标用户的需求，不同的用户群体需要的商品类型各不相同。例如，如果用户群体中以男性居多，主播应选择科技数码、游戏、汽车配饰、运动装备等商品；如果用户群体中以女性居多，主播应选择美妆、服饰、家居用品、美食等商品。

（2）人设契合

商品要与主播人设、账号定位相关联，一方面主播对商品的熟悉度较高，另一方面商品也符合用户的预期，商品与主播塑造的人设契合度较高，有助于提高商品转化率。例如，主播是美食达人，就要选择食品类商品；主播是美妆博主，就要选择护肤美妆用品。

（3）突出特色

直播间内的商品要具有新、奇、特的特点，不仅要具有美观的外形、较强的实用性，还要利于直播互动。主播在做商品定位时要考虑有新鲜感的商品，避免同质化。商品的外观要好，因为外观好的商品更容易激发用户的购买欲望；可观赏、可互动的商品在直播间能够博人眼球，可以营造热烈的直播氛围，所以更容易促成交易。

（三）直播场景的设计

在做直播营销前，主播要设计好直播场景，选择适合直播主题的直播场地，做好直播准备工作。

1. 直播场地的选择

不同的直播主题对直播场地的要求不同。有的直播主题需要大空间，要求直播场地布局大气；有的直播只需要一个小场地就可以完成。直播场地的选择要符合以下要求。

（1）符合直播主题

直播间是展现主播形象的窗口，而直播场地可在某种程度上为直播内容做背书。如果直播场地不符合直播主题，与直播内容不存在关联，就会让人觉得突兀，难以接受。例如，主播售卖海鲜，直播场地最好选在海边，这样人们更容易相信商品的新鲜度，更容易产生购买欲望。

（2）便于展示细节

除了主播和直播的内容等因素，那些能够清晰展现商品细节、体现真实性的直播场地会在一定程度上提升用户对直播和商品的喜爱程度。例如，主播在售卖食品时可以选择在食品原产地或生产车间展示食品的原材料取得、挑选、制作、打包和装箱等过程，这样会更有说服力，更容易赢得用户的信任。

（3）时常变换场地

主播要时常变换场地，因为人们都有审美疲劳的时候，变换场地能让用户更有新鲜感，提高用户的期待值，还可以让用户从多个场景了解商品，增强对主播和商品的信任。

（4）室内直播场地

室内直播场地要求如下。

- 有良好的隔音效果，能够有效地避免杂音，同时要有较好的吸音效果，能够避免回音。

- 光线效果要好，能够有效提升主播和商品的美观度，减小色差，提升画面的视觉效果。

- 空间要充足，室内直播场地的面积为 10～40 平方米，如果需要展示体积较大的商品，如钢琴、冰箱等，还要注意空间的大小，确保能够完整地展示商品。

- 如果需要使用顶光灯，室内高度应控制在 2.3～2.5 米，给顶光灯留出足够的空间，避免顶光灯位置过低导致顶光灯入镜，影响直播画面。

2. 直播场景的搭建

直播场景的整体搭建效果直接影响着用户的观看体验。搭建直播场景时，要注意以下几个方面。

（1）背景布置

直播背景要保持干净、整洁，如果直播背景是一面墙或窗帘、壁纸等，主播要选择合适的颜色与图案。例如，如果直播背景是窗帘，那么颜色应尽量选择纯色和浅色，这样直播画面更精简，视觉感受更好，而深色或纹路繁杂的窗帘会给用户带来视觉上的压迫感。

如果想节约直播间的装修成本，主播可以尝试使用背景布。需要注意的是，主播要与背景布保持适当的距离，若距离太近，会让人感觉背景对主播有一种压迫感；若距离太远，又会让背景显得不真实。

如果直播间的空间很大，为了避免过于空旷，主播可以摆放一些配饰作为点缀，适当丰富直播背景，如盆栽、玩偶、装饰品等。这些点缀不仅可以增加直播间的活力，还可以突出主播的品位和个性特征，让用户对主播有更多的了解。

如果直播背景墙或壁纸风格不适合直播调性，主播可以放置一个置物架来调节，在置物架上放一些体现主播风格的书籍、相框等物品。如果直播间内的布景能够与主播的妆容、服装风格以及直播主题保持一致，就能让直播画面在整体上看起来和谐、统一，给用户带来舒适的感觉。

（2）灯光布置

直播场景的灯光布置也很重要。合理的灯光布置有助于实现更好的视觉效果。主播还可以通过灯光布置营造直播间的气氛，塑造契合直播主题的画面风格。

直播间常见的灯光配置包括主灯、辅灯、顶灯等，具体数量视直播间大小、直播商品等条件而定。主灯为主播的正面提供光源，应该正对着主播的面部，尽量使用散光源，这样会使主播面部的光线充足、均匀，并使其面部显得柔和。辅灯为主播的左右两侧提供光源，能增强主播的立体感，让主播的侧面轮廓更加明显。要尽量选择可以调节光源的辅灯，主播可以自己调节光线强度，以达到较好的灯光状态。

主播要合理布光。布光分为冷光和暖光两种，主播在布置光线时要将两者结合，布置适合自己直播间的光线。主灯为冷光，辅灯为暖光，两组补光为暖光，整体效果为暖光，会让主播看上去亲切感更强；主灯为冷光，辅灯为冷光，两组补光为冷暖结合偏冷光，整体效果为冷光，会让主播看上去更加白皙，在前面补光中再增加一些暖色，会让主播皮肤在显得白皙的同时带有一些红晕。

📚 案例链接

茵曼开启直播带货，为线下门店引流

2020年，女装品牌茵曼在小程序上开启直播带货，尽管直播带货的营销额只有30万元，但最关键的是当场直播为门店成功引流3 000人。茵曼通过直播为门店引流，总结起来分为以下3个环节：直播吸引用户、引导用户到店、门店承接流量。

茵曼利用小程序来直播带货，通过搭建直播场景，借助主播的直播话术，激起用户对商品的兴趣。另外，茵曼还借助各种直播营销工具，帮助主播转化用户，加速用户的下单决策。当用户完成下单，或者对商品感兴趣时，主播就可以将这些用户拉到购物群中，引导他们到店消费。

茵曼小程序直播是由门店导购员来主持的，直播背景就是门店，主播在介绍商品时，也增加了门店的曝光机会，让用户可以了解门店的更多信息。

主播成功将用户引导到门店后，茵曼还将小程序直播和线下门店进行强关联绑定，主要表现在：凡是从线下门店吸引过来的粉丝，在直播间提交订单后，茵曼都会将该订单的部分收益返还给门店店主。

同时，用户到了门店后，导购会让他们关注小程序直播，同时让他们加入社群，成功打造门店的商业闭环，用户下单更加容易。

🎓 课堂讨论

请指出你所看过的直播中，最令你觉得满意的直播场景布置，以及常见的不合适的直播场景布置，并与同学们讨论如何改善。

（四）直播营销的实施

直播营销是新媒体时代的创新营销模式，是"人""货""场"的重构。"人"即用户和主播，"货"指直播营销的商品，"场"指场地、场景。直播营销的实施离不开直播平台的选择、直播功能的开通，以及主播的营销能力。

1. 选择直播平台

随着直播行业的飞速发展，直播平台如雨后春笋般涌现出来，目前大多数主流互联网平台已经入场直播营销。直播平台是直播产业链重要的组成部分，是直播内容的输入和输出渠道。直播平台的类型不同，目标用户群体也不同，主播及直播团队在选择直播平台时应先了解直播平台的类型及直播输入和输出内容的特点，然后根据实际情况选择合适的直播平台。

（1）直播平台的类型

目前常见的直播平台根据直播内容可以划分为电商类直播平台、短视频类直播平台、教育类直播平台和娱乐类直播平台等，如表4-5所示。

表4-5 直播平台的类型

直播平台类型	特点说明	代表平台
电商类直播平台	推出直播业务的传统电商平台，商家通过直播实现商品销售，用户可以边观看直播边购买商品。电商类直播平台具有很强的营销性	淘宝直播、京东直播、多多直播、苏宁易购直播等
短视频类直播平台	以短视频为前端，通过短视频引流，短视频与直播互相促进、互为补充的综合型直播平台。其优势是通过优质短视频推广，将公域流量吸引到直播间促进成交与转化，其直播场景较电商类直播平台更丰富，直播内容也更多元化	快手、抖音、西瓜视频、美拍、腾讯微视、视频号
教育类直播平台	由教师通过直播进行知识传授，并以文字、语音等方式进行师生的实时互动，实现师生即时有效沟通。此类平台还提供教学服务、课后答疑、出题考试、作业批改等	网易云课堂、荔枝微课、千聊、小鹅通等
娱乐类直播平台	直播行业中发展较早的平台类型，具有入驻门槛低、用户流量大、主播数量多的特点。此类平台直播内容丰富，包括娱乐新闻、才艺展示、生活趣闻、聊天互动、户外活动等	花椒直播、一直播、映客直播、酷狗直播

（2）选择合适的直播平台

了解了直播平台的类型后，主播要根据自身条件和资源选择合适的直播平台。主播可以从平台的用户规模、用户画像、平台调性、入驻门槛、平台的薪资等方面通过对比进行综合考量。

① 平台的用户规模。

主播在选择直播平台时，应先考查平台的用户规模，了解平台的用户数量，用户越多，说明平台越受欢迎。平台的用户规模越大，主播直播时可能获得的流量也越大。用户规模是主播直播营销业务发展的基础和保障。

② 用户画像。

不同主播的直播内容和销售的商品不同，选择平台时应分析平台的用户画像，只有直播间的目标用户与平台的用户特征契合，才更有利于主播直播营销的发展。如果主播带货商品的目标用户是年轻用户群体，可以选择抖音平台。抖音的主流用户年龄层较低，平台偏年轻化。另外，主播还要特别关注用户的消费水平，用户的购买能力对于直播营销来说非常重要。

③ 平台调性。

平台调性主要是指平台对外呈现出的独特风格。不同的平台调性决定了投放相同的内容会产生不同的营销效果。例如，抖音平台娱乐属性强，快手平台的电商化属性明显，快手平台用户忠诚度高，直播营销模式简单，直播带货宜选零食、农副产品、健身用品等。主播应根据平台调性并结合自身优势，选择与自身定位合拍的平台。

④ 入驻门槛。

不同直播平台的入驻门槛是不同的。入驻门槛在一定程度上限制了主播对直播平台的选择。例如，一般娱乐类直播平台的入驻门槛较低，面向所有用户，入驻教育类直播平台需要主播具备相应的专业技能。目前，抖音、快手的直播入驻门槛较低，只需主播进行实名认证即可。

⑤ 平台的薪资。

主播选择直播平台时，还要分析平台的薪资情况。有些平台没有底薪，新手主播起步比较艰难，有些平台只要主播能够按时按量完成直播，就可获得一份保底薪资。但无论哪个平台，平台给主播的薪资是和主播创造的价值成正向变动关系的。因此，主播要努力工作，呈现出优质内容，以此来吸引更多用户观看，才有可能获得更多的收入。

2. 开通直播的步骤

在不同的平台上开通直播功能，其步骤也有所不同，下面以抖音、快手、淘宝为例介绍开通直播的步骤。

（1）开通抖音直播

开通抖音直播，只需进行实名认证即可，具体操作方法如下。

步骤 01 打开抖音 App，在下方点击 ⊞ 按钮，如图 4-18 所示。

步骤 02 进入拍摄界面，在下方选择"开直播"选项，然后点击"开始视频直播"按钮，如图 4-19 所示。

步骤 03 在打开的界面中进行实名认证，输入真实姓名、身份证号等信息，然后点击"同意协议并认证"按钮，如图 4-20 所示。认证通过后即可开通直播。

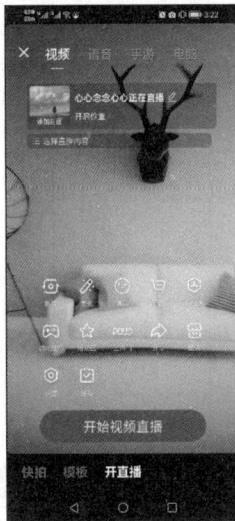

图 4-18　点击 ⊞ 按钮　　图 4-19　点击"开始视频直播"按钮　　图 4-20　进行实名认证

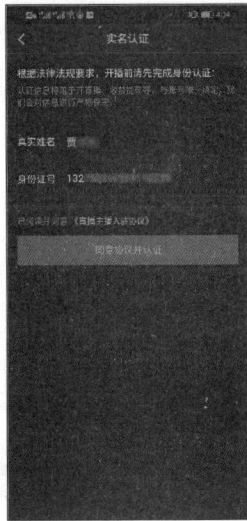

（2）开通快手直播

若要开通快手直播，需要申请直播权限，具体操作方法如下。

步骤 01 打开并登录快手 App，点击左上方的 ☰ 按钮（见图 4-21），在打开的侧边栏中点击"设置"按钮，如图 4-22 所示。

步骤 02 进入"设置"界面，在打开的界面中选择"开通直播"选项，如图 4-23 所示。

图 4-21　点击██按钮　　　图 4-22　点击"设置"按钮　　图 4-23　选择"开通直播"选项

步骤 03　进入认证界面，在"实名认证"界面中填写真实姓名和证件号码，并选中"已阅读并同意《实名认证服务协议》和《人脸验证协议》"单选按钮，点击"同意协议并认证"按钮，如图 4-24 所示。

步骤 04　进入人脸验证界面，按要求进行人脸识别，然后点击"完成验证"按钮，如果没有问题就会显示"已通过"，如图 4-25 所示。

步骤 05　点击"我知道了"按钮，完成开通直播功能。

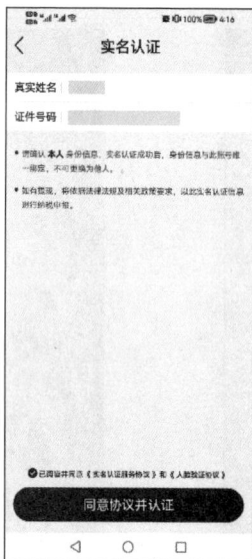

图 4-24　进行实名认证　　　　　　图 4-25　认证通过

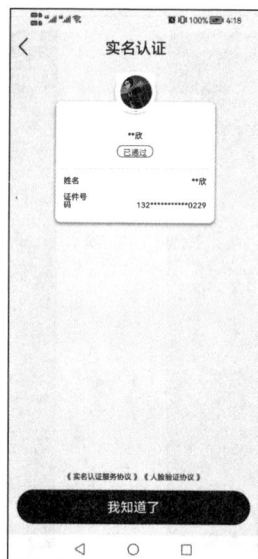

（3）开通淘宝直播

线下实体店商家可以开通淘宝直播，具体操作方法如下。

步骤 01　下载并登录淘宝主播 App，点击"主播入驻"按钮，如图 4-26 所示。

步骤 02　进入"主播入驻"界面，选中"同意以下协议"单选按钮，然后点击"去认证"按钮（见图 4-27），根据指引完成实人认证。

图 4-26　点击"主播入驻"按钮　　　图 4-27　点击"去认证"按钮

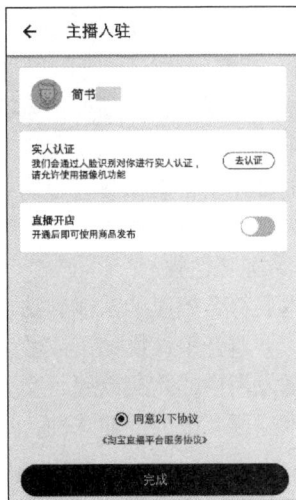

步骤 03　认证通过后，点击"完成"按钮，如图 4-28 所示。

步骤 04　显示"入驻成功"，即成功开通淘宝直播权限，如图 4-29 所示。

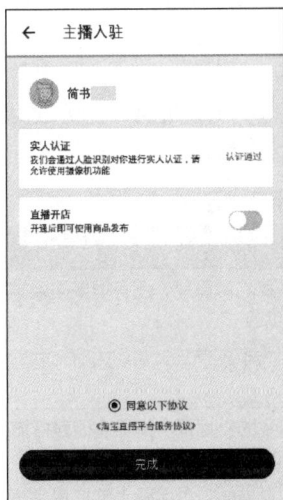

图 4-28　点击"完成"按钮　　　图 4-29　入驻成功

3. 直播营销话术的运用

主播的直播营销话术直接影响着直播间商品的销售效果。直播营销话术是指主播根据用户的期望、需求、动机等，通过分析直播商品所针对的用户群体的心理特征，运用有效的心理策略组织设计的高效且富有深度的语言。直播营销话术是对商品特点、功效、材质的口语化表达，是主播促成商品交易的关键，也是吸引用户在直播间停留的关键。

（1）运用直播营销话术的基本要求

主播设计运用直播营销话术时，需要遵循以下基本要求。

① 通俗易懂，感染力强。

为了提高直播间商品的成交率，主播的直播营销话术要通俗易懂，采用口语化的表达方式，同时配合丰富的肢体语言、面部表情等，使主播的商品介绍与讲解表现出很强的感染力，能够把用户带入自己所描绘的场景中。

② 灵活运用，适度表达。

话术并不是一成不变的，主播要活学活用，特别是面对用户提出的疑问，要慎重考虑后再做回应。主播运用话术的关键是懂得随机应变，对用户的赞扬表示感谢，对用户善意的建议酌情采纳，对正面的批评用幽默化解或坦然接受等。凡事要把握好度，不能张口即来，如果主播在说话时经常夸大其词、不看对象、词不达意，则容易引发用户反感。

③ 内容规范，趣味性强。

直播营销话术要符合相应的法律、法规。主播在介绍商品时不能使用违规词，更不能夸大其词、虚假宣传；要避开争议性词语或敏感性话题，以文明、礼貌为前提，传递的信息既要直击用户的内心，激发用户的购买欲望，又要营造和谐的直播间氛围。

直播营销话术还要有较强的趣味性，能够形象、生动地传递出商品信息，使用户有参与感，愿意留在直播间。主播可以通过观看和学习脱口秀节目、娱乐节目中主持人的说话方式来锻炼自己的幽默思维，从而增强直播语言的趣味性。

④ 态度真诚，互动性强。

在直播营销中，主播不能单纯地讲解商品，也不能一味地讨好用户，而应该本着与用户交朋友的原则，用真诚的态度和真挚的语言来讲解商品。真诚的力量是不可估量的，真诚的态度更容易激发用户产生情感共鸣，有助于拉近主播与用户之间的距离，增强直播的互动性，这样才更有利于商品销售。

（2）直播营销常用话术

按照直播营销的一般流程，直播营销常用话术可分为开场话术、互动话术、商品介绍话术、引导下单话术、直播结束话术等。直播营销常用话术示例如表4-6所示。

表4-6　直播营销常用话术示例

类型	话术技巧	示例
开场话术	新人自我介绍（态度真诚）	"欢迎大家来到直播间，我刚做直播，还有很多需要学习和完善的地方，有做得不好的地方还请多见谅。" "我才开始直播就能获得大家的关注，谢谢大家对我的支持和包容，我会做得越来越好的！"
	给用户提供利益的开场话术（带给用户价值感，提供福利、方案或低价商品等）	"大家好，欢迎大家来到我的直播间，本场直播我打算和大家分享主播带货的经验，帮助更多直播新人顺利入行。" "嗨，大家好！欢迎来到直播间，今天晚上的直播会有超多的惊喜，超高品质的商品都是超低价，机会难得，大家一定不要错过哦！" "今天是母婴专场，我将给大家带来一共12款专业的母婴用品。"
	引导关注（强调福利、价值）	"刚进直播间的朋友们，记得点左上角关注直播间哦！我们的直播间会不定期发放各种福利。" "想了解服装搭配技巧/化妆技巧的朋友们，可以关注一下主播哦。" "我们晚上8点整就要抽奖啦，没有关注的朋友记得点左上角关注。"
互动话术	提问型互动（提出问题，激发用户的互动欲望）	"刚才的PPT演示的内容，不知道跟大家的做法有没有什么不同呢？欢迎在评论区留言告诉主播哦。" "大家平时喜欢用哪种面膜？有用过××品牌的面膜吗？"
	回答型互动（主播回答用户提出的问题，与用户互动）	"有人说，15秒内画好眼线怎么可能做到呢？下面我就教大家如何在15秒内画好眼线，重要工具就是我这款非常好用的眼线笔。" "有人问主播的身高、体重，主播身高为165厘米，体重为50千克，穿S码，你可以看一下我身后的信息牌，选择合适的尺码下单。"

续表

类型	话术技巧	示例
商品介绍话术	介绍商品的核心优势，如价格低、成分安全、功能独特、设计精美等	"本品官方正常售价为699元，今天大家在直播间下单只需399元，不要错过机会哦！" "这款商品采用××材质，经过××认证。" "这款便携式榨汁机非常好用，它的外观设计和安全设计非常好！今天我为大家争取到了7折的优惠价，大家不要错过机会哦！"
	描绘商品的使用场景，分享自己的使用感受，给用户以真实感、信任感	"这套护肤品，我自己也在用，真的特别好用。" "这双运动鞋使用了泡棉鞋底，十分有弹性，穿着它跑步非常舒适，毫无束缚感。" "这款衬衣是纯麻纱面料的，吸汗透气，即使在炎热的夏季穿也格外清爽。"
引导下单话术	强调售后服务、价格优惠、回购率、商品好评等，激发用户对商品的兴趣	"我们直播间的商品都支持7天无理由退货，购买后如果对商品不满意是可以退货的，大家放心购买。" "这款商品原价是×××元，为了回馈大家的厚爱，我从品牌商那里争取到了8折的优惠价格，喜欢这款商品的朋友请不要再犹豫了！"
直播结束话术	总结本场营销商品；做下场直播预告；对用户表示真诚的感谢	"我们的直播间给大家选择的都是性价比超高的商品，直播间里的所有商品都是经过我们团队严格筛选，经过主播亲身试用的，请大家放心购买。好了，今天的直播就到这里了，明天再见！" "好了，还有×分钟就要下播了，最后再和大家说一下，下次直播有你们最想要的×××，优惠力度非常大，大家一定要记得来哦！"

（3）设计直播营销话术的方法

直播营销的重点在于主播的商品讲解话术，主播在设计商品讲解话术时，可以依据 FABE 法则。FABE 法则是指主播在讲解商品时通过 4 个关键环节，巧妙地处理好用户关心的问题，从而顺利地实现商品的销售。

- F——属性（feature）：材质、成分、工艺等。
- A——优势（advantage）：由 F 决定的该商品所具有的不同于竞品的特色。
- B——益处（benefit）：由 F、A 决定，主要是指商品可以给用户带来的利益。主播在讲解益处时要具体化、场景化。
- E——证据（evidence）：包括成分列表、专利证书、商品实验、销量评价、行业对比、权威背书等。

例如，某主播在推荐一款榨汁机时，可以运用 FABE 法则来讲解。

F（属性）。今天给大家带来的某品牌榨汁机，它具有四大技术——声源降噪、3 步完成自动清洁、八大菜单及 0.3L～1L 的自由选择容量。

A（优势）。这款商品的优点是声音小，解放双手，自动清洁，满足家庭的多种料理需求。

B（益处）。记得小时候那种老式豆浆机声音异常大，所以每天早上叫我起床的不是闹钟，而是家里的豆浆机。现在的榨汁机和以前的完全不一样，几乎没有声音。如果你们爱在早上喝豆浆，又嫌在外面买的不健康，想要自己做，千万不要错过这款榨汁机。

E（证据）。我给大家现场演示做一杯新鲜的豆浆。

4. 直播营销互动活动的运用

直播营销时，主播应有意识地营造活跃的直播间氛围，以感染用户，调动用户的热情，吸引更多的人进入直播间。互动活动主要有派发红包、设置抽奖环节、连麦互动、游戏互动、与名人合作、开展促销活动等。

（1）派发红包

在直播间派发红包是提高直播间人气的重要手段。主播可以在直播间派发红包，让用户抢红包，激发用户的积极性，提高直播间的人气，活跃直播间气氛。

向用户派发红包分为3个步骤。

① 约定时间。主播可以提前告诉用户直播间将在某时间点准时派发红包，并引导用户邀请朋友进入直播间抢红包，这样不仅可以活跃直播间的气氛，还可以增加直播间的流量。

② 站外平台派发红包。除了在直播平台上派发红包以外，主播还可以在支付宝、微信群、微博等平台上向用户派发红包，并提前告知用户领取红包的条件是加入粉丝群。这样做是为了在站外平台引流，便于直播结束之后的效果发酵。

③ 派发红包。到约定的时间后，主播就要在各个平台上派发红包。为了营造活跃的氛围，主播可以在派发红包之前进行倒计时，让用户产生紧张感和兴奋感。

不同的直播间派发红包的方式也不同，主播可以选择适合自己直播间的红包派发方式。派发红包的方式包括按照时间段派发红包、按直播节奏派发红包，或根据直播间人数派发红包等。主播可以根据自己的实际情况进行选择。

（2）设置抽奖环节

观看直播的用户作为消费者，存在追求实惠、期待中奖的心理，安排抽奖活动可以有效延长用户在直播间的停留时间，提高用户消费的可能性。

直播间抽奖活动的类型如表4-7所示。

表4-7　直播间抽奖活动的类型

抽奖类型	说明
回答问题抽奖	主播根据商品详情页的内容提出问题，让用户回答，用户在评论区留言，主播从中抽取幸运用户的活动。此活动既可以强化用户对商品的印象，又能增加主播与用户的互动，拉近彼此之间的距离，提高直播间的热度
点赞抽奖	主播将抽奖活动设置为每增加一定量的点赞后就进行一次抽奖。点赞抽奖操作简单，但要求主播具有较强的控场能力。点赞抽奖可以给用户持续的停留激励，使黏性更强、闲暇时间更多的用户在直播间停留更长时间
签到抽奖	主播每日定时开播，并设置签到环节，用户连续几天来直播间签到、评论，并将评论截图发给主播，主播审核无误后用户即可获得一份奖品
评论抽奖	用户在评论区写下指定内容即可获得抽奖资格。此方式是用福利激发用户发送口碑内容，在炒热直播间氛围的同时可提高用户对直播间商品的好感度
特价抽奖	特价抽奖可以分两次进行，第一次是在主播剧透商品之后、特价抢购开始之前抽奖，第二次是在特价抢购之后、剧透新商品之前抽奖。主播要把控好抽奖和商品切换的节奏

开展抽奖活动时，主播应注意以下几点。

● 注意节奏。在一次抽奖之后，主播要先公布中奖者的名单，然后宣布下一次抽奖的条件，这样既可以增加用户在直播间的停留时长，又可以增加粉丝量。

● 注意抽奖规则。主播要明确抽奖活动的参与方式和规则，与用户建立互动，例如，点赞量达到某个标准时开始抽奖。

● 自用款商品赠送用户。在向用户推荐商品时，主播的自用款商品更能赢得用户的信任，而以自用款商品作为抽奖礼品可以体现主播的心意。

（3）连麦互动

如今连麦已经成为直播行业的常见玩法。连麦互动不仅可以活跃直播间的氛围，还能增加主播的收益。连麦互动分为连麦PK和连麦讨论两种形式。

① 连麦 PK。连麦 PK 的流程是开启直播后，主播向其他主播发起连麦，最好选择与自己等级相近的主播；双方设置惩罚机制，人气低的一方会受到惩罚。在直播营销时，主播选择的商品应与连麦 PK 对象营销的商品互补，这样能最大化引流，增加双方的销售额。

② 连麦讨论。连麦讨论也可分为两种形式，一是主播与粉丝连麦，二是开启圆桌模式。主播与粉丝连麦互动，主动给粉丝解答疑惑，不仅能提高直播间的互动率，还能提高粉丝的忠诚度。圆桌模式是指多位主播相聚在一个直播间内，围绕同一个热门话题进行讨论，这一方面可以提高直播内容的专业性和质量，另一方面也降低了直播内容的输出门槛，可以帮助主播快速扩大影响力。

（4）游戏互动

游戏互动主要有两种形式，一是邀请用户参与游戏，二是挑战赛形式。

① 邀请用户参与游戏。这种形式可以为直播间提供更多的话题，让用户参与其中，给予他们被主播重视的满足感。互动游戏有你画我猜、猜纸条等。

② 挑战赛形式。挑战赛形式是指主播与用户互动，用户的点赞量可以影响主播的分值，主播挑战成功后才能为用户送出福利。主播要与用户形成良好的互动，营造出挑战感、紧张感，而用户也会为了获得福利积极参与，从而活跃直播间的氛围。

（5）与名人合作

如今有很多名人愿意与商家或达人合作，他们为直播营销带来众多粉丝和流量，同时自身也获得相应的利益。与名人合作的主要形式有：邀请名人做主播，让名人推荐符合自身形象的商品；名人做客专业主播直播间，为直播商品做广告背书，从而提高商品销量；名人与头部主播合作，双方联合带货，合作推荐商品或宣传品牌。

（6）开展促销活动

在直播营销时，主播的本质角色就是销售人员，目的就是把商品销售出去。主播可以根据自身情况设计不同类型的促销活动，如纪念促销、限定促销、组合促销、主题促销、时令促销等。

【实训：书亦烧仙草的"短视频+直播"营销策略分析】

1. 实训背景

书亦烧仙草最初只是成都一所学校旁边的奶茶小店铺，如今已能逐步确立了在中端茶饮市场的地位和品牌影响力，受到众多消费者热捧。那么，书亦烧仙草获得粉丝的方法是什么呢？

除了极致的性价比，设计风格简约、时尚以外，开启多元化营销，直指年轻消费群体是尤为关键的因素，其中"短视频+直播"是重中之重。

例如，书亦烧仙草把当下受年轻客户群体青睐的头部短视频平台抖音作为品牌传播重地，2021 年 11 月 25 日至 12 月 1 日，书亦烧仙草携手旗下独家冠名综艺《大湾仔的夜》中的常驻嘉宾、书亦首席巡店官陈××，在抖音开启"加入陈××书亦巡店团"的全民挑战赛，邀请用户合拍巡店歌，共赢 40 万元现金奖励。

当有了红利平台、实力品牌与情怀艺人的多重加码，书亦挑战赛上线不到一周便成功突破2.1 亿次播放。数十位抖音百万级粉丝达人及素人用户踊跃开唱，风格包括说唱、阿卡贝拉人声合唱、深情烟嗓等。

而在直播方面，书亦烧仙草首次直播就获得约 450 万观看人数，1600 万元交易额，56 万新增会员。此外，书亦烧仙草还通过"抖音直播+小程序"近距离连接用户，将商品亮点、品牌故事、优质供应链等内容更直接地传递给用户。另外，书亦烧仙草还引导用户打开小程序购买团购券，到店核销快速便捷，并实现直播间客单价高于日常水平。

2. 实训要求

请同学们在网上搜索各类茶饮品牌或饮料品牌的短视频和直播营销活动，总结其共同的营销特征，再分别分析各自的优缺点。

3. 实训思路

（1）搜索主要的茶饮品牌营销案例

请同学们通过网络搜索与书亦烧仙草类似的茶饮品牌，浏览这些品牌的营销策略与操作方式，尤其是在短视频营销和直播营销中的运营手段。

（2）对比茶饮品牌营销策略

将这些茶饮品牌的短视频营销和直播营销策略进行对比，选出你觉得宣传效果最好的，并总结原因。

【思考与练习】

1. 简述短视频营销的特点。
2. 如何设计短视频的标题？
3. 搭建直播场景时需要注意什么？

项目五

社交营销

知识目标

➢ 了解社交营销的概念、优势、条件和策略。
➢ 了解社群营销的特点、优势、运行方式和流程。
➢ 了解活跃社群的方法和社群成员留存技巧。
➢ 认识口碑营销的概念、5T 要素、三大因素和传播方式。
➢ 了解口碑营销的技巧。

技能目标

➢ 掌握社群创建的步骤，学会制定社群规则。
➢ 掌握社群营销活动策划的步骤。
➢ 掌握口碑营销的操作步骤和推广方法。

素养目标

➢ 坚守职业道德，培养媒介素养，不发布虚假、低俗信息。
➢ 培养用户思维，以用户为中心，学会深入洞察用户心理。
➢ 树立专家意识，发布内容要坚持输出正能量和良性价值。

知识导图

扫一扫

引导案例

扫一扫

任务一　认识社交营销

社交本是人与人之间的一项社会活动，但在互联网和移动互联网的推动下，社交与企业营销逐渐融合，形成了一种独特的营销模式，即社交营销。

（一）社交营销的概念与优势

社交营销是指基于社交网络类新媒体平台，通过分享和互动建立良好的社交关系，以实现营销目标的一种营销模式。参与程度高、互动性强、能够带来心理归属感的网络社交便于企业向用户传达品牌信息，尤其是用户之间口碑传播的力量，更能使品牌传播效果迅速提升。

互联网催生了网络营销，而社交营销模式恰好符合网络用户的真实需求，顺应了网络营销发展的新趋势。在互联网快速发展的背景下，只有真正符合网络用户需求的营销模式才能帮助企业更好地发展。

社交营销较传统营销更加高效，企业能够通过社交大数据对市场、受众进行分析，洞察用户需求，掌握市场痛点，然后采取有针对性的营销动作。

社交营销的优势主要体现在以下几个方面。

1. 有效降低营销成本

与传统营销方式相比，在社交营销模式下，企业无须进行大量的广告投入，而是依据网络传播的特性吸引用户参与、分享与互动，从而实现口口相传，能够取得很好的营销效果。因此，企业选择社交营销不仅可以降低营销成本，还能达到优于广告宣传的效果。

2. 符合网络用户需求

社交营销的迅速发展恰恰符合了网络用户的真实需求，即参与、分享与互动。人们在网上的一举一动都可能会受到他人的关注，无论是一篇日志、一个视频，还是参与的一个活动，都有可能引发他人的评论与互动。企业可以借助各种社交媒体（如微信、微博等），分享有关商品的营销信息，引发网络用户的转发、分享、评论等互动，用户对这种营销方式的接受度比对传统营销方式的接受度更高。

3. 满足企业不同的营销策略需求

社交网络具有无限大的营销想象空间，能够满足企业不同的营销策略需求。无论是开展多种线上活动、商品植入、市场调研，还是进行裂变式营销等，通过社交营销都可以实现。社交网络的显著特点就是可以实现人与人的互动，这是一切营销活动的基础。

4. 实现精准营销

社交营销中的用户通常是每个人认识的朋友。用户注册数据相对真实，企业在营销时很容易根据地域、收入状况等条件筛选出目标用户，从而进行有针对性的营销活动，使营销更精准。

5. 使用户成为企业营销者

当前，人们对品牌的认知和消费行为越来越受到网络口碑和用户评论的影响。社交网络的出现为企业搭建了一个良好的与用户近距离互动的平台。企业与用户的良好互动能够在用户心中树立良好的企业品牌形象，吸引更多的潜在用户。企业还可以采取给予奖励或报酬的方式，吸引用户参与企业的营销活动，使用户成为企业的营销者，成为驱动企业网络营销的主要力量。

（二）社交营销的条件与策略

实施社交营销需要具备一定的条件，掌握相关的策略。

1. 社交营销的条件

实施社交营销需要具备以下 3 个条件。

（1）企业利用 LBS 技术实现地理位置的共享

基于位置的服务（Location-Based Service，LBS）又称定位服务。LBS 包含两层含义，首先是确定移动设备或用户所在的地理位置，其次是提供与位置相关的各类信息服务。

企业利用 LBS 技术能够实现地理位置的共享，能够获取用户位置信息，从而为用户提供更精准的商品与服务。LBS 营销的核心就是资源共享与互换，企业与平台之间、平台与用户之间资源的优化配置使各方的利益都实现了最大化。企业、平台、用户三者的关系如图 5-1 所示。

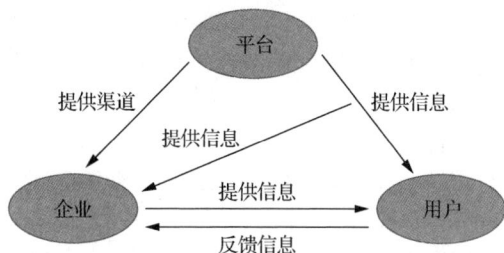

图 5-1 企业、平台、用户三者的关系

平台为企业提供 LBS 精准渠道，企业通过该渠道发布商品信息。用户是企业和平台的桥梁，一方面从平台获取信息进行合理消费，另一方面对企业进行信息反馈，促使企业自我完善。至此，用户—平台—企业便形成了一个良性的商业循环。

LBS 运用具有多方面的营销价值，涉及位置共享、地理围栏（用一个虚拟的栅栏围出一个虚拟地理边界，当手机进入、离开某个特定地理区域，或者在该区域内活动时，手机可以接收自动通知和警告）、移动支付、大数据处理等相关领域，运用场景越来越广泛。LBS 技术可以将人、物、位置、信息进行重构，通过技术分析深度剖析用户需求，并通过商业要素的重组和技术手段满足用户的需求。

（2）企业利用二维码吸引用户关注和消费

随着数字时代的到来，人们逐渐形成移动端消费的习惯。企业或商家纷纷开设二维码，二维码即某种特定的几何图形按一定规律在平面分布的、黑白相间的、记录数据符号信息的图形。二维码的应用领域非常广泛，在商场、电梯、地铁、商品包装、车票、机票等各种物品及消费场所随处可见。二维码凭借其现代化、网络化的优势，快速成为用户移动端消费的快捷入口，扫描二维码已经成为人们获取日常生活信息、消费信息的一种非常便捷的方式。

（3）企业利用离线商务模式实现线上线下完美闭合

离线商务模式是指通过线上营销、线上购买来带动线下经营和线下消费，线下主要是指实体店，线上主要是指 PC 端和移动端。离线商务模式的核心就是通过一系列的营销手段，如打折、促销、服务预订等手段，将线上的用户引流到线下，用户在线上购买线下的商品和服务，再到线下去消费和体验。

离线商务模式将线下商务的机会与互联网结合在一起，让互联网成为线下交易的前台，线下服务可以通过线上进行交易，用户可以在线上筛选服务并结算。

离线商务模式的应用分为以下 3 个层次。

- 销售手段，如在线上团购餐饮券、电影票等。
- 推广引流，如在线上网店推出代金券、打折卡等，吸引用户到线下实体店消费。
- 商业模式，企业围绕此模式深度策划全新的商业表现形式。

这 3 个层次中，初级的是卖东西，中级的是营销推广，高级的是将线上线下深度融合，创造全新的闭环生态商业环境。离线商务模式的显著优势是将线上和线下完美地结合到一起，借助移动互联网打破了传统的时间、空间限制，让用户可以随时随地下单，给用户多种选择、多种体验，让用户感受到生活的便捷和享受到极致的服务。

2. 社交营销的策略

要想做好社交营销，需要掌握以下策略。

（1）注重口碑传播，树立良好口碑

传统的口碑传播是指通过亲友之间的口耳相传，而在数字营销时代，可以借助互联网平台进行传播。借助互联网，口碑传播的速度提高。传播者、用户、传播媒介之间的界限逐渐模糊，每个个体都可以是信息的发布者、传播者和消费者，可以自由选择传播媒体，根据自己的需求创作和发布内容。

社交营销的口碑传播是一种网状式的传播形态，信息可以在用户群体中快捷、高效地进行传播。因此，企业通过社交营销树立良好口碑，有助于品牌或商品的口碑传播。

（2）发展聚集粉丝，增强粉丝黏性

社交营销时代是一个以用户为主导的时代，企业需要粉丝，品牌需要粉丝，商品需要粉丝，这些粉丝构成了消费的主力军。粉丝是一个企业、一个品牌打开市场的基础，粉丝的数量与忠诚度在一定程度上代表了企业的实力与品牌的号召力。

企业发展聚集粉丝，为粉丝提供商品和服务，而粉丝则成为企业营销的主导者、参与者与传播者。更多数量和更强黏性的粉丝成为企业庞大的消费市场，为企业带来持续的经济利益。正如华为、小米等智能手机，其销量长期处于领先地位，就是因为拥有众多忠诚的粉丝，并且企业善于管理粉丝，鼓励引导粉丝参与沟通与反馈。可以说，未来企业不能没有粉丝，有粉丝才有消费市场，才有未来和发展。

（3）做好粉丝管理，构建稳固的社群

粉丝是社交营销的资源基础，而社群可以对这些资源进行组织与管理。企业要想做好社交营销，仅靠一个或几个粉丝是远远不够的，要想达到良好的营销效果，需要在发展聚集足够多的粉丝以后，对粉丝进行集中管理，这种管理模式通常是构建社群。社群可以让群体行为更统一，指向性更明确，在较短的时间内达到预期目的。而多样化社群的出现使传递信息和分享内容的方式发生了改变，传播内容的针对性更强，目标用户更精准，社群用户的黏性也更强。

社群本质上是一个客户关系管理系统，企业可以通过社群对用户进行高效的管理，这是社群营销的显著特点。企业可以通过社群打造更好的互动场景，创造与用户充分交流的机会，从而为决策优化、问题的解决奠定基础。

（4）制造传播源，进行裂变式传播

裂变式传播是社交营销中一种非常有效的营销方式，具有传播速度快、用户接受度高、更新频率高、传播范围广、运营成本低等特点。它的关键是制造有感染力的传播源，使其成为爆炸性传播话题，激发用户自发传播。

具有强裂变性的传播源可以是情感类话题，企业可以从用户的情感需求出发，激发用户产生情感上的共鸣，寓情感于营销之中。

（5）利用名人效应，打造事件营销

事件营销是指企业通过策划、组织和利用具有新闻价值、社会影响及名人效应的人物或事件，引起媒体、社会团体和目标用户的兴趣和关注，以提高企业商品或服务的知名度、美誉度，树立良好的品牌形象，并最终促成商品销售的一种营销策略。

通常来说，要想事件营销快速引发热度和关注，借助名人的知名度或热门事件是非常有效的途径。借助名人的知名度时要注意，名人的粉丝群体应与企业商品的受众群体相契合，名人的气质应与企业商品的形象一致。借助名人的知名度来宣传商品，能够向用户传递"企业与名人有共同的价值观"这一观点；借助名人的知名度时应附带一定的活动，如转发抽奖等，以最大限度地激励用户扩散与转发，将活动传播出去，提高品牌或商品的知名度。

任务二　社群营销

社群营销把曾经以"流量"为核心的营销方式转变成以"人"和"群"为本的营销模式，是一种新型的营销模式，集宣传、推广、体验于一身。社群营销不断提高企业的营销效率，拉近了企业与用户之间的距离。

（一）认识社群营销

广义上的社群是指在某些边界范围内、领域内发生作用的一切社会关系。需要指出的是，社群是有"边界范围"的，这一范围的边界可以是地理区域，也可以是抽象的、概念上的边界。随着时代的发展，社群逐渐与互联网相融合，在互联网营销中，社群的定义是基于共同的目的或兴趣追求，把一群志同道合的人聚集在一起，共同交流、评论、发表意见，彼此互动，进行信息分享，建立互相信任的关系。

社群中的成员可以向企业反馈信息，与企业形成互动，社群成员的创意、想法可以为企业创新商品或改善服务提供帮助。

社群的定义可以从 4 个方面进行诠释，如图 5-2 所示。

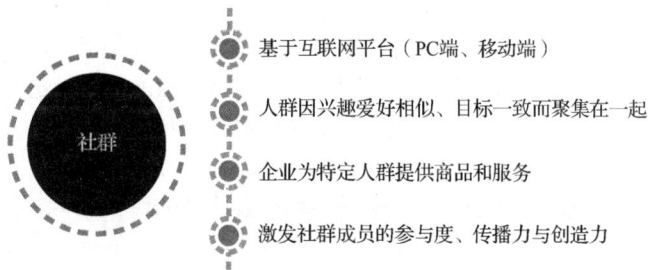

基于互联网平台（PC端、移动端）

人群因兴趣爱好相似、目标一致而聚集在一起

企业为特定人群提供商品和服务

激发社群成员的参与度、传播力与创造力

图 5-2　社群的定义

具体来说，社群有 5 个构成要素，即共性、结构、内容输出、运营管理与规模化，如表 5-1 所示。

表 5-1　社群的构成要素

构成要素	说明
共性	一群人对某件事物的共同认可或行为。社群的内在是求同，求同的内在是价值观趋同。这种价值观的相似会有一个具体的投射，可能是一个商品、一种行为、一类标签等。这些具体的投射形成社群连接点，这些连接点就是社群产生的必要条件

构成要素	说明
结构	社群的结构包括成员、交流平台、加入原则和管理规范等方面，做好这些方面是社群长久运营的保障
内容输出	能否为用户持续输出有价值的内容是评判社群价值的标准之一。用户加入某个社群，肯定是因为该社群能够满足其某方面的需求。因此，高质量、稳定的内容输出是保障社群价值的基础，是留存成员的保证
运营管理	有组织、有纪律的运营管理是维持社群的必要手段。社群的运营需要建立仪式感、参与感、组织感与归属感
规模化	当社群的管理、维护日趋规范和成熟时，可以快速复制，这样社群才可以越做越大。对社群进行复制，规模化发展社群，需要综合考虑人力、物力与财力等方面，多方面考量，做好预算规划再实施

1. 社群营销的特点

随着移动互联网的发展，很多企业或商家发现了社群营销的价值，纷纷开展社群营销。社群营销是基于社群成员间相同或相似的兴趣爱好，利用某种载体聚集人气，通过一定的销售手段满足群体需求，达到预期商业目的的营销模式。

社群营销较传统的营销模式有着自身的特点，主要表现在以下几个方面。

（1）多向互动

社群营销是通过社群成员之间的多向互动，包括信息和数据的平等互换，使每一个成员既是信息的发送者，又是信息的接收者和分享者。正是这种多向的互动性，为企业营销创造了良好的机会。

（2）弱中心化

社群营销是一种扁平化网状结构，人们可以一对多、多对多地实现互动和传播。这种网状结构不是只有一个组织者和一个富有话语权的人，而是每个人都能说，使传播主体由单一走向多重、由集中走向分散，这是弱中心化的体现，但不代表没有中心和去除中心。

（3）情感营销

与其他营销模式不同，社群营销更看重情感连接。情感营销是指社群能帮助一群有共同价值主张、相同趣味的人建立起情感关联，促使他们实现点对点的连接，进而促进群体成员产生能量的叠加，合力创造出价值，以达到让企业从中获得相应利益的目的。

（4）自行运转

社群成员可以自主创造与分享信息，从而实现社群营销的自我运转。社群成员的参与和创造还可以催生出企业商品的创新理念及完善企业商品、服务功能的建议，使企业的交易成本大幅降低。

（5）利益替换

社群是一种组织形态，要想让这个组织形态长久地存活下去，就必然要让组织内的每个成员都产出价值，为组织做出贡献。在这个组织的运转中，要将那些不能为组织创造价值的人替换掉，加入一些可以为组织创造价值的人，增强组织的活力，增强社群的生命力。

（6）碎片化

社群的资源性和多样性特点使社群营销呈现出多样化、信息发布松散的特点，这就意味着社群营销呈现碎片化的趋势。虽然碎片化会使社群缺乏统一性，给企业的社群营销带来很多不确定因素，但企业只要善于挖掘与整理，就能从中获得有价值的信息。

2. 社群营销的优势

当前，社群营销越来越受到企业的重视与推崇，主要是因为社群营销具有以下优势。

（1）传播速度快

社群营销虽然不能与大众媒体广泛传播相比，但其能够快速、精准地触达目标人群，也就是在目标人群中的传播速度非常快。一旦社群营销效果显现后，就可以让人充分感受到"一传十，十传百"的裂变式传播效果。

（2）精准度高

社群营销是基于圈子的营销模式，有着稳定的群体结构、一致的群体意识、共同的需求，营销的针对性较强。社群营销从定向需求、人际信任、口碑传播等方面出发，可以使成员在社群中快速、及时地得到自己想要的资讯，从而达到精准营销的效果。

（3）营销成本低

传统营销方式的广告费用高昂，针对的客户群体不明确，取得的效果往往不明显。而社群营销的成本低，每个成员既是购买者，又是传播者。只要商品好，社群运营得当，社群裂变所产生的营销效果就会非常好。

（4）持续时间长

社群营销是以人际关系、兴趣、口碑传播为核心的营销方式。在社群营销方式下，企业商品的口碑随着时间的流逝不仅不会消失，还可能会被一些因素激活，实现二次甚至三次发酵，从而取得较好的营销效果。社群成员会主动分享营销内容，吸引更多的潜在用户加入社群，提升营销价值。

（5）针对性强

社群营销是以用户为中心的营销模式，能够根据潜在用户的内在需求进行差异化的精准推送。区别于传统营销的硬广，社群营销所推送的软广内容更容易被用户接受，针对性也更强，企业也能借此快速实现潜在客户的转化。

3. 社群营销的运行方式

在移动互联网时代，企业可以通过不同的社群营销运行方式来发展自身业务。

（1）培育意见领袖

社群虽然不像粉丝经济那样依赖个人，但它依旧需要一个意见领袖。这个意见领袖必须是某一领域的专家或权威人士，这样才能推动社群成员之间的互动与交流，树立起社群成员对企业的信任感，从而传递价值。

（2）提供优质服务

企业通过社群营销可以提供实体商品或某种服务，以满足社群成员的需求。企业在社群中的普遍行为就是提供服务，如招收会员、进入某个社群得到某位专家提供的咨询服务等，提供优质服务能够吸引不少人的注意。

（3）打造优质商品

无论采用哪种营销方式，都离不开好的商品，优质的商品是销售的核心。企业想要做好社群营销，关键还是打造优质的商品。如果没有有创意、有亮点的商品，营销做得再好也很难得到用户的青睐。

（4）实现口碑传播

企业有了优质商品之后，选择什么样的方式将其展现出来非常重要。在移动互联网时代，社群营销可谓是很好的选择，社群成员之间的口碑传播环环相扣，这样不仅容易使口碑扩散且其传播能量巨大，能够增强用户的信任感。要想使社群成员自发地进行口碑传播，企业要给用户一个传播的理由，如对自己有利、对朋友有利、能够激发情感共鸣等，同时要创造一个口碑传播的场景。

（5）选对营销方式

社群营销的开展方式是多种多样的。例如，企业自己建立社群，做好线上、线下的交流活动；与目标用户合作，支持或赞助社群活动；与部分社群领袖合作开展活动等。只有选对营销方式，才能达到良好的营销效果。

4. 社群营销的流程

营销者要想做好社群营销，就需要掌握社群营销的流程。社群营销的流程如下。

（1）明确社群定位

明确社群定位是指找到社群成员的共同兴趣，这是社群成立的前提。共同兴趣是指社群中的所有人都有一个共同的目标。用户一开始就明白自己为什么加入社群，是基于某个商品、某种行为、某个标签，还是基于共同的空间、情感和价值观等。社群成员要借助相同的兴趣形成连接，找到情感慰藉、互动的快乐或现实的利益，这样社群才能持续运营。

（2）构建社群结构

社群的结构决定了社群的存活状况。社群要设立意见领袖，即社群的灵魂人物，意见领袖能够引领和号召大家树立对企业的信任和信心。同时，社群的成员构成要多元化，除了意见领袖外，还要有普通成员来提出问题，增进互动，大家畅所欲言才能提高社群的活跃度。社群要有一定的筛选机制，适当设置进群门槛，在扩大社群范围的同时不断完善群规，保证社群内容质量，尽量杜绝广告和无意义内容，以免让社群成员反感。

（3）持续输出优质内容

能否持续输出有价值的内容是衡量社群生命力的重要指标之一。大部分社群在成立之初活跃度较高，但如果不能持续提供优质内容，社群的活跃度就会逐渐下降，甚至沦为广告群。社群输出内容的形式多种多样。例如，社群打卡，输出统一的打卡海报；开设社群微课；开通直播，邀请社群成员观看；组织社群成员进行线下培训；组织社群成员开发训练营课程等。

（4）注重长效运营

要想一个社群长久存活并保持较高的活跃度，营销者要注重长效运营，这就要求社群有稳定的团队，建立稳定的形式和节奏，成员都清楚社群运营的日常流程，努力让自己的言行与社群的节奏保持一致。营销者要注意社群成员的感受与需求，不断创新营销活动形式，开展更多有趣的活动，并筛选好、连接好、服务好社群成员，最终厚积薄发，让社群爆发出巨大的营销能量。

（5）合理控制社群发展规模

社群规模并不是越大越好，做好以上 4 步的社群才可以称为合格的社群。如果盲目增加社群人数，就会造成遴选信息的成本过高，社群成员相互认知的成本也过高，可能会导致社群气氛沉闷；而在成员数较少的社群内，话题相对集中，气氛更容易掌控。

因此，社群的规模要根据社群的成长阶段而定，而且营销者要思考扩大社群规模的目的，扩大社群规模以后是否可以帮助解决营销问题，社群是否适合扩大规模，以及营销者是否有能力维护更大规模的社群等。

课堂讨论

你曾加入过哪些社群？在你加入的社群中，你觉得营销者的运营管理是否合理？运营效果如何？你会提出哪些建议？

（二）社群创建

创建一个社群看似简单，其实，创建者前期需要做好充分的准备工作，创建社群之后还要有针对性地制定群规，以便社群后期顺利运营。

1. 社群创建步骤

要想做好社群营销，必须做好前期的社群创建与运营。社群的创建步骤如下。

（1）明确创建社群的目的

创建社群的目的主要包括以下 3 种。

* 寻找同好。用户基于共同的兴趣爱好而聚集在一起形成的社群可以让社群成员找到归属感，发挥同伴效应，互相激励，互相打气，如每天坚持读书、坚持锻炼等。

* 销售商品。商品在这里是一个广义的范畴，包含物品、服务、技术、智力成果等，例如交流 DIY 经验，然后向社群成员推销自己的 DIY 饰品，只要有优质的商品，能在社群成员中赢得口碑，自然可以顺利销售商品。

* 打造品牌。出于打造品牌的目的而组建的社群，旨在和用户建立更紧密的联系，而且这种联系并非简单的交易关系，而是交易之外的情感连接。社群的规模大了，传播性就可以增强，从而提高品牌的知名度。

（2）找准社群的核心价值

价值传递是社群运营的核心。社群的核心价值主要表现在以下 3 个方面。

* 优质内容。社群通过输出优质内容来增强成员的黏性，优质内容包括专业知识、群成员生产的创意内容等。优质内容不断被分享传播，从而实现社群的价值。

* 提供服务。企业可以在社群内为各成员提供多项服务，满足群成员的各项需求，如交友、学习、旅游、摄影、理财等。

* 社交体验。社群基于人而建立，社群成员在社群中可以分享与交流，获得社交体验。良好的社交可以提升社群的价值，维护社群成员之间的良好关系，使社群快速地发展。

* 资源配置。人们在加入社群时会被不同的准入机制合理分流。所谓"物以类聚，人以群分"，进入同一社群的成员有着相同的兴趣，他们带有相似或相关的背景和资源，能够产生更多的话题，获得更多的资源配置机会。

（3）选择适合的搭建平台

目前，比较主流并适合搭建社群的互联网平台有 QQ、微信、微博、钉钉等。不同的平台有不同的优势和劣势，营销者应根据自己想要创建的社群的属性、目标群体、社群类型等多重因素选择合适的社群平台。

* QQ。QQ 是一款成熟的社交软件，具有用户基数大、功能丰富、跨平台操作方便的优势，非常适合做社群运营平台，很多社群的形式为 QQ 群。

* 微信。在微信平台上，社群的运营方式并不局限于微信群，比较有效的运营方式是把微信群和微信账号、微信公众号、小程序、视频号等结合在一起灵活运营。如果社群目标群体不习惯使用 QQ，则营销者可以选择微信平台运营社群。

* 微博。微博是一个具有广泛影响力的社交媒体平台，汇集了大量名人用户、媒体用户、企业用户与普通用户。营销者可利用微博平台建群，并且微博是很好的传播渠道，对社群活动具有裂变式的传播效果。

* 钉钉。钉钉是新兴的社群平台，它是阿里巴巴集团专门为企业打造的沟通和协同的多端平台，其定位是"全方位提高组织的沟通和协同效率"。钉钉为人们构建社群配置了较为完善的功能，如团队组建、群聊、圈子等。

（4）构建立体化社群

构建立体化社群主要从用户立体、平台立体和结构立体3个维度来进行。

- 用户立体：社群用户分层立体化，将用户根据重要程度依次排列，抓住核心用户，吸引新用户。
- 平台立体：社群打通线上、线下的阻隔，实现线上和线下联动，共同促进社群发展。
- 结构立体：社群管理结构立体化，设立群主、管理员，使社群成员的管理层次变得更加立体，提高管理效率，避免管理冗杂。

这3个维度上的立体化其实是为社群的发展做铺垫。只有打好基础，社群的发展才会更平稳、更顺畅。

（5）完善社群信息

社群信息包括社群名称、社群口号和社群Logo。

- 社群名称。这是社群的第一标签，营销者在拟定社群名称时要定位精准，遵循简单易记、适于传播的原则。可以根据目标用户群体命名，如"爱跑团""书法会"等；也可以根据社群的价值理念命名，如"橙为""趁早"；还可以围绕创始人的名字或核心商品命名，如"樊登读书会"、小米的"米粉群"等。
- 社群口号。它传递的是社群的价值观。社群口号通常简短有力，能够体现社群的精神。社群口号一般分为功能型、利益型和理念型的社群口号。创建一个社群，应将口号设计的焦点放在功能和利益上。例如，"秋叶PPT"社群的口号是"每天3分钟，进步一点点"。
- 社群Logo。要围绕社群的名称与口号来设计社群Logo，设计方法主要有两种：一种是成熟的企业或品牌直接使用品牌原Logo；另一种是原生态的社群，设计Logo时要考虑到社群的分化性，例如，"魅友家"各地的社群Logo（见图5-3）是有所区别的。

图5-3 "魅友家"社群Logo

当社群有了名称、口号和Logo后，社群在举办活动时就可以采用带有社群Logo的纪念品、胸牌、旗子、服装等，这样社群就会变得形象化、标准化，对外呈现出鲜明而独特的形象，进一步强化品牌形象。

2. 制定社群规则

营销者在建立社群时要明确社群规则，建立较为完善的社群制度。社群规则主要包括以下几项。

（1）设定入群门槛

要想使创建的社群成为高质量的社群，就要做好成员入群时的筛选，要设立进群门槛，以保证社群成员的质量。设置社群门槛的方法主要有以下几种。

- 付费制。用户需要付费才能进群。运营者要根据社群价值合理设置费用金额，付费方式比较灵活，用户可以付费成为会员而拥有入群资格，也可以因购买商品入群。总之，付出费用后社群成员会更加珍惜，更加愿意服从群主的管理。
- 邀请制。新成员想要加入社群，必须由现有的社群成员邀请推荐。新人在申请加入时，需要提交邀请人的 ID，经社群管理者审核后方可通过。

- 任务制。用户完成社群规定的某项任务后才可以加入社群。任务可以是好友分享、填写资料或定制任务等，用户不需要付费，但需要一定的付出。

- 申请制。用户要想入群就需要像申请工作一样，先向社群管理者提出入群申请，经过社群管理者的审核，符合要求后才能入群。

（2）设置入群规则

设置入群规则能够增强入群的仪式感，让社群成员感受到社群的正式与专业。入群规则主要包括社群成员信息保持风格一致、了解社群属性、做好自我介绍等。

- 社群成员信息保持风格一致。每个社群成员的头像、昵称（名称）要保持风格一致，这不仅能让社群显得更加规范，而且有利于社群管理者更好地管理，让社群成员之间互相了解。社群成员统一名称格式，如"昵称+位置坐标+行业""姓名+城市+职业""归属地+昵称+序号""身份+序号+昵称""归属地+类型+序号"等，既简单又便于识别和管理。

- 了解社群属性。社群成员要了解社群是做什么的，可通过群公告了解社群鼓励的行为、不提倡的行为和禁止的行为。鼓励的行为包括发表原创内容、进行入群自我介绍、分享成长感悟等；不提倡的行为包括询问过于简单的问题、发各种宣传链接等；禁止的行为包括发广告、拉投票、发表低俗的言论、争论不休、破坏群内的和谐气氛等。

- 做好自我介绍。成员入群后要根据社群管理者的要求进行自我介绍，这样能让社群成员彼此迅速熟悉。做自我介绍时要注意几个要点，包括姓名、职业、标签、加入社群的原因、能提供什么、需求是什么等。

（3）确定分享规则

社群的分享规则也分为很多类型，如管理者主导、专家分享、轮流分享和经验总结分享。

- 管理者主导。社群管理者要持续地分享优质内容。主导者一般具有很高的威望，人们加入社群基本上是因为管理者或灵魂人物的威望。

- 专家分享。管理者邀请社群外的专家做分享，每次分享的人选是不确定的。

- 轮流分享。当社群成员本身的水平就很高时，社群成员轮流分享内容可以保证社群的优质内容不断更新。

- 经验总结分享。这可以起到督促和促进成长的作用，很多读书会的社群会要求社群成员定时打卡并@社群管理者，将经验总结内容发布至微博或朋友圈。这种形式可以在社群内形成共同学习的氛围，促使社群成员进行自我激励，同时使社群成员加深对社群的归属感和认同感。

（4）设立奖惩机制

奖励与惩罚是社群运营过程中必不可少的手段，设置合理的奖惩机制有利于提高社群的活跃度，维护社群的良好秩序，为社群成员创造健康的交流环境。

奖励制度包括物质奖励和精神奖励。物质奖励包括社群成员自发打赏、赠送商品、商品试用奖励、现金奖励；精神奖励包括置顶说明、颁发荣誉奖章，或在商品界面中致谢等。社群惩罚机制主要包括小窗提醒、私下单独警告、短暂禁言警告、公开惩罚或直接踢出群等方式。

（5）明确淘汰规则

明确社群的淘汰规则是为了保证社群成员的质量、社群的内容质量及社群的活跃度。社群管理者会在动态管理中剔除不合格的社群成员。淘汰社群成员时要有凭有据，淘汰标准要清晰，能够让人信服。淘汰规则主要包括人员定额制、犯规剔除制、积分淘汰制、成果淘汰制等。社群管理者可以根据社群的实际情况采用适合的淘汰规则。

3. 微信群的创建

具有强社交属性的微信群营销是企业重要的营销方式。微信群营销的主要对象是企业之前通过朋友圈或公众号与之有过初步接触和沟通，对商品或品牌有一定信任和兴趣的客户。

创建微信群，将朋友圈和公众号上的粉丝集中在一起，目的是将营销者与粉丝之间的弱关系转换为强关系，加深企业与客户之间的沟通与联系。

创建微信群比较简单，具体操作步骤如下。

步骤 01 在手机联网状态下打开微信，点击应用界面右上角的⊕按钮，在打开的列表框中选择"发起群聊"选项，如图 5-4 所示。

步骤 02 进入"发起群聊"界面，如图 5-5 所示。在微信好友列表中，选择要添加的好友，然后点击"完成"按钮，如图 5-6 所示。此时，就创建了一个微信群。

图 5-4 选择"发起群聊"选项　　图 5-5 "发起群聊"界面　　图 5-6 添加微信好友

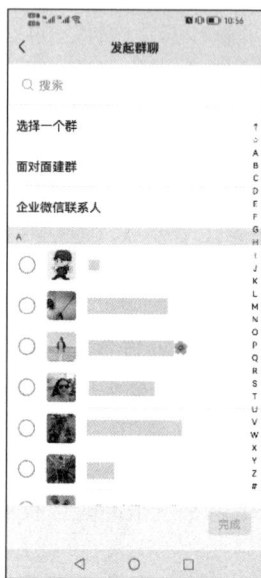

4. 微信群设置技巧

掌握微信群设置技巧，有助于后期进行微信群的运营。

（1）做好定位，明确营销方向

营销者在建微信群时要找准目标用户，确定微信群的营销方向。营销者应根据资源做好微信群定位。建群前先审视手头已有的资源，根据目标用户的爱好、行为、年龄、需求等特征，找到利于发展新用户及营销的点，提炼出关键词，贴好标签，确定好社群的营销方向，为微信群营销打好基础。

（2）设定入群门槛

创建微信群时，营销者要设定好群主和核心管理者。第一批群成员通常是群主自己挑选的，但是由于群成员会不断增加，为了保证群成员的整体素质，需要设置入群门槛，想入群的人员需要通过审核，例如采用任务制，想入群的人员需将某篇文章转发到 3 个群，最后发截图证明后才能进群。这样会让群成员更加珍惜来之不易的入群机会，在群中表现积极、主动，也更愿意遵守群规。

群主邀请他人入群时要询问对方的意愿，对方有意愿加入时再邀请。

（3）拟一个好听的群名

拟一个好听的群名非常重要，群名是一个标签，如果企业或个人想做微信群营销，可以根据目标用户的爱好拟定群名，如"热爱 DIY 的小伙伴们"等。这类名称让人一看就知道群里的成员喜欢什么，同时也明确了群的属性，确定了营销方向。

（4）发起群聊话题

当群中的用户都比较陌生时，群管理者要发挥领头羊的作用，每天在群里发送一些有趣的热点或有用的知识，适当点评，引出话题，提高群的活跃度。群主不要一味地发新闻资讯或商品信息，还应发一些能够引发群成员聊天兴趣的话题，引导其分享与讨论，拉近群成员之间或群主与群成员之间的距离。

一个具有较高营销价值的微信群并不是以聊天为主的，而是围绕营销者所设定的主题进行讨论，在维护好现有群成员的同时，吸引更多的新成员。因此，在提出话题时，营销者要想办法让话题能够在可控的范围内得到持续性的讨论。

（5）控制群规模

微信群的规模并非越大越好，营销者如果一味地扩大群规模，很可能会适得其反。因此，当微信群达到一定规模时，就应该对群成员进行清理，例如，可以将长期沉默的群成员或不遵守群规的群成员移出群，以保持微信群的活跃性和群成员的存在感。当然，如果人数太少，群成员也可能会觉得微信群没有交流的价值。营销者要考虑微信群的运营成本与实际情况，控制好微信群的规模。

（6）制定群规则

营销者建群时要预先制定群规则，一般微信群的群规则如下。

- 聊天时禁止使用表情、符号和少数文字等刷屏。
- 群成员可以一起探讨问题，但严禁出现人身攻击或恶意扰乱群秩序的情况。
- 鼓励群成员分享有价值的资源及原创内容。
- 加入群的成员统一修改群昵称，昵称格式可以为"城市+职业+姓名"，或者由群管理者对成员进行统一编号。
- 在群内发广告前，需先发规定数额的红包，同时限制单人每日发送广告的次数。
- 群成员禁止发过长的文章，少发转载类的文章，禁止在群中发语音信息。

除了以上基础性的群规则外，营销者还可以制定入群必须接受的群文化及个性化的群规则等。群规则由大家一致遵守，对于违规的群成员，应采取相应的惩罚措施或者移出群。微信群的群规则可以以群公告的形式存在，也可以由群管理员私信给新进群的成员。

（三）社群运营

越来越多的人意识到社群的重要性，人们纷纷开始建群，微信群、QQ 群等不同类型的社群与日俱增，然而建群容易运营难。社群运营涉及活跃、留存、推广、引流、转化等多个环节，环环相扣，只有做好每一步，才能做好社群的整体运营。

1. 活跃社群的方法

活跃社群的方法主要有以下几种。

（1）价值分享

不管是什么社群，用户只会关注与自己有关的价值信息。用户需求什么，社群就要提供什么，社群管理者要了解社群成员的诉求，持续输出有用的信息，或者邀请嘉宾在群里向大家分享知识和经验等。

（2）互动话题

社群管理者要善于在群内发起互动话题，开启成员互动讨论模式，让群成员参与互动。群成员在社群里投入的时间和精力越多，他们就越依赖和信任社群。一切的互动话题都是为了让群成员有参与感，更好地互相了解，增加彼此的信任，由弱关系变成强关系。

（3）组织签到

组织签到就是组织社群成员在群里参加签到活动。社群管理者可以设置签到多少天获得奖励，以激发群成员的签到积极性。组织签到有助于塑造团体仪式感，吸引其他群成员的注意，并强化群成员对社群的信任感。

（4）设置群专属日

社群管理者可以设置群专属日，在特定的时间进行特定的活动，如群会员日、群生日等。设置群会员日是指将每个月的固定一天设定成本群会员日，在该天为群成员派送福利，可以是促销、内购、抽奖等。设置群生日即指定在每个月的固定一天为本月过生日的群成员统一庆生，并派发小礼物或者开展活动等，以活跃群内气氛。

（5）答疑解惑

群内可以设置答疑解惑时间，由群成员提问，或者借助问卷调查类工具提前收集好问题，由社群管理者、群内 KOL 或邀请的嘉宾在群里解答问题，为大家解决实际问题。社群管理者还可以将问题和答案整理好，发布到公众号、简书、知乎等平台，实现社群的传播。答疑解惑可以促进群成员的互动，提高社群的活跃度。

（6）红包福利

社群管理者可以在群里发红包活跃气氛。有事通知时，可以先发红包吸引大家的注意，而连续发多个红包既可以活跃群内气氛，又可以了解群内在线人数。

（7）互动游戏

有些行业的社群适合引导群成员做些互动游戏来活跃气氛，如餐饮、零售、电商等。常用的游戏有成语接龙、数字刮奖、猜歌曲、猜人名、看图猜物、脑筋急转弯等。

（8）奖励机制

社群管理者可以在社群中设置奖励机制，以激发群成员的积极性。精神奖励同物质奖励一样重要，很多人需要仪式化的事物来满足内心需要的存在感。例如，每月在社群中评选出活跃人员，不仅要有海报宣传，还要对其进行物质奖励。有些人为了荣誉，每天坚持在社群里互动。

（9）社群活动

社群活动能够增加社群成员之间互动的机会，强化他们的情感连接，增加群主对群成员的了解。常见的线上社群活动有线上春晚、唱歌比赛、演讲比赛、辩论赛等，这不仅能通过仪式感打造氛围，还能为多才多艺的成员提供展示舞台。社群线下活动主要有主题沙龙、聚会聚餐、旅游等，线下见面能够增加社群成员之间的了解与信任，从而产生深度连接。

2. 社群成员留存技巧

要想将成员留在社群，社群管理者可以采用以下技巧。

（1）优化商品

商品的优化和改进是留住成员的重要因素。优质的商品能够持续对成员产生吸引力，进而增强成员的黏性。社群管理者可以请社群成员对商品提出反馈和优化建议，再根据他们的反馈进行改进，不断完善商品功能，开发新商品、新功能，提高商品质量，提升成员体验感，使商品在社群成员中建立起良好的口碑。

（2）改善服务

社群管理者要挖掘成员更深层次的需求，将优质的服务、有价值的内容及商品的亮点和优势呈现给社群成员，提高社群成员对商品的满意度。

（3）提高参与度

社群成员的参与度越高，其黏性也就越强。要提高社群成员的参与度，可以从以下3个方面来考虑。

- 增加商品或服务的使用频次，如知识类的社群，每天一节课，并监督社群成员听课打卡。

- 增加商品或服务的使用场景，例如一件商品能够满足社群成员在多个场景下使用的需求，商品与社群成员的接触点越多，社群成员的留存率就越高。

- 培养社群成员的使用习惯，商品的功能越多，使用时长越长，则社群成员对商品的依赖性就越强，社群成员的黏性也就越强。

（4）活动激励

设置有吸引力的活动有利于社群成员留存，也便于后期的社群成员转化。社群活动有新人红包、优惠券、领赠品、免费试用等，这些活动能使社群成员获益，能很好地让社群成员持续留存。

（5）唤醒沉睡成员

有些社群成员在入群一段时间后，使用商品的频率降低，甚至在一段时间内没有使用，但他们并非完全放弃商品。对于这类社群成员，社群管理者要采取特定的挽救措施，避免他们流失或被竞品吸引走。

- 提供奖励，给这类社群成员提供折扣、优惠券等，激励他们继续使用商品。

- 社交激活，通过社交互动，如点赞、评论、私信等，加强社群成员之间、社群成员与商品之间的联系，提高社群成员的活跃度，留住社群成员。

3. 社群营销活动策划

社群营销活动的策划步骤如下。

（1）确定活动目标

营销者要确定每次活动策划的目标，如销售多少商品、增加多少粉丝等。活动在提高粉丝活跃度的同时，也会带来销售额的增长，但营销者必须以一个活动的核心作为切入点，才可能达到活动的预期目的。

（2）分析目标用户

任何一场活动策划都建立在对目标用户分析的基础上，分析目标用户需求可以帮助营销者确定活动形式与活动方案。

（3）确定活动主题

活动主题主要包括活动背景、活动目标、活动意义等。营销者应策划好活动主题，明确一个核心主题，指导活动有序展开。活动主题可以从项目的实际情况出发来确定，也可以根据市场情况确定，还可以通过分析目标用户的需求来确定。

（4）确定活动类型

社群活动类型比较多，如直接送福利、抽奖、话题分享传播等。无论采用哪种活动类型，都要求活动规则易懂，有趣好玩，用户体验感好，值得分享，能够引发共鸣，有创意。

（5）找好活动渠道

任何一个营销活动都必须找到适合的渠道进行推广和展现，营销者要结合成员兴趣找到合适的活动渠道，活动渠道主要有线上渠道和线下渠道。线上渠道包括电商渠道、自媒体渠道、微信渠道、微博渠道、视频渠道、直播渠道、音频渠道等。线下渠道包括茶话会、见面会、讲座、经验分享等，通过举办这些活动，可以增强成员的认同感和归属感。一个营销活动也可以利用多个渠道进行展现，以使营销效果最优。

下面以经验分享为例，阐明活动的主要实施细节。

- 准备工作。经验分享活动需要提前邀请嘉宾，并要求嘉宾根据准备好素材。
- 通知到位。将确定好的分享时间提前公布在群里，确保社群内所有成员都能看到并按时参加活动。
- 强调规则。在活动进行前，要向群中所有成员强调活动规则，确保活动顺利开展，避免成员在不合适的时机插话，影响嘉宾的分享。
- 提前暖场。正式分享前，社群管理者可以在群内抛出一些轻松的话题，引导社群成员上线，营造交流的氛围。
- 介绍嘉宾。嘉宾出场时，社群管理者要介绍其身份、专长或资历，让社群成员进入正式倾听的状态。
- 掌控现场。如果分享过程中出现冷场，社群管理者要引导成员互动。如果有人提出与分享主题无关的内容，社群管理者应及时私聊提醒，引导成员遵守活动规则，控制好社群活动氛围。
- 收尾总结。分享结束后，社群管理者要引导成员就分享活动做一个总结，鼓励他们去微博、微信朋友圈分享自己的心得，以便于形成口碑扩散。
- 发放福利。分享结束后，社群管理者可以给在活动中表现出色、积极分享的成员发放福利，以吸引大家主动参与下一次分享。
- 打造品牌。社群管理者对社群分享的内容进行整理后，可以通过微博、微信公众号等新媒体平台进行发布与传播，把品牌活动的势能聚合到可以分享的平台上，借助口碑传播打造品牌影响力。

任务三　口碑营销

在社交媒体时代，口碑在用户购买决策过程中扮演着越来越重要的角色，用户乐于浏览已购用户对商品的评价，了解品牌在社交媒体上的口碑，从而最大限度地降低购买风险。口碑营销是一种口口相传的营销方式，主要是利用分享心理来引发用户的主动传播欲望，并提高其积极性。

（一）认识口碑营销

用户在购买商品后，通常会与身边的人分享其使用体验与感受，或者通过社交媒体平台传播和扩散自己的意见，形成口碑。这种口碑能够影响其他用户的购买决策，这是产生口碑营销的基础。口碑营销通过用户之间的沟通和交流传递带有一定情感倾向的商品信息，从而影响更多潜在用户对商品或品牌的态度。

1. 口碑营销的概念

口碑营销是指企业运用各种有效手段，引发目标用户对其商品、服务及企业整体形象进行讨论，并激励用户向其周边人群进行介绍和推荐的一种营销方式。这是一种特殊的营销方式，不同于传统的广告宣传，是真实用户之间的交谈。

在数字时代，口碑营销已经发展成一种成熟的现代营销理论。这种营销方式是通过人们的自然交谈实现销售信息的口口相传，具有成功率高、可信度高的特点。

传统的口碑营销是通过人与人之间口口相传进行信息传播，企业努力使用户通过其亲朋好友之间的交流将自己的商品信息、品牌信息进行传播扩散。

数字时代的口碑营销是把口碑与网络营销相结合，利用各种社交媒体平台，通过文字、图片、音频、视频等载体传播商品或服务的口碑，使企业与用户之间形成实时互动，从而赢得用户的信任。与纯粹的广告、促销、公关、商家推荐等营销方式相比，口碑营销的成本更低，效果也更好。

口碑营销的核心思想包括以下 3 点。

- 让用户有兴趣讨论企业的商品、创意、业绩、形象等。
- 让用户有兴趣在讨论过程中购买企业的商品或服务。
- 让用户有兴趣长期讨论企业的相关信息，并把信息扩散给更多的人。

2. 口碑营销 5T 要素

口碑营销的本质是积累用户的好评和好感，让用户免费为企业或商家宣传。营销者要想做好口碑营销，首先需要了解口碑营销的 5T 要素。

口碑营销的 5T 要素如图 5-7 所示。

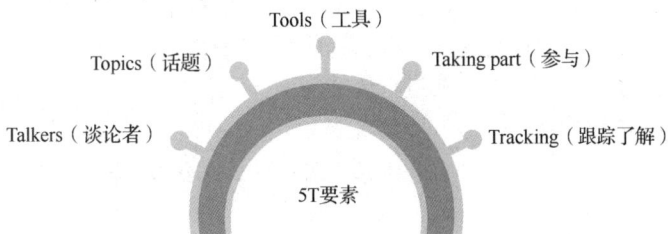

图 5-7　口碑营销的 5T 要素

（1）Talkers（谈论者）

谈论者是指那些向其他人谈论企业的商品或服务的人。他们可能是企业的忠诚用户，也有可能是初次购买商品或服务的新用户。忠诚用户支持企业的商品或服务，主动与他人分享讨论，而对新用户则需要提供优质的商品或服务才能引起他们的讨论。因此，口碑营销离不开谈论者。

（2）Topics（话题）

话题是指人们讨论的具体内容。有讨论价值的信息是口碑的来源，企业的优质商品或服务、商品创意，或者商品或服务的不足都会引起用户的讨论兴趣，并在经过讨论之后给人们留下积极或消极的印象。

（3）Tools（工具）

工具是指营销者用于推动口碑传播的各种媒介、社交平台和技术手段等。互联网的发展使口碑呈现出爆炸式的传播，其特点是时间短、速度快、范围广、影响力大。营销者需要考虑传统口碑营销工具与数字时代的网络新媒体营销工具的协调运用。

（4）Taking part（参与）

参与是指营销者加入谈论活动中。口碑营销的一大特征就是参与和互动，营销者应主动参与用户的讨论，与其深入交流，从而知晓用户对商品或服务的态度。这不仅能让用户讨论的话题延续下去，还能拉近企业与用户之间的距离。

（5）Tracking（跟踪了解）

营销者应跟踪了解那些谈论者，弄清楚他们谈论的内容，了解他们对企业、商品或服务的态度与看法，收集信息并进行及时的反馈，评估口碑传播的效果。通过这项工作，营销者可以根据实际情况不断调整营销策略。

虽然有些好口碑可能是营销者精心策划出来的，但无论如何，在制订口碑营销计划的过程中，需要充分考虑这5个要素，才能使口碑营销正常、有序地开展。

3. 口碑营销的三大因素

营销者要想做好口碑营销，要抓住口碑营销的三大因素，即商品、传播因子和传播渠道。

（1）商品

口碑营销能为企业带来巨大的商机，其前提条件是企业有质量过硬的商品，如果没有商品做支撑，口碑营销很难实现其最终价值。因此，企业要想采用口碑营销的方式，就要打造出让用户认可的好商品。

（2）传播因子

口碑营销的传播因子就是能够让用户对某个信息进行口口相传的信息点或要素。口碑营销的传播因子要具备很强的故事性和持续性，能够持续吸引用户传播和扩散。

（3）传播渠道

企业想要形成口碑效应，就要选择合适的传播渠道来传播。传播渠道的选择主要由商品和商品的目标用户群特征决定。适合进行口碑营销的渠道有微信、微博和短视频、论坛等，企业也可以选择线上线下渠道相结合的形式进行传播。

4. 口碑营销的传播方式

口碑营销的传播方式主要有3种，分别是口耳相传、传统媒体传播和网络传播。

（1）口耳相传

口碑营销最初的传播方式就是口耳相传，口耳相传至今也是口碑营销的主要传播方式。营销者要想通过口耳相传的方式来传递商品的相关信息，前提是要有好的商品与服务作为基础，然后在目标用户群体中寻找谈论者，如愿意聚会闲谈的人、社会关系广泛的人等，让他们成为信息传播者。当然，具体方式需要根据商品的特点、传播的信息及传播对象的特点来确定。

（2）传统媒体传播

将一个设计好的口碑营销事件通过报纸、电视、广播等形式传播出去，以增大口碑营销的传播力度，可以自己主动传播，也可以制造吸引人的主题来吸引媒体传播。这种传播方式属于传统媒体传播。

（3）网络传播

口碑营销的网络传播方式和传统媒体传播方式有所不同，它具有更强的主动性，如果运用得当，其营销效果惊人。同样是以一个事件作为传播内容，在用户经常出现的论坛、短视频、直播中通过意见领袖来引导传播，传播效果要好得多。

（二）口碑营销的实施

掌握口碑营销的技巧，可以更高效、更顺利地实施口碑营销。

1. 口碑营销的技巧

在实施口碑营销时，营销者可以采用以下技巧。

（1）确保商品有特色

并非所有商品都适合进行口碑营销，因为不同的商品具有不同的特点，如外观、功能、用途、价格等不同，口碑营销在不同商品中所发挥的作用也不尽相同，不同类型的商品要选择不同的营销策略。做口碑营销时，需要注意两点：一是商品要有某种独特性；二是商品要有适合做口碑营销的潜力，如商品质量过关、商品广告词朗朗上口等。

（2）注重用户消费体验

在市场竞争中，商品的用户消费体验对其他潜在用户或目标用户有着很大的影响，在一定程度上决定了口碑营销的成败。体验式消费给用户带来的感受是深刻难忘的，正因为如此，一些好的体验才能迅速形成口碑。现在越来越多的企业选择以体验式消费的营销方式来实现企业的营销目标。

（3）利用品牌进行推荐

对一个新商品来说，如果有知名品牌的推荐，就能帮助用户快速消除心中的疑虑，提高商品的可信度。例如，国内很多汽车品牌在上市之初会利用与奔驰、宝马、奥迪等品牌的合作来推广自身品牌，如使用这些知名汽车品牌的发动机、与这些知名汽车品牌联合设计等，使用户对新商品产生一定的印象，并在传播中形成一定的口碑，进而吸引更多的用户来购买。

（4）重视品牌故事与文化

故事是传播声誉的有效工具，营销者可以将品牌与故事结合起来，在口碑营销中利用带有感情的故事传播品牌，其效果会比采用其他传播方式更有效，也可以围绕企业文化宣传优质、周到的服务来传播企业口碑。例如，褚橙以褚时健的传奇人生为线索搭建的品牌故事打动了很多人，很多名人纷纷发微博为褚橙点赞，故事被广泛传播，褚橙也因此贴上了"励志""上进"的标签。

营销者在策划故事时，可以通过故事本身所蕴含的感情来打动用户，引发用户产生情感共鸣，快速拉近与用户的情感距离，进而形成口碑效应。

（5）做好舆情监测

口碑是一把双刃剑，既能因为正面传播为企业带来效益，也可能因为负面信息的传播给企业带来消极影响。因此，企业要做好舆情监测，控制负面口碑，正确处理用户的投诉，正确引导舆论方向，加强重点客户管理。

（6）善于发掘新事物

新事物总能快速吸引用户关注，用户会积极分享新知识、新见闻。企业在进行新商品、新概念等的营销时，可以融合新功能、新亮点进行内容策划，通过新鲜、有趣的内容来引导用户向他人分享，进而产生良好的口碑效应。

例如，某餐饮企业通过开发新菜式并提供免费试吃服务来进行口碑营销，由于菜品口味独特，获得了用户的一致好评，通过用户的口口相传，周边人群纷纷去店内品尝，企业很快建立了良好的口碑基础。

（7）提供个性服务

企业之间的竞争不仅包括商品性能、员工水平、生产能力、品牌影响力的竞争，还包括服务水平的竞争，特别是在商品同质化严重、品牌优势不明显的情况下，服务水平的高低就成为影响用户选择的重要因素。个性化、特色鲜明的服务可以潜移默化地影响用户对企业的印象，进而使用户自发地进行口碑传播，最终树立起良好的企业形象。

例如，海底捞秉承"顾客至上，服务至上"的宗旨，凭借细致的服务获得很多用户的赞誉。用户通过微博、微信、短视频等网络渠道分享海底捞的服务细节和愉悦的消费体验，引发网友对海底捞的广泛关注和讨论，海底捞最终通过用户的口碑传播实现品牌形象的塑造与宣传，在餐饮界占据重要的地位。

（8）利益与价值引导

利益与价值是用户非常关心的事情，企业如果能够提供让用户受益的方法，或者让用户感受到价值所在，就能促使用户积极、主动地传播。转发抽奖、低价促销等实惠的营销活动一般会获得用户的积极参与和主动传播。

（9）举办公益活动

举办公益活动是一种非常有效的打造口碑的渠道方法，企业举办公益活动不仅能够引起用户的关注，提高品牌的美誉度，还能树立良好的品牌形象。企业要善于利用媒体和公众关注的热点事件和热点人物，结合企业自身情况，多举办公益活动，加深用户对企业的认识，提高用户对企业的好感度。例如，一家餐饮企业经常举办各类公益活动，包括为养老院献爱心、为残疾儿童募捐等。每一次的公益活动都能得到新闻媒体的报道和传播，企业也因此树立了良好的形象。

📖**案例链接**

墨迹天气推出"35度计划"，气象公益IP"引爆"夏日营销

2022年是墨迹天气推出"35度计划"活动的第8年，也是墨迹天气这一夏日IP刷新玩法和"引爆"夏日营销的一年。截至9月16日，该活动覆盖了全国4 500多家麦当劳门店，全国累计参与人次近2 000万，核销雪碧超千万杯。线上传播打造了多个"爆款"话题，覆盖2亿多人。

有别于往年用户仅能凭二维码到门店核销的传统兑换方式，2022年"35度计划"首次接入麦当劳线上点餐、外卖系统，更加方便大众核销雪碧，吸引更多人的参与。

据墨迹天气市场副总裁介绍，推出"35度计划"的初心是为了在炎炎夏日给用户提供免费的防温降暑福利。为此，包括墨迹天气在内的雪碧、麦当劳合作方均致力于打破公益合作壁垒，为用户提供更好的福利和更便捷的体验。京东、蒙牛随变、咪咕视频、闪送、比亚迪等50余家品牌加入2022年墨迹天气"35度计划"品牌矩阵中，共同为夏日福利加码，夯实"35度计划"的平台影响力。"35度计划"品牌矩阵如图5-8所示。

图5-8 "35度计划"品牌矩阵

以话题"全网寻找温度计"为例，墨迹天气通过线上线下趣味互动及多个品牌的助力互动，让更多人知道墨迹天气"35度计划"并参与其中，仅2周该活动话题获得超1.4亿次阅读。

在项目营销方面，"35度计划"通过一套组合拳长线叙事，不断制造热点话题，持续为品牌传播制造声量。

热点一：巨型冰块给城市降温。墨迹天气意在用巨型冰块为炎热的城市降温，引发大众对环境问题的重视。高达一米的冰块在一男子的拉动下走过国贸、三里屯、鼓楼、白塔寺、奥林匹克森林公园等多个北京地标，引得众人围观互动。

热点二："为世界降温"线下快闪。8月6日，墨迹天气在阿那亚举办了主题为"为世界降温"的快闪活动，通过"巨型热开花的温度计""会发光的温度计""35度计划酷爽露营"等线下活动，配合抖音、小红书、微博等线上渠道传播，实现"线下+线上"全面"引爆"，推动大众关注气候变化。

纵览"35度计划"，既有引导大众关注高温天气的免费饮料，又有众多品牌联动倡导公益理念，还有于无形中传播环保的露营活动。墨迹天气将公益元素嵌入日常生活中，贴上"好玩""有趣""有料""时髦"等标签，覆盖公众对公益的认知。

📖 课堂讨论

你觉得口碑营销最重要的因素是什么？在你的印象中，有哪些品牌失败地运用了口碑营销的案例？他们失败的原因是什么？

2. 口碑营销的操作步骤

营销者进行口碑营销的操作步骤如下。

（1）策划热点

口碑营销的第一步是策划一个热点，让用户知道、了解并主动关注商品，从而产生向他人倾诉的强烈意愿。这个热点要围绕用户最关注的、最想要看到的内容来展开策划。

（2）确定传播话题

产生热点后，营销者还要通过用户与用户之间的交流来传播口碑内容，通过足够具有讨论性的话题来加强用户之间的交流，这样才能促使他们将口碑内容口口相传。

（3）选择传播渠道

口碑营销的传播渠道非常重要，营销者要根据商品的属性选择与目标用户之间联系更为紧密的渠道，微博、微信、短视频等都是目前比较常见的传播渠道。在保证热点内容的前提下，只要话题性足够强、用户参与度足够高，口碑营销的效果自然好。

（4）监控营销效果

在实施口碑营销的过程中，营销者首先要注意对传播的内容进行有效的舆论引导，避免传播负面信息。其次，营销者还要对营销的最终效果进行数据监控。例如，通过微博进行口碑营销时，微博的转发量、评论量、点赞量、话题排行榜、话题讨论度等数据就相当重要。

（三）口碑营销推广

微信为口碑营销提供了良好的平台，营销者可以将商品信息或活动信息分享给好友，或者发布在朋友圈，好友看到后可能会转发，使商品信息广泛传播，为企业和商品起到良好的宣传作用。因此，微信是进行口碑营销的重要渠道。

1. 微信号的信息设置

微信号的信息设置主要包括对昵称、头像、微信号、个性签名等的设置。

（1）昵称

在使用微信与他人沟通交流时，对方首先关注的就是微信昵称。设置好微信昵称，能够减少沟通成本。在拟定昵称时，要注意以下几点。

① 与品牌一致。

如果个人已经有了一定的社会影响力，应使用与其他网络媒体相同的昵称。刚注册微信号的新人应将昵称设置为自己的姓名，这样可以增加真实感，进而提高信任度。

② 简短易记。

微信昵称要尽量简单、亲切、易记。要想让他人更快地记住自己，微信昵称就要符合用户的记忆习惯，人们通常很容易记住自己熟悉的内容，而生僻字、怪词、字数过多的微信昵称很难被记住。微信昵称应拼写简单，切忌使用难写、难拼、难读、难认的文字，或者使用表情、符号等。

③ 贴标签。

标签是一个人核心或重点的信息。如果个人知名度较高，已经形成个人品牌，可以使用自己的姓名或一贯使用的名称。如果是个普通人，最好以经过提炼的重要信息作为后缀，如"公司/项目名称""擅长领域""提供的价值"，只要自己频繁发朋友圈，内容有足够大的吸引力，那么个人标签就会得到持续曝光。

另外，设置好微信昵称后，为了便于用户记忆，最好不要频繁更换，也不要在昵称前随便加字母，因为这样有可能带来相反的效果，使人产生抵触心理。

（2）头像

微信头像是个人形象的外在展示，也象征着一个人的品位，如果用心设置，能够有效地减少社交成本。微信头像设置的要求如下。

① 辨识度高。

选做头像的图片必须清晰、自然、辨识度高，图片背景要干净，不能过于杂乱。图片要适当裁剪，比例适当，给人以舒适的视觉感受。

② 真实可信。

微信号是用于营销的，建议使用真人头像，这样更容易给他人带来安全感。可以适当对头像进行美颜处理，但要把握分寸。真实、美好、能表达自身气质的头像会给用户留下良好的印象。

③ 贴合职业。

选择的头像的风格要尽可能贴近自己的职业，不要选用搞笑、不雅的图像做头像，否则会影响自己的形象，降低自己的专业度。

④ 突出个性。

微信头像要具有个人特色，这有助于与陌生人打开话题，有机会进一步沟通交流。

（3）微信号

微信号要好记、好识别、好输入。微信号是微信的 ID，设置以后不能频繁修改，所以如果微信号不好记、不好拼，就会带来麻烦。在微信号中要避免使用不明意义的长串数字或字母，最好不要有横杠或下画线等。

（4）个性签名

个性签名直接影响着新增好友的通过率。个性签名的风格可严肃、可幽默，关键是要展示自己的个性与特点。个性签名一定不要空着，否则给人微信号不常用的感觉，不利于建立信任感。此外，个性签名切忌用语僵硬，避免使用生硬的广告词，否则会让人产生警惕心理。

2. 设计朋友圈发布的内容

营销者在朋友圈发布的内容要体现出独特的价值，在销售商品的同时要为用户提供更多的专业知识，这样才能吸引用户持续关注微信号信息，提高用户对微信号的信任度。营销者在发布朋友圈的内容时，需要注意以下几点。

（1）内容定位

定位就是给自己的朋友圈定个基调。在朋友圈发布的内容不能是杂乱无章的，要围绕某个中心有目的地发布。营销者要清楚自己朋友圈的用户定位，了解目标用户群体的消费特征，根据目标用户群体的需求策划并发布内容；另外，还要结合自己擅长的领域，打造真实、温暖、人性化的个人微信号。

（2）内容策划

朋友圈是一个看生活动态的地方，所以在朋友圈发布的内容要言之有物、言之有趣、言之有情，既能吸引用户的眼球，又能使用户产生情感共鸣。营销者在进行内容策划时，可以从以下几个方面着手。

① 生活动态。

营销者要在朋友圈中展现自己真实的生活动态，体现自己的生活特色，如幽默、热心、博学、积极、正能量等，让他人了解自己，进而信任自己。

② 商品反馈。

营销者在发布商品信息时，不要局限于商品介绍，最好能够突出商品给用户带来的价值与效果，可以将商品信息融入故事中，以文案的形式生动形象地发布到朋友圈中。

③ 价值分享。

营销者要善于分析目标群体的特征，找到他们共同存在的痛点，发布朋友圈时可以针对这些痛点找到合适的解决方法，并持续分享一些实用的方法，这些实用价值如果正好满足他们的需求，或者超出他们的预期，就会为后续的商品销售埋下伏笔。

④ 励志趣事。

营销者可以将自己在生活中遇到的励志、正能量、感人、有趣的事迹记录下来，总结提炼出自己的感悟，以清晰、简洁、通俗易懂的文案表达出来，引发目标用户的共鸣或思考，给他们留下深刻的印象。

⑤ 专业知识。

营销者在朋友圈中要塑造自身的专业形象，积极主动、毫无保留地向用户分享自身的专业知识，也许这些专业知识能够帮助用户解决一些实际的问题，即使解决不了，他们也会在心中感受到营销者的专业性。

⑥ 社会热点。

营销者要对热点信息具有较高的敏锐度，养成关注热点的习惯，可以在百度热搜榜、微博热搜榜等查看热点信息，可以把一些符合用户群体特征的热点信息发到朋友圈，吸引用户围观和热议。

（3）发布时间

在某些特定的时间段发朋友圈，效果会更好，如早上8点到10点、晚上8点到10点。如果是商家或企业发朋友圈，要分析适宜发布的时间段，充分了解用户翻看朋友圈的习惯和高峰时间段，然后选择合适的时间来发布，以使信息达到最有效的曝光。

3. 朋友圈营销活动

如果微信好友足够多，就可以利用朋友圈策划营销活动，让大家参与并主动分享到自己的朋友圈。朋友圈的营销活动主要有以下几种形式。

（1）转发有奖

利用奖品促使微信好友转发，基于传播结果给予一定的回报。

（2）号召集赞

集赞是指将某特定内容发到朋友圈，集齐一定数量的赞并截图即可获得奖品。

（3）集赞定向发红包或送礼

这个活动是指为活动发起人发布的朋友圈内容点赞，特定规则下的点赞者获得某些福利。营销者要注意活动的截止时间或点赞人数，活动后把点赞截图、中奖名单发布到朋友圈证明其真实性。

（4）集赞抵现金或送代金券

这个活动是指集齐一定的赞可以抵减某商品消费现金或送代金券，最终目的还是促进商品的销售。

课堂讨论

打开你的微信朋友圈，组成小组讨论，尝试总结出几种朋友圈的营销活动形式。

【实训：新消费品牌的社交营销策略分析】

1. 实训背景

近年来市场上涌现出了大量定位精准、营销巧妙的新锐品牌，它们靠数据决策选品，用技术做精细化的人群运营，展现出了与传统品牌截然不同的新营销生命力。社交营销往往是这些新消费品牌经常使用的营销手段。

这些新锐品牌会打造商品或品牌本身的社交属性。例如，喜茶之所以能成为市场新宠，是因为它们合理地利用了社交营销。喜茶打造了不同风格的门店，这些门店不仅造型美观、吸引眼球，还提供沉浸式体验，本身就具有很强的社交属性，成为消费者的打卡"网红"地，让消费者成为品牌传播媒介，以低成本获得流量裂变。

又如"三顿半 超即溶"系列，按照烘焙程度用1~6号数字取代每款咖啡的名字，让广大女性用户像讨论口红色号一样讨论咖啡的口味，而且认知成本低，社交传播效率高。

2. 实训要求

请同学们在网上搜索各类新消费品牌在社交营销中使用的策略，分析并总结其共同点和不同点，最后形成一篇分析报告。

3. 实训思路

（1）搜索主要的新消费品牌社交营销案例

请同学们通过网络搜索新消费品牌，浏览这些品牌的社交营销策略与操作方式，尤其是在社群营销中的运营手段。

（2）对比新消费品牌的营销策略

将这些新消费品牌的社交营销策略进行对比，选出你觉得策略性最好的和效果最好的，并总结你这样认为的原因，最后撰写一篇分析报告。

【思考与练习】

1. 简述社交营销的策略。
2. 简述社群留存技巧。
3. 简述口碑营销的 5T 要素。

项目六

搜索引擎营销

● 知识目标

➤ 了解搜索引擎营销的概念。
➤ 了解搜索引擎优化网页分析的内容。
➤ 了解搜索引擎竞价推广的概念。
➤ 了解竞价推广的优势与规则。

● 技能目标

➤ 掌握搜索引擎营销的方式。
➤ 掌握搜索引擎营销的基本流程。
➤ 掌握实施关键词优化、网页 SEO 的方法及网站 SEO 的实施步骤。
➤ 掌握竞价推广营销的实施步骤。

● 素养目标

➤ 培养良好的职业道德，树立公平竞争意识，不搞恶性竞争。
➤ 培养敏锐的市场洞察力，为搜索引擎营销的实施指明方向。
➤ 培养缜密的数据分析能力，不断优化搜索引擎营销策略。

● 知识导图

扫一扫

● 引导案例

扫一扫

任务一　认识搜索引擎营销

搜索引擎是一个开放的平台，任何企业和品牌都可以通过搜索引擎进行推广宣传，因此搜索引擎营销的市场竞争较为激烈。

（一）搜索引擎营销的概念

搜索引擎营销（Search Engine Marketing，SEM）是一种网络营销策略，通过使企业网站或个人网站、网页在主要搜索引擎（如百度）的搜索结果中处于较好的位置，利用用户检索信息的机会尽可能将营销信息传递给目标用户，从而达到营销的目的。

搜索引擎营销的基本过程如下。

① 企业将信息发布在网站上，成为以网页形式存在的信息源。

② 搜索引擎将网站、网页信息收录到索引数据库。

③ 用户利用关键词进行检索。

④ 检索结果中罗列相关的索引信息及其统一资源定位符（Uniform Resource Locator，URL）。

⑤ 用户对检索结果进行判断，选择感兴趣的信息，并点击 URL 进入信息源所在网页。

以上便是企业从发布信息到用户获取信息的整个过程，这个过程也说明了搜索引擎营销的基本原理。

完整的搜索引擎营销主要包括以下内容。

• 构建适合被搜索引擎检索的信息源。企业构建的这个信息源不仅要对搜索引擎友好，还要对用户友好，即信息源不仅要符合被搜索引擎收录的要求，还要符合用户搜索、阅读的习惯和要求。

• 创造网页/网站被搜索引擎收录的机会。营销者要想实现搜索引擎营销的目的，就要采取有效措施让自己创建的网页/网站尽可能多地被搜索引擎收录。

• 让网页/网站信息排在搜索结果中靠前的位置。企业不仅要保证网页/网站能够被搜索引擎收录，还要尽量让网页/网站出现在搜索结果中比较靠前的位置，这样才更有利于达到搜索引擎营销的目的。

• 通过搜索结果中有限的信息吸引用户关注。营销者要掌握不同的搜索引擎收录信息的方式，为自己的营销信息设置合适的关键词和具有吸引力的内容创意，使其更具吸引力，能够吸引用户点击进入相关页面。

案例链接

巨量引擎"新搜索"，打造高效"营销枢纽"

随着时代的发展，信息量日益丰富，人们对搜索的需求不再是简单的检索，而是更精准的筛选和更广泛的传播，人们的搜索场景、搜索习惯发生了巨大改变。巨量引擎"新搜索"以"内容激发+视频搜索+看后搜"为特征极大地引起了用户的搜索兴趣。

• 内容激发。繁荣的内容生态激发了用户更高频的搜索动机，用户搜索行为从原本的单一平台"去中心化"，向知识类、短视频类、垂直媒体类等更多元化的内容平台分散、延伸。

• 视频搜索。短视频、中视频等视频化的内容样态具有更高的信息传递效率，在传统图文形式的结果之上，极大地丰富了信息表现形式。

• 看后搜。搜索动机和结果的多样性，以及搜索方式的去中心化，诞生了搜与看相结合的新场景，"边看边搜"成为新的用户习惯。据统计，在巨量引擎浏览后搜索的行为占比已达到57%。

巨量引擎"新搜索"以新的内容载体、新的搜索结果、新的搜索习惯满足了新时代用户的特色需求，这说明搜索引擎已经成为互联网营销枢纽。搜索广告开通了巨量引擎营销新环线，串联线上线下营销动作，衔接巨量引擎内外部营销生态，以流量的高效收口和分发助力品牌实现营销增效。巨量引擎形成的搜索营销新环线包括经营线、内容线、广告线和广告主外部营销线，如图6-1所示。

图6-1 巨量引擎形成的搜索营销新环线

巨量引擎的"新搜索"让用户在"搜索+内容"中形成深入的"认知—转化"循环，联通营销生态撬动更大的商业增长空间。巨量引擎搜索为品牌推广实现了三大价值，如图6-2所示。

图6-2 巨量引擎"新搜索"的三大价值

第一，收口价值。当看后搜成为用户习惯，一方面，搜索承接品牌曝光带来的自然流量，帮助意向用户找回错失的信息，实现转化；另一方面，作为品牌长期占位的收口，让用户在任何时间、任何地点都能在第一时间找到想找的品牌。

第二，联动价值。作为全域营销中各个产品的"最佳拍档"，搜索和巨量引擎生态内其他商业产品、广告主其他渠道的营销动作与资源联动，优化人群覆盖、场景打通、工具加成，实现"1+1>2"的营销效果。

● 搜索+信息流，满足人群覆盖面的互补。

- 搜索+开屏、直播、线下等场景联动，增加转化触点，促进决策。
- 搜索+巨量引擎平台的多样化工具（如巨量千川、巨量星图、巨量云图等），降低营销操作管理成本。

第三，长效价值。除了前链路的曝光承接和联动引流，搜索也是广告主重要的粉丝沉淀入口，将由主动搜索而来的高意向粉丝沉淀至企业号，助益更长远的私域经营。

（二）搜索引擎营销的方式

搜索引擎营销的方式主要有3种，即搜索引擎优化、竞价推广和网盟推广。

1. 搜索引擎优化

搜索引擎优化（Search Engine Optimization，SEO）就是通过对网站进行优化，提高网站信息在搜索结果中的自然排名。SEO是一种免费的营销方式，其涉及的内容主要包括关键词优化、外部链接优化、网站页面优化、网站结构优化等。

2. 竞价推广

竞价推广就是企业支付费用让搜索引擎收录自己的营销信息，付费越多，营销信息在搜索结果中的排名越靠前。竞价推广按点击次数付费，企业可以通过调整关键词的每次点击价格来控制竞价推广的费用，并控制营销信息在特定关键词搜索结果中的排名，也可以根据不同的目标用户设置不同的关键词。

3. 网盟推广

网盟就是网站的广告联盟，网盟推广就是将营销信息投放到有联盟关系的多家网站中。企业在投放营销信息时，可以设置投放地域、人群、网站、关键词等，投放形式包括信息流、贴片、视频、横幅广告等。网盟推广的收费模式分为按点击收费和按展现量收费两种。常见的网盟平台有百度联盟、淘宝联盟、360联盟、搜狗联盟等。

课堂讨论

请同学们分享自己或家人使用搜索引擎的经历，如通过搜索引擎搜索到产品信息，直接下单完成购买等行为。请同学们分享使用经验和感受。

（三）搜索引擎营销的基本流程

营销者实施搜索引擎营销需要有一个清晰、科学的流程，按照流程稳步推进才有可能取得较好的效果，否则即便投入了大量的人力、物力、财力，也只能换来令人失望的投资回报率。搜索引擎营销的基本流程包括以下步骤。

1. 确定营销目标

搜索引擎营销目标会影响营销方案的制定，因此企业实施搜索引擎营销的第一步是确定营销目标，即明确企业实施搜索引擎营销的商业目的，例如，让网站获得更多的流量、提高品牌知名度、进行产品促销等。行业差异、市场地位、市场环境、产品生命周期、目标消费人群等因素会影响搜索引擎营销目标的确定，并对搜索引擎营销策略的制定和实施产生影响。

2. 进行市场分析

市场分析主要包括确定目标用户群体、关键词分析、竞争对手分析和效果预估。

- 确定目标用户群体：确定实施营销的目标用户群体，如学生、老年人、公司白领、IT行业从业者等，并分析目标用户群体的搜索习惯、经常使用的关键词等。
- 关键词分析：根据目标用户群体的搜索习惯确定关键词的范围，分析不同关键词的搜索量，发掘尚未被竞争对手使用的性价比较高的关键词等。
- 竞争对手分析：分析竞争对手所使用的关键词、关键词出价策略、搜索引擎营销创意策略等，分析竞争对手所采取策略的优势和劣势，从中总结经验，汲取教训。
- 效果预估：通过收集竞争对手的数据、企业历史数据等预估实施搜索引擎营销的费用、效果等。

3. 制定营销方案

在综合考虑营销目标、市场分析数据，以及企业提供的预算、时间、资源等因素的基础上，制定科学的、具有可行性的营销方案，如实施搜索引擎营销的平台、投放的关键词、关键词出价、网页设计等，并根据竞争对手营销数据分析、企业自身历史数据等设置合理的营销效果指标，如访问量、转化率、转化成本、平均访问停留时长等。

4. 实施并监测营销方案

按照营销方案进行操作，每天对营销数据和效果进行监测，可以适时地对营销方案进行微调，但要避免大幅度波动，保持稳定投放。

5. 优化营销方案

每天、每周、每月、每个季度或者在指定的时间范围内对营销数据进行统计与分析，生成营销效果分析报告，然后将报告中营销达成的效果数据与设定的目标数据进行对比，指出营销取得的成绩与存在的不足。综合分析营销效果分析报告、营销预算、效果预估、市场变化等因素，对营销方案进行调整与优化，以不断提升营销效果。

需要注意的是，优化营销方案包括两个方面的内容，一是对原来的营销方案进行调整与优化，二是在分析市场变化和新数据的基础上，尝试设计新的营销方案，不断提升营销效果。如果营销方案达到的实际效果与预估效果差异太大，则需要回到确定营销目标这一步，重新调整、制定营销方案。

任务二 实施搜索引擎优化

搜索引擎优化是通过一定的手段使网站对用户和搜索引擎更友好，从而更容易被搜索引擎收录及优先排序。

（一）搜索引擎优化的概念

搜索引擎优化即 SEO，是指在了解搜索引擎自然排名机制的基础上，对网站进行内部及外部的调整优化，提高网站在搜索结果页上的自然排名，精准吸引用户进入网站，获得免费流量，从而达成网站销售及品牌建设的目标。SEO 涉及网站结构优化、页面优化、内容优化及外部优化等内容。虽然百度、360 搜索、搜狗搜索各自的搜索技术不同，但其基本原理是相似的。

在对网站进行 SEO 的同时，营销者需要将用户体验、用户转化等进行有效整合，形成重要的销售手段。SEO 是搜索引擎营销的一部分。企业除了实施 SEO 外，还要开展微信营销、微博营销、QQ 营销、软文营销等，将营销方式进行整合才能达到更好的效果。

（二）网页分析

网页分析是搜索引擎营销的基础，它为搜索引擎营销提供方向上的指导，以提高网页在搜索结果页上的排名，提升搜索引擎营销的效果。

网页分析主要包括网站流量分析、网页访问数据分析、网页搜索排名分析和网页竞争分析。

1. 网站流量分析

网站流量分析主要是对网站的各种数据及其指标和趋势进行分析。数据趋势和数据本身能够在一定程度上反映网站的运营状态和搜索引擎营销的效果，直接或间接地指导搜索引擎营销工作。基本的数据指标包括流量来源、浏览量与访客数、网站跳出率、平均访问页面数及平均访问时长。

（1）流量来源

网站的流量来源主要包括直接访问来源、搜索引擎来源和外部链接来源。

直接访问来源是指受众直接在浏览器中输入网址或通过单击浏览器收藏夹中的网址进行的访问，是衡量网站知名度的指标。

搜索引擎来源是指受众通过单击搜索引擎的搜索结果页面进行的访问，反映了网站搜索引擎优化和搜索竞价营销的水平。

外部链接来源是指受众通过单击其他网站中的外部链接进行的访问，反映了网站受欢迎的程度和网站外部推广工作的效果。

（2）浏览量与访客数

页面浏览量（Page View，PV）是指网站被浏览的总页面数。如果浏览量很高，说明网站内容对目标受众有很强的吸引力。

访客数（Unique Visitor，UV）是指通过互联网访问、浏览该网站网页的总人数。

（3）网站跳出率

网站跳出率是指目标受众进入网站后，只浏览了一个页面就离开的访问次数与网站的总访问次数的百分比。跳出率越高，代表进入网站后马上离开的目标受众越多，说明网站体验不好，或者网站内容不符合受众需求；跳出率越低，则说明目标受众能够在网站中找到自己感兴趣的内容，可能会再次浏览该网站，从而增加目标受众的回访次数，提高网站的转化率。

（4）平均访问页面数

平均访问页面数也称访问深度，是指每个受众在单次浏览网站的过程中平均访问页面的数量，其计算公式：平均访问页面数＝浏览量÷访客数。平均访问页面数越大，说明受众体验度越高，网站的黏性越强，受众对网站的内容越感兴趣。

（5）平均访问时长

平均访问时长是指所有受众在一次浏览网站的过程中所用的平均时间。如果某网站的平均访问时长逐渐增加，说明目标受众进入网站后的浏览时间越来越长。

平均访问时长并不一定越长越好，要分情况而定。新闻资讯或网络社区类网站的平均访问时间越长，意味着受众在这些网站中越可能找到有价值的信息；而对于购物类网站来说，访问时间过长则有可能是因为受众找不到目标信息，此时需要对网站进行优化，让目标受众尽快找到购物目标，从而实现转化。

2. 网页访问数据分析

网页访问数据包括受访页面、受访域名、入口页面和页面点击图等数据，通过这些数据可以对受众访问网站的具体情况进行分析。

（1）受访页面

受访页面是指在一定时间段内实际访问到的页面，通常可以在网站的受访页面报表中获得相关数据，如浏览量、访客数、平均停留时长等数据。通过分析受访页面数据可以得出哪个页面更受欢迎，哪个页面有待优化。

（2）受访域名

有些网站可能有多个域名，通过分析受访域名报表可以得出目标受众访问网站的主要域名。目标受众访问域名少的，需要进行优化。

（3）入口页面

入口页面是目标受众访问网站时打开的第一个页面。通过对入口页面的相关数据进行统计，可以得到网站中各个入口页面的具体数据，包括每个入口页面所贡献流量的比例及趋势，每个入口页面的访问次数、访客数、跳出率、平均访问时长、平均访问页面数和贡献浏览量，每个入口页面的新访客数及其所占的比例，每个入口页面的转化次数和转化率等数据。

（4）页面点击图

页面点击图可以反映目标受众的点击情况，反映受众的总体访问情况和点击偏好。通过分析页面点击图，营销者可以了解访客在网站上的关注点，并根据点击热度优化网页设计。

3. 网页搜索排名分析

营销者在进行搜索引擎营销之前应该进行网页搜索排名分析，跟踪并统计网页所有核心关键词的排名变化情况，以及每天的搜索词排名情况等。

（1）确定网页核心关键词

在 HTML（超文本标记语言）中，title、keywords、description 可分别翻译为标题、关键词、描述，它们是网站内容描述的重要组成部分。

在进行搜索引擎营销时，营销者要注意"关键词"的概念与"keywords"元素的概念不同，前者范围更广，除了指"keywords"元素中的关键词外，还可以指"title"和"description"中的关键词、网页内容中出现的关键词、搜索竞价营销中使用的关键词等。

在进行网页搜索排名分析前，营销者可以通过查看网页源代码的形式查看网页 Meta 标签（用于描述网页文档的属性，如作者、日期和时间、网页描述、关键词、页面刷新等）中的 title、keywords、description 元素中的关键词，确定核心关键词，也可以利用其他站长统计工具查看网站 title、keywords、description 元素中的核心关键词。

（2）查询网页关键词排名

为了更好地了解当前网页的搜索排名情况，营销者一方面可以模拟目标受众的搜索行为，在主流搜索引擎中搜索核心关键词及相关关键词，查看不同关键词下的网页排名；另一方面，可以借助第三方工具，输入网址查看网页的核心关键词及排名情况。

（3）分析网页关键词排名

使用相关工具查询网页关键词排名后，营销者要建立关键词排名统计表，根据表中关键词排名的变化调整关键词优化方案。营销者每隔一段时间就要将查询到的关键词排名数据添加到关键词排名统计表中，经过一段时间的统计后，就可以观察到关键词排名的变化。

4. 网页竞争分析

网页竞争分析是网页分析中的关键一步。营销者要想掌握关键词的竞争情况，找到性价比更高的关键词，就要做好网页竞争分析。网页竞争分析可以从竞争程度和竞争对手两个方面来进行。

（1）竞争程度分析

营销者在选择关键词时，原则是搜索量要大、竞争程度要小。搜索量可以直接利用关键词分析工具查询，但竞争程度的判断相对复杂。

分析竞争程度时，营销者可以综合搜索结果数、intitle 结果数、关键词搜索指数等指标的分析结果进行判断。一般而言，相关数据指标的数值越大，意味着竞争越激烈。

① 搜索结果数。它是搜索引擎经过计算后认为与搜索词匹配的页面数，能够直观地反映出关键词的竞争程度。例如，某一时刻在百度搜索框中输入关键词"绘本"，其搜索相关结果如图 6-3 所示，相关搜索结果有大约 100 000 000 个，说明竞争非常激烈。

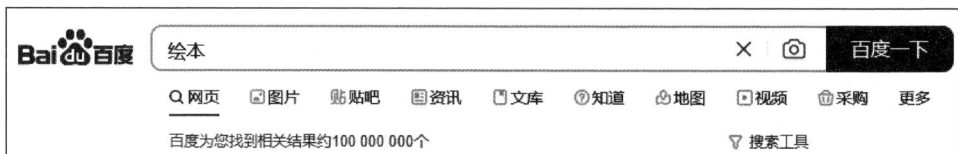

图 6-3　通过百度搜索"绘本"的相关结果数

② intitle 结果数。intitle 是搜索引擎优化中常用的高级搜索指令。intitle 结果数是指标题中包含某关键词的网页的数量，其查询语法："intitle：关键词"。结果数越大，表示竞争越激烈。例如，某时间在百度搜索框中输入关键词"intitle：空调"，搜索结果如图 6-4 所示，说明竞争非常激烈。

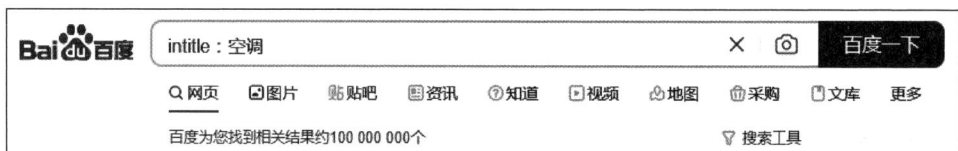

图 6-4　通过百度搜索"intitle：空调"的相关结果数

③ 关键词搜索指数。指数化的搜索量反映了关键词的搜索趋势，不等同于搜索次数。一般来说，关键词搜索指数越高，目标受众搜索的次数也就越多，就会有越多的企业对该关键词进行优化或竞价，竞争程度也就越大。

（2）竞争对手分析

营销者在进行搜索引擎营销时，要善于分析竞争对手网页的关键词及搜索排名，然后有针对性地制定营销策略。

① 竞争对手关键词分析。对竞争对手网页中不同词性的关键词（如品牌词、产品词、行业词、长尾词等）进行分析对比，利用搜索结果分析竞争对手的落地页，看其指向是否与搜索词相关。如果品牌词指向首页，产品词指向专题页面，行业词指向栏目页，长尾词指向内容页，说明其网页的关键词布局较好，竞争对手实力相对强劲。

② 竞争对手搜索排名分析。营销者可以借助第三方平台查看竞争对手的排名表现，甚至可以把竞争对手布局过但自己未布局的关键词挖掘出来进行补充，还需要结合自身网站的具体情况进行调整。

（三）关键词优化

关键词是指用户搜索信息时在搜索框中输入的词语或短语，可以是中文、英文、数字，也可以是中英文和数字的混合体。关键词是实施搜索引擎优化的基础。恰当地进行关键词优化可以帮助网站在搜索引擎上获得较高的排名，更容易地被用户发现。关键词优化主要包括关键词挖掘、关键词分布和关键词分析。

1. 关键词挖掘

挖掘关键词的方法主要有以下几种。

（1）挖掘同类网站关键词

挖掘同类网站关键词有以下优势。

- 更高效。只需要利用网站关键词分析工具（如百度权重工具）将竞争对手的关键词提取出来，速度快，使用方便、简单。
- 更准确。通过工具查询的关键词一般是用户真实搜索的词，很少存在无效或无人搜索的词。
- 更有竞争力。通过分析同类网站关键词的排名、关键词搜索量、网站的权重，可以找出自己可以使用的具有竞争力的关键词。

（2）搜索引擎提示

当用户搜索某个关键词时，搜索引擎会在用户输入的同时弹出关键词提示框，对关键词进行提示。例如，通过百度搜索关键词"营销"，提示框会列出用户搜索词的相关长尾关键词，如图 6-5 所示。另外，搜索引擎还会在搜索结果页面底部提示相关的搜索词，如图 6-6 所示。

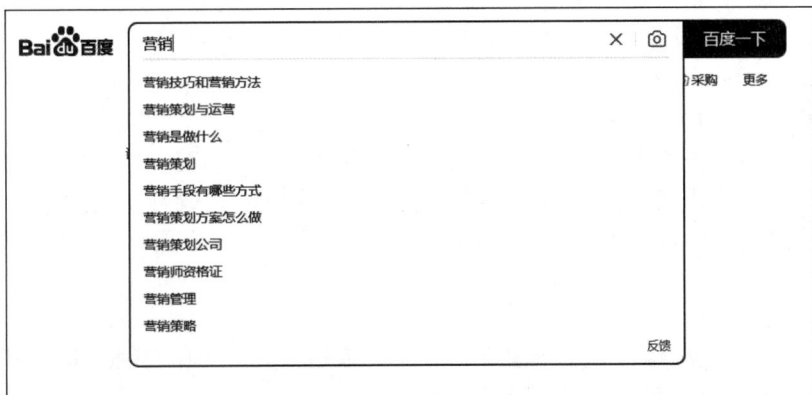

图 6-5　通过百度搜索"营销"的相关长尾关键词

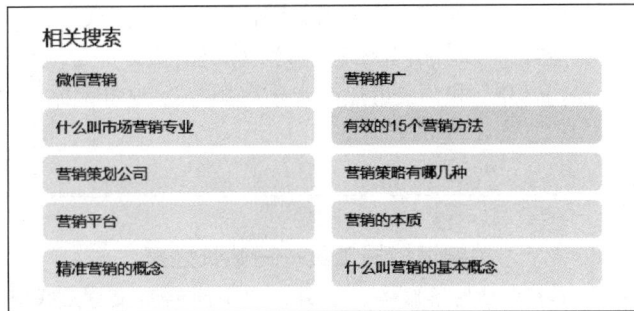

图 6-6　通过百度搜索"营销"，搜索结果页面底部出现的相关搜索词

其他搜索引擎也都有这一提示功能，利用这种方法挖掘的关键词都是用户经常搜索的关键词，得到的结果相对于其他方法更真实、更准确。

（3）挖掘长尾关键词

无论网站的大小或网站的主要关键词排名如何，网站要想获得巨大的流量，都离不开长尾关键词。长尾关键词主要布局于网站内页。从网站的内页数量来看，需要的长尾关键词非常多，所以挖掘大量的长尾关键词就成了十分重要的工作。

挖掘长尾关键词的方法很多，常用的是利用长尾关键词挖掘工具（如追词助手）对一个选定的关键词进行不断扩展，然后生成目标关键词的各种长尾关键词。与其他挖掘方法相比，这种挖掘长尾关键词的方法具有速度快、范围广、数量多的特点，一般输入一个短关键词，如网站的主关键词，只需使用软件不停地挖掘关键词，即可将其导出为表格，在日常优化中效果非常好。

（4）拓展联想挖词法

拓展联想挖词法是对用户搜索习惯以及产品或服务可具有的其他附加属性相结合形成的一种基于发散、联想的人工拓词方法。针对网站已经挖掘好的关键词，营销者可以基于主观经验和联想挖词，将关键词结合地域，领域，品牌、型号，产地，质地，特点等进行各种拓展、变形和组合，获得更贴合搜索用户思维的关键词。

- 地域。在拓展出来的关键词前后或者中间插入诸如"北京""上海"等地域词，用于获取大量竞争小的词的排名。
- 领域。插入行业属性词，例如，从事一种专门活动或事业的范围、部类或部门，"食品销售""销售"就属于领域词。
- 品牌、型号。在拓展出来的关键词中插入品牌、型号等描述词。
- 产地。产地描述包括国家、地区或省份等。
- 质地。插入产品的材质或软硬等特性词，用于描述产品或服务。
- 特点。如插入"耐水洗""防辐射"这类词等。

（5）问答平台提炼挖词法

问答平台是用户查找信息、解决问题时经常使用的平台，用户通过自助模式在平台上提出问题，其他用户会做出回答。如果某个问题浏览量非常大，说明关心此问题的用户众多，也就是说，更多的人会搜索这个问题，这样就可以提炼这些问题的关键词，进行有针对性的关键词优化。

（6）用户搜索习惯挖词法

在发布网站内页文章时，营销者会非常注重文章的标题，希望标题能更符合用户的搜索习惯，以获得更高的匹配度，从而得到较高的排名。

营销者根据用户的搜索习惯，在编辑文章标题时会联想用户搜索该关键词时会使用什么样的说法，从而优化内页的标题。例如，用户搜索关键词"最近热门音乐"，有很多人也会搜索关键词"最近热门音乐有哪些"，所以营销者在编辑文章标题时最好完全地写出来，这样搜索引擎分词时可以分为"最近热门音乐"和"最近热门音乐有哪些"，这样网站内页文章在两种情况下都能获得较好的排名。

案例链接

关键词挖掘工具——站长之家

站长之家是一个专注于基础网络服务，致力为中小网站站长与互联网创业者提供交流服务的平台，能够为用户提供创业资讯、建站资源、网站优化建议、网站数据监控、社区产品等多个类别的服务。

进入站长之家首页，单击"站长工具"下拉按钮，选择"SEO 综合查询"选项，在打开的页面中单击"SEO 优化"下拉按钮，选择"关键词挖掘"选项，打开关键词挖掘页面，在搜索框中输入关键词，如"英语培训"，然后单击"查询"按钮。在搜索结果页面中，可以针对该关键词进行长尾词挖掘、竞价词挖掘、指数词挖掘、相关词挖掘、下拉词挖掘，并查看该关键词的需求图谱，从而得到更多的关键词。例如，"英语培训"的长尾词挖掘结果如图 6-7 所示。

图 6-7 "英语培训"的长尾词挖掘结果

课堂讨论

你在搜索引擎平台搜索感兴趣的信息时，一般如何输入关键词？在搜索结果页面中，你能看到自己想要的信息吗？你觉得影响搜索结果的因素有哪些？

2. 关键词分布

选好关键词后，营销者要将关键词分布到网页中的适当位置，这样有利于增大网页被收录和被搜索到的概率。

（1）关键词的位置

营销者可以按照关键词的重要程度将选好的关键词分为核心关键词、一级关键词、二级关键词、长尾关键词等不同的组别。核心关键词是网站确定的主要关键词，其搜索量最多，重要程度也最高；一级关键词的搜索量较核心关键词少，一般是行业名称或产业名称，如"女装""男装""女鞋""男鞋"等；二级关键词是在一级关键词的基础上扩展出来的关键词，搜索量较一级关键词少，例如，一级关键词"男装"可以扩展出"职业男装""休闲男装""运动男装"等二级关键词；长尾关键词的等级次于二级关键词，其搜索量比二级关键词少。

营销者可以将不同组别的关键词分布在网页不同的位置。网站关键词的分布应呈三角形，具体分布情况如图 6-8 所示。

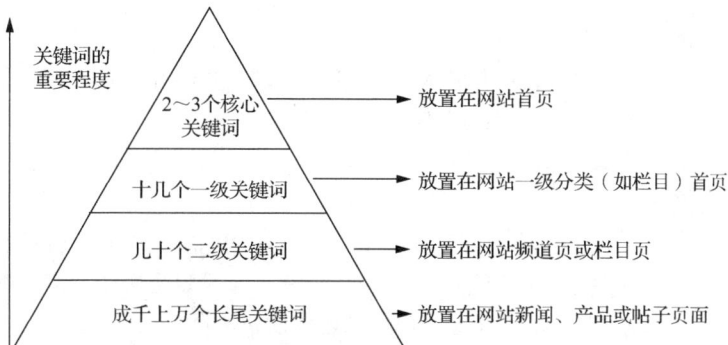

图 6-8 网站关键词的分布情况

（2）关键词的密度

关键词密度是指关键词字符总长度与页面文本内容总长度的比值，它是反映关键词在网页中出现情况的指标，通常以百分比的形式出现。关键词字符总长度也与关键词出现的次数有关，关键词出现的次数越多，关键词的密度就越大。例如，某网页中共有 1 000 个字符，该页面设置的关键词为 3 个字符，在该页面共出现了 5 次，则关键词的密度为 1.5%。

一般来说，一个网页上比较合适的关键词密度为 2%~8%，关键词的密度过小，就无法实现搜索引擎优化的效果；关键词密度过大，则容易被搜索引擎认定为关键词堆砌，甚至会被搜索引擎认定为作弊，进而受到搜索引擎平台的违规处罚。

3. 关键词分析

关键词分析又称关键词定位，是 SEO 工作中非常重要的环节，之后的工作都是围绕选定的关键词进行的，选择合适的关键词能让企业获得更多的流量。营销者要根据实际情况选择关键词，关键词并非越多越好。关键词分析包括关键词关注度分析、关键词与网站相关性分析、竞争对手分析、关键词布局和关键词排名预测等。

（1）关键词关注度分析

关键词关注度可以从百度指数、360 指数、收录结果数、首页主域名数、知名网站数、竞价结果数等维度来衡量。

（2）关键词与网站相关性分析

关键词与网站相关性分析，即分析所列举出的关键词与网站的相关性。搜索引擎中存在大量的数据，形成了一个数据库。当搜索关键词时，网站能够第一时间出现，就会认为关键词的相关性是极高的。网站的定位决定了关键词的选择，只有对网站有了清晰的认识之后，在选择关键词时才会符合实际。

（3）竞争对手分析

分析竞争对手的目的在于了解竞争对手的网站实力、所处的 SEO 时期、内外优化的策略手段、关键词策略等，知己知彼，才能更好地确定自己网站的关键词及优化策略，以最小的成本获得最大的成效。

（4）关键词布局

传统的关键词布局讲究"四处一词"（即标题、关键词、描述、文章、锚文本）都要加上关键词，现在关键词布局更讲究符合用户体验，自然融入关键词。

（5）关键词排名预测

在进行关键词排名预测时，营销者要尽量将关键词排名时间进行量化处理，制定任务，例如某个关键词要在两个月内排名出来。

（四）网页 SEO

网站都是由不同的页面组成的，所以网页是整个网站的核心组成部分。网页 SEO 又称网页搜索引擎优化、网页排名优化，即通过对网站进行内容、结构、链接、关键词布局等方面的优化，提高关键词排名，以及企业品牌或产品的曝光度。

1. 网站内容优化

网页搜索引擎优化的目的是为目标受众提供更加优质的内容，把真正优质、可靠、权威性高的网页排到前边；而网页主体内容是网页的价值所在，是满足目标受众需求的前提与基础。

网页搜索引擎优化对优质内容的衡量可以形象地概括为内容的"身份""外表""内涵""口碑"。

- "身份"是指生产企业的权威可信度，内容的生产者需要有专业的认证，专注发布内容的领域，被公众认可，并有一定的影响力。

●"外表"是指浏览体验的轻松愉悦程度，如果页面加载速度越快、内容排版越精美、图像清晰度越高，那么目标受众的浏览体验就会更加轻松愉悦。

●"内涵"是指内容的丰富度和专业度，如文章主题突出、逻辑清晰，可以给目标受众提供丰富、全面且专业的信息。

●"口碑"是指目标受众的喜爱程度，如内容被大量目标受众喜爱，使他们产生强烈的分享欲和互动意愿。

不同类型页面的主体内容不同，搜索引擎判断不同类型页面的内容价值时的关注点和优化的方向也有所区别。

网站内容优化分为内容型页面优化和提供服务的页面优化。

（1）内容型页面优化

提供内容的页面是指以文字、图片、视频等为主要内容的页面。提供内容的页面首先应该保证内容中的文字、图片、视频之间是高度相关的，内容统一，不能有文不对题、图文不符的情况出现。文字内容应表述清晰、内容丰富、排版精美；图片内容应信息全面，视觉效果好；视频内容可看性强，浏览体验好，具有拓展升华性。

（2）提供服务的页面优化

提供服务的页面是指以提供查询、下载、购买等功能为主的服务页面。这类页面首先应该保证功能真实可用，操作便捷，不能有虚假信息、诱导关注等影响搜索体验的情况。在此基础上，要使其可读性强，信息丰富。

可读性强是指页面的主要信息详细完整，表达明确，主题突出；页面中的配图、视频画质高，浏览顺畅；内容排版整齐，段落分明，阅读时通顺流畅，没有错字、漏字等给用户造成误解的情况，配文可以为用户提供一定的解释说明。

信息丰富是指在满足用户主要需求的基础上，有其他与主题相关的增益内容。例如，在天气查询页面中，额外增加穿衣搭配建议和出行建议；页面有趋势图、动态效果等多元的方式来呈现内容，使目标受众可以直观地获取所需信息；评论区内容丰富，有大量真实用户的反馈，语言中肯且有参考价值。

2. 网站结构优化

网站结构优化能够正确表达网站的基本内容及其内容之间的层次关系，从用户的角度考虑，使用户在网站中浏览时可以方便地获取信息。

总的来说，合理的网站结构主要表现在：通过首页可以到达任何一个一级栏目首页、二级栏目首页及最终内容页面；通过任何一个网页可以返回上一级栏目页面，并逐级返回首页；主栏目清晰且全站统一；通过任何一个网页可以进入任何一个一级栏目首页。

网站结构优化就是对网站页面的存储方式（即物理结构）及内部链接关系（即逻辑结构）进行合理调整，以减少页面的目录深度、与重要页面之间的链接深度，以及增加重要页面的链接入口，从而增大这些页面的权重，增大被搜索引擎收录的概率。

（1）物理结构优化

物理结构优化主要是为了减少页面的目录深度，站在 URL 的角度，实际上就是减少页面 URL 的目录层次，精简目录结构。

（2）逻辑结构优化

逻辑结构优化主要是减少页面之间的链接深度，包括减少普通页面与重要页面之间、重要页面与重要页面之间的链接深度，以及为网站中相对重要的页面增加更多的链接入口。

在相对重要的页面中存放更多链接指向其他页面，这样不仅可以减少页面之间的链接深度，还可以引导搜索引擎抓取网站中更多相对重要的页面。例如，对网站的首页，可以在合理的范围内加上更多指向其他相对重要页面的链接。

为了让用户能够快速获取所需信息，同时让搜索引擎通过一个页面就抓取到网站中最重要的页面，可以为网站建立"网站地图页面"，即网站内部导航页面。该页面中包含了网站中最重要页面（如主要的频道及栏目）的链接入口。这样不管是普通用户还是搜索引擎，都能通过这个页面快速获取网站中最重要的内容。

例如，京东商城的导航栏品类清晰，方便用户查找，具体如图6-9所示。

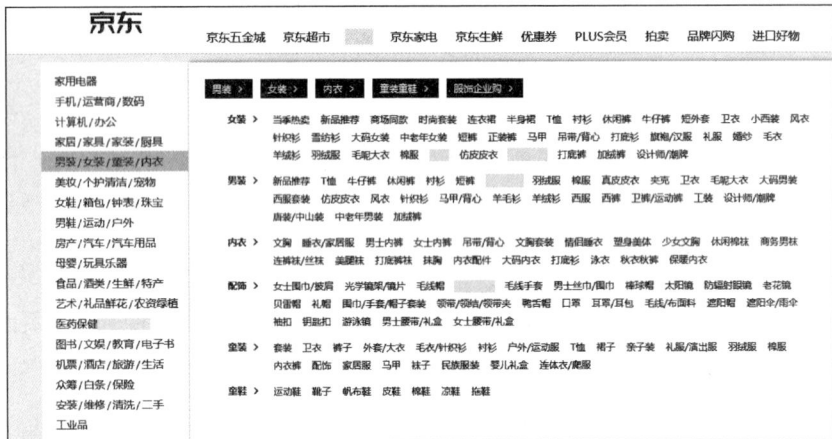

图6-9　京东商城的导航栏

3. 网站链接优化

链接也被称为超链接，主要是指从一个网页指向另一个目标网页的连接元素，如文本、图像、URL等。当用户单击链接后，链接目标将自动显示在浏览器上，并根据目标的类型来运行。链接也属于网页的一部分，各个网页链接在一起后才能构成一个真正的网站。网站链接优化主要分为内部链接优化和外部链接优化。

（1）内部链接优化

内部链接是在同一网站域名下的内容页面之间的相互链接，可以对首页、栏目页和内容页进行合理的站内链接布局；可以建立站点地图，方便网络爬虫了解网站的结构，增加网站重要页面的收录量等。

内部链接优化主要有以下方法。

● 网站导航。网站的栏目导航应当按照重要程度来进行排序，重点要推的栏目链接的位置要靠前，各个频道、栏目的导航尽量使用文字，这样有助于搜索引擎的顺利抓取。网站导航中的链接文字应该准确、自然地描述所指向页面的内容，这样也方便搜索引擎通过链接文字了解这些栏目页的具体内容。

● 建立网站地图。创建一个将所有内容终极页都包含在内的完整网站地图，也就是全站文章索引页，同时将这个链接放置在首页上，以便搜索引擎发现和抓取该网站地图页面。如果是大型网站，按照栏目列出主要的类别即可。

● 创建404错误页面。自定义的404错误页面会使网站显得更加友好，有可能会留存即将退出的用户。404错误页面要留一个返回到网站首页的链接，并做出一些温馨的提示，也可以放置一些网站重点要推的栏目或文章。

- 使用相关链接。在文章内容页列出与其相关的文章、热门的文章、推荐的文章、随机的文章、上一篇文章、下一篇文章等，这些都是网站的内部相关性链接。这样容易增强用户的黏性，同时提高网站的流量。

（2）外部链接优化

外部链接是指从别的网站导入自己网站的链接，因此又被称为导入链接。优质的外部链接往往具有相关性强、权重高、导出链接少、权威性强等特点。营销者可以充分利用各种工具（如百度站长）来搜寻相关站点。

外部链接优化主要有以下方法。

- 遵循质量大于数量的原则，且与来源网站的内容应具有相关性，来源网站的权重越高越好。
- 可以在相关论坛、微博、知乎等平台进行外链建设。
- 可以通过友情链接进行外链的建设。

4. 关键词布局优化

一个网站中的关键词有很多个，在对网站进行优化时，营销者不可能把所有的关键词都放在首页上，而需要将这些关键词合理地分布在整个网站上，并避免关键词堆积，这样有利于增加收录量和浏览量。对关键词进行布局主要包括在网页标题中布局关键词、在网页关键词中布局关键词、在网页描述中布局关键词等，而关键词的布局优化也主要从这3个方面展开。

（1）网页标题（title）优化

网页标题用于告知用户和搜索引擎网页的主要内容，搜索引擎在判断网页内容的权重时，网页标题是重要参考信息之一。网页标题会在浏览器的标题栏中显示，也会在搜索引擎的搜索结果中以超链接的形式显示。

① 网页标题的编辑。在编辑网页标题时，营销者要注意以下几点。

- 标题的主题要明确，应包含网页中重要的内容。
- 文章页标题中不要加入过多的描述，以免分散用户的注意力。
- 要使用用户熟知的语言进行描述。
- 标题要有吸引力，能够让用户产生兴趣和信任感。

② 网页标题长度适宜。网页标题不能太长，一般不要超过30个中文字符，否则可能会显示不全，如图6-10所示。

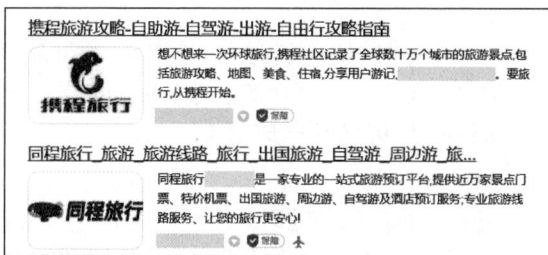

图6-10　网页标题的长度

③ 各网页的标题不宜重复。网页标题是网页主要内容的概括，搜索引擎可以通过网页标题迅速地判断网页的主题。每个网站都由一个首页、几个栏目页、大量文章页或产品详情页组成，因此每个网页都应具备一个独一无二的标题，这样才能与其他页面进行区分。

要避免网页标题重复的问题，营销者要注意以下几点。

- 首页标题命名规则：网站首页可以采取"网站名称—关键词1,关键词2,关键词3……"的形式进行命名，并且网站名称和关键词应采用不同的分隔符分开。

- 栏目页标题命名规则：栏目页可以采用"栏目页名称—关键词1,关键词2,关键词3……—网站名称"的形式进行命名。
- 文章页或产品详情页标题命名规则：文章页或产品详情页可以采用"文章名称或产品名称—栏目页名称—网站名称"的形式进行命名。

（2）网页关键词（keywords）优化

这里的关键词指的是网页源代码中"keywords"属性值中的关键词，与标题紧密相连，形成前后呼应的关系。keywords中的内容只有搜索引擎才能看到，在网页和搜索结果页中不会显示。

在设置网页关键词时，营销者要注意以下几点。

- 数量不能太多：关键词的数量不能太多，通常情况下选择3～5个关键词，能够体现网站的主要服务即可。
- 以英文半角逗号隔开：搜索引擎要求各个关键词之间应该以英文半角逗号隔开。
- 不要使用生僻词汇：关键词应易于检索，过于生僻的词汇不适合作为关键词。

（3）网页描述（description）优化

在网页优化过程中，网页描述对网站的排名也有重要的影响。搜索引擎可以通过网页描述了解网页内容。网页描述是对网页内容的精准提炼和概括。

在设置网页描述时，营销者要注意以下几点。

- 语句要通顺连贯：网页描述必须兼顾用户体验，确保语句通顺连贯，具有一定的吸引力，并能准确地概括网页内容。
- 融入必要的关键词：在设置网页描述时，营销者可以将标题中的关键词融入其中，还可以再添加一些次要关键词，以提高网页的收录率。
- 长度要合理：网页描述的长度不要太短，也不能太长，尽量控制在40～80个中文字符。
- 为每个网页设置不同的描述：每个网页都必须有对应的网页描述，不要将整个网站的网页描述都设置成同样的。

（五）网站SEO的实施

网站SEO的实施对技术的要求相对较高，整个工作流程贯穿网站的策划、建设、维护的全部过程，需要按照相应的步骤来进行。下面将对网站SEO的实施步骤进行介绍。

1. 网站定位

实施网站SEO的第一步就是网站定位，其目的是确定网站在互联网上扮演的角色、向目标受众群体传达的核心概念、通过网站发挥的作用等。对于SEO而言，网站定位非常关键，营销者只有明确了网站定位，才能有序地进行下一步工作。

2. 关键词定位

营销者可以根据网站定位选择合适的关键词，让网站获得更多的流量。关键词定位包括设定核心关键词、次要关键词、长尾关键词等，以及做好关键词关注度分析、关键词与网站相关性分析、竞争对手分析和关键词布局等。

3. 结构优化

合理的网站结构更有利于搜索引擎收集网站内容，从而使网站在搜索结果页面中的排名靠前，便于目标受众搜索到。网站结构一般采用扁平结构或树形结构。

（1）扁平结构

扁平结构如图6-11所示。整个网站以首页为起点，延伸出的页面都是以网站主域名为基础的页面或栏目，所有页面只需点击1～2次即可到达。该结构适用于产品单一的企业官方网站。

图6-11 扁平结构

（2）树形结构

树形结构较扁平结构更为繁杂，层次更多，如同枝繁叶茂的大树，由主干、主分支、子分支、树叶等组成，如图6-12所示。但从首页开始，不超过4个层级就应达到最终页面。此结构适用于电商或资讯类网站。

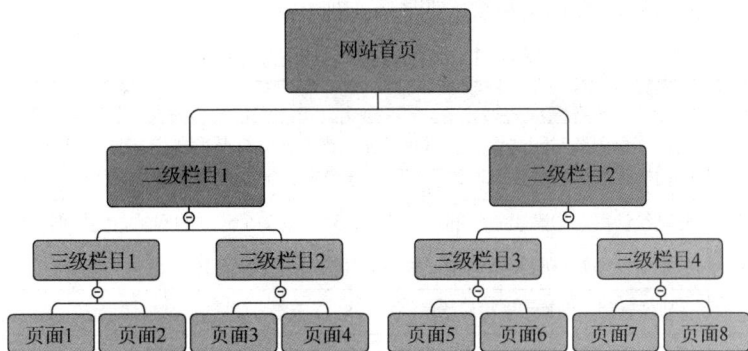

图6-12 树形结构

另外，营销者应根据网站结构制作网站地图，让搜索引擎通过网站地图就可以访问整个站点上的所有栏目和网页。网站地图有两种格式，一种是HTML格式，可以方便用户快速查找站点信息；另一种是XML格式，可以方便搜索引擎获取网站的更新频率、更新时间和页面权重等信息。

4. 页面优化

网站页面的好坏将直接影响网站在搜索引擎中的收录量，而收录量是搜索引擎权重的一个重要指标，因此网站页面优化也是比较重要的一个步骤。一般网站的页面类型大致可以分为首页、栏目页、专题页、内容详情页等。在对网站页面进行优化时，营销者不能只优化首页，也要优化栏目页、专题页和内容详情页，这样才能达到网站优化的目的。

首页和栏目页一般是比较固定且重要的，所以要重点进行优化；专题页的时效性、针对性非常强，所以在优化过程中需要重点体现；内容详情页则应根据内容的重要程度有所偏重。

5. 内容优化

网站内容优化首先要做到的就是坚持内容更新。在网站中定期添加新的内容，会使网站有大量的页面被搜索引擎收录，从而使网站有机会抢占更多的关键词，进而提高网站的权重。要提高内容的质量，增加符合用户需求的原创内容是积累搜索引擎信任度的较佳途径，这不仅仅是为了在短期内提高网站排名，更是为了长期保持较高的网站权重。

网站权重对网站来说非常重要。例如，在多个网站上都有一篇相同的文章，有着较高权重的网站会让搜索引擎更愿意相信来源于此网站的信息，因而给予其更高的排名。

一般企业网站的常规栏目包括企业新闻、产品介绍、企业简介等与企业有关的内容，要想做到经常更新比较困难，可以考虑创建行业新闻、问答、专家讲堂等资讯类栏目。另外，在保持网站推广更新的同时，还要注意文章的质量，权威性强的文章更有机会在站外被引用。

6. 导入外部链接

导入外部链接是 SEO 中非常重要的步骤，因为外部链接越多，网站能获取的流量也会越多，这会提高网站的权重。

从权重高的网站链接到自己的网站时，可以从这些权重高的网站上获取搜索引擎权重，从而提高网页在搜索引擎结果页上的排名。导入外部链接的方法有很多，主要包括友情链接、平台推广等。

7. 数据监控与分析

要真正做好 SEO，数据监控与分析是必不可少的。网站 SEO 的数据监控和分析能够对网站的 SEO 健康指数进行评估，及时发现网站的 SEO 趋势，并采取相应的措施，提升网站的 SEO 健康指数。数据监控与分析的 6 个要素，如表 6-1 所示。

表 6-1　数据监控与分析的要素

要素	说明
监控页面抓取情况	监测搜索引擎对网站页面的抓取情况，是网站 SEO 数据监控与分析的第一步。这需要分析网站日志，统计各类主流搜索引擎的来访情况并记录下来，每日更新
监控页面收录情况	分别统计每个搜索引擎总的收录情况，对于有多个分站的网站，要分别记录其情况
监控关键词排名	分别统计网站核心关键词和长尾关键词的每日排名情况
监控 SEO 流量	分别统计每个搜索引擎每日给予网站的 SEO 流量，包括访问数、页面数、跳出率、停留时长等
监控外部链接	记录主流搜索引擎的外部链接数据。记录所有外部链接 URL，检查、记录异常外部链接，并中断其链接
使用百度站长工具	每日使用百度站长工具进行检测，对发现的问题及时进行记录，并予以解决

SEO 不可能一步到位，需要日积月累、坚持不懈才能达到一定的效果。只有通过长期的数据监控和分析，找到网站 SEO 的动态发展曲线，才能对网站的 SEO 发展趋势进行准确判断，从而为网站的优化带来较大的帮助。

任务三　实施搜索引擎竞价推广

搜索引擎竞价推广是企业开展网络营销活动的重要方式之一，对搜索引擎竞价推广账户进行优化，能够快速地使企业广告信息在搜索引擎搜索结果中取得较高的排名，让企业的网络营销活动获得良好的效果。

（一）搜索引擎竞价推广的概念

搜索引擎竞价推广，简称竞价推广，也称搜索引擎广告、竞价广告，是将企业的产品或服务等以关键词的形式在搜索引擎平台上推广的一种付费广告。企业用少量的投入就可以带来大量的潜在用户，有效提高企业的销售额。企业开通该项服务后，筛选一定数量的关键词作为推广信息，这些推广信息就会首先出现在目标用户的搜索结果中。

例如，企业开通百度竞价推广账户后，向百度支付一定数额的推广费用，百度搜索引擎就可以将企业的广告信息在搜索结果页面的前面显示。这样企业网站不需要通过优化网页信息，就可以在搜索结果页面的前面显示。例如，在百度搜索"营销培训"后，搜索结果页中排在前面的就是竞价广告，带有"广告"标志，如图 6-13 所示。

图 6-13　百度竞价广告

（二）竞价推广的优势与规则

竞价推广作为一种付费推广方式，不同于企业网站开展的 SEO，它有着自身独特的营销优势与规则。

1. 竞价推广的优势

竞价推广的营销优势如下。

（1）定位精准

竞价推广可以通过关键词锁定有需求的目标用户，营销者选择好要推广的关键词后，推广信息只会出现在搜索这些关键词的潜在用户面前，再通过设置投放地域和投放时间，将推广信息精准地覆盖到特定地区、特定时段的用户，这样可以极大地提升营销效果。

（2）预算可控

与传统媒体广告不同，竞价推广的预算费用可以有效控制。以百度竞价推广账户为例，营销者在推广账户中可以灵活地设置推广预算，也可以通过控制关键词的数量、位置、投放地域、投放时间等方式来管理自己的投放预算。

（3）效果清晰

营销者登录推广账户后台，可以随时查看广告效果统计报告，还可以在后台实时查看推广效果，从而及时了解账户推广计划的展现、点击及转化的流量，清楚掌握广告效果。

2. 竞价推广的规则

竞价推广的规则是搜索引擎对不同企业的不同广告进行排名的规则。通过了解竞价推广的规则，企业能够清楚地知道如何进行搜索引擎竞价营销，并针对具体的营销效果进行分析和改进。

（1）广告排名规则

竞价广告排名是一种按点击扣费的广告服务，企业广告的排名主要由网页的综合排名指数决定。综合排名指数由关键词质量度及出价（竞价价格）决定，其计算公式为：**综合排名指数＝关键词质量度×出价**。

由此可知，要想使广告信息获得较高的排名，企业应努力提高关键词质量度，适当提高关键词的出价，但要注意出价并不是越高越好。

① 关键词质量度。这是竞价广告中衡量关键词质量的综合性指标，企业广告账户中每个关键词都会获得质量度得分，通常采用 10 分制。质量度可以反映目标受众对企业推广的关键词及广告创意的认可程度。质量度得分越高，代表系统认为企业的推广结果和着陆页与目标受众更具有相关性，同等条件下企业赢得潜在目标受众关注与认可的可能性更高。

② 关键词出价。关键词出价指企业愿意为广告被点击一次所支付的最高价格。关键词出价不是由搜索引擎设定的，而是由企业自行设定的。需要注意的是，这个价格是企业愿意支付的点击价格，并不是系统实际收取的点击价格，企业设定的出价表示该关键词的最高点击价格。

出价是影响关键词排名的重要因素，在其他因素都相同的情况下，价格越高，越有机会获得较高的排名，但只通过提高出价的方式提高广告排名往往会导致扣费较高，所以要合理设置出价。

（2）广告扣费规则

根据广告平台的设定，广告主可以按照不同的方式出价，而在不同的广告出价方式下，平台会有不同的广告扣费方式，常见的有按点击扣费、按展现扣费、按转化扣费、按时间扣费、按成交扣费等方式。

- 按点击扣费（Cost Per Click，CPC）。按点击扣费指按照被点击的次数进行扣费的方式。大部分搜索引擎广告平台采用此种扣费方式，其计算公式为：**点击价格=（下一名出价×下一名质量度）÷本关键词质量度+0.01**。

当目标受众点击平台上采用 CPC 方式的广告后，平台就会按照以上公式进行扣费。

- 按展现扣费（Cost Per Mille，CPM）。按展现扣费指按每千人展示的成本扣费的方式。只要展示了广告主的广告内容，广告主就要为此付费，其计算公式为：**千次展现价格=下一名的千次展现出价+0.01**。

- 按转化扣费（Cost Per Action，CPA）。按转化扣费指按实际投放效果进行出价，根据转化扣费的方式。它按反馈的有效问卷或订单的数量来计费，不限制广告投放量。

- 按时间扣费（Cost Per Time，CPT）。按时间扣费指以固定时间周期来出价和对应扣费的方式，一般来说扣费等于出价。

- 按成交扣费（Cost Per Sales，CPS）。按成交扣费指通过实际销量出价，按照成交来扣费的方式。该方法比较适合购物类 App 的推广，但需要收集精确的流量数据进行统计和转换。

课堂讨论

请和同学们讨论，CPC、CPM、CPA、CPT、CPS 分别适合哪些行业做推广。

案例链接

淘宝直通车，按点击扣费的推广方式

淘宝直通车是根据用户搜索的关键词展现匹配商品的推广方式，能够将商品精准地展现给有需求的用户，给商家带来大量精准流量。

淘宝直通车的展现逻辑为根据关键词质量分和出价获取综合得分，并根据综合得分确定商品排名。综合得分=关键词质量分×出价。

淘宝直通车按点击扣费，扣费金额不高于商家的最终出价。

单次点击扣费=（下一名出价×下一名质量分）/关键词质量分+0.01。

质量分是衡量关键词与推广商品和淘宝用户搜索意向三者之间相关性的综合指标，采用 10 分制，影响质量分的因素包含创意质量、相关性及买家体验 3 个方面，如图 6-14 所示。

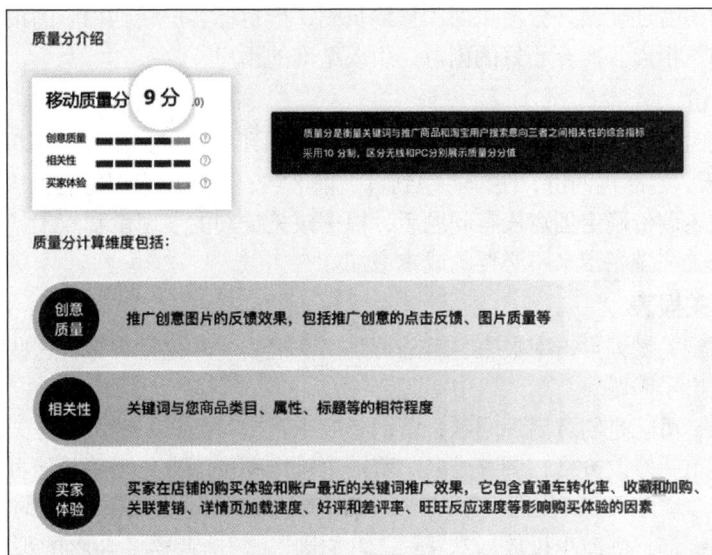

图 6-14 淘宝直通车质量分及影响因素

淘宝直通车营销推广方式具有流量精准、展现免费的优势，其营销特点表现如下。

① 全球较大购物搜索引擎：每天超过 3 亿买家使用，有超过百亿人次的曝光量，给商家充分的曝光及成交机会。

② 精准流量：直通车推广通过关键词锁定有相关购物需求的用户，并通过人群、时间、地域使投放更精准，获取优质的流量。

③ 推广费用可控：直通车推广按点击扣费，且可以设置相应的计划日限额，让企业或商家的推广费用精准可控。

（三）竞价推广营销的实施

百度竞价推广营销的流程分为 7 个步骤，分别是分析关键词、撰写创意、建立推广计划、确定着陆页、账户调价、制定相关报表、账户优化。

1. 分析关键词

关键词的选择非常重要，它是百度竞价的核心。营销者可以使用关键词助手、百度指数等工具来分析关键词的用户人群，精确投放关键词，定位每个关键词背后的用户。

2. 撰写创意

撰写的创意以吸引用户点击为目的，因此营销者可以借鉴竞争对手点击率比较高的创意，也可以用打折、促销等活动式创意来吸引用户点击。创意中要写明需要推广的核心关键词与详细的联系方式、地址等信息。

3. 建立推广计划

每个账户可以建立多个推广计划，每个计划又可以建立多个单元，每个单元可以添加众多关键词和创意。在确定关键词、撰写好创意之后，营销者可以查看当前账户的关键词和创意的点击效果。

4. 确定着陆页

着陆页要根据推广方向做出调整，不能一成不变。营销者要把控用户的心理变化，做到精准划分用户。营销者还要做好分流页面和预约页面，把目标客户转到相应的预约页面，并分析用户的关注点和抗拒点，摒弃不好的创意，引入精准的用户。

5. 账户调价

账户刚建立时，关键词的价格尽量保持在 3～5 元，所有关键词出价使用单元出价，积累初始质量度 3～4 天，之后再调价，使排名跳到首页前 8 名，以后再根据定制报表来修改价钱，调整排名。根据报表调价确定创意没有问题后，根据该关键词的展现量和点击量做出调整位置的调价，避免一味关注排名带来不必要的成本增加。

6. 制定相关报表

营销者要制定关键词点击率报表、着陆页跳出率报表、转化报表等，这些报表可以反映整个竞价流程哪里出了问题。

点击率过低，可能是创意出现问题，营销者应重新撰写创意，也可能是关键词排名位置的问题，营销者要重新修改价格，调整排名。着陆页跳出率可以充分反映着陆页存在的问题，提示营销者尽快修改着陆页。转化报表可以帮助营销者找到高转化的核心关键词，并做大力推广，对于低转化的关键词，则减少投放。本着"二八原则"，营销者要将 80%的预算投放到 20%的高转化核心关键词上。

7. 账户优化

营销者要总结竞价过程中产生的众多数据，分析哪里出了问题，哪里需要做出调整。竞价账户调整的依据是数据报表，只有不断调整优化，营销者才能找到适合企业产品的账户。

【实训：传统行业互联网转型，借力百度爱采购做竞价推广】

1. 实训背景

何为互联网模式？对比传统销售渠道，互联网是一个跨地域、跨时间、产品高度同质化的生态平台，这也就造成了互联网用户是不缺产品或服务的，产品的高度同质化加剧了低端竞争，在不断地淘汰低端内容制造者。

例如，一个洗衣液生产厂家，原来的核心业务是产品批发和产品加工，加工模式为 OEM，基本是大单，但在互联网转型之后，凭借强大的生产能力和对物流的管控，大批量承接小超市、个体工商户的订单，尽管单个订单量相比以往要小得多，但通过对成本的合理控制，利润还是非常可观的。

由此可见，传统行业互联网转型的出路在于对新商业模式的探索，具备互联网思维，通过互联网找到精准的目标用户，然后服务于这些目标用户。

在转型时，优质的渠道有很多，其中百度爱采购和搜索引擎竞价推广值得关注。百度爱采购是百度旗下的 B2B 平台，凭借百度搜索的流量扶持，虽然现在总体单量还不如 1688，但为传统行业提供了一个很好的机会。

在使用百度爱采购做推广时，一个性价比较高的组合玩法为"爱采购商品 SEO+百度搜索引擎竞价推广"，预算基本可以稳定控制在每月 2 000 元以内，月询盘总量可以稳定在 150～

200 人。

　　企业在爱采购开户后，要上传对应的商品，爱采购会检查商品的重复度，所以商品总量控制在 20 个以上即可，不要盲目追求数量而大量上传重复商品，以免影响店铺曝光。

　　在流量获取方面，自然流量依靠 SEO，商品可以按不同规格做区分，但商品主图、详情图要单独制作；在选择关键词时，可以根据不同规格搭配不同的关键词。

　　例如，一个商品可以拆分出两个链接，"OEM""批发""一件代发""厂家""直销"等热门关键词就可以分别搭配到不同的商品上做承接。一般一个商品承载 3～4 个热门关键词是没问题的，可以做到首页前五的自然排名。

　　付费流量靠搜索引擎竞价推广，传统行业做竞价推广要慎重，不是大预算抢流量，而是小预算精准投放。

　　对于爱采购的玩法，目前比较好的应对方式是通过百度的商品投放＋关键词投放结合着来做。看行业性质，如果爱采购内部投放流量很少，就要考虑放开百度搜索端口的投放；反之，则要控制百度搜索投放来拉低预算。整体上的原则就是在保证流量的前提下无限地把询盘成本压缩到行业最低，突破点在于散户转化率的提高，若能把握好效果还是相当可观的。

2. 实训要求

　　请同学们搜索实例感受搜索引擎营销对传统行业互联网转型所做出的贡献，并对比传统行业做搜索引擎营销和互联网行业做搜索引擎营销的异同点。

3. 实训思路

（1）搜索实例

　　在网上搜索传统行业互联网转型时进行的 SEO 操作，分析其成效。收集成功的案例和失败的案例，请分析成功和失败的原因。和同学们讨论，搜索引擎营销对传统行业互联网转型有何推动作用。

（2）对比分析传统行业和互联网行业的搜索引擎营销策略

　　在全网搜索互联网行业的企业做 SEO 和竞价推广的案例，分析其操作和策略，并与传统行业的企业做 SEO 和竞价推广的操作和策略进行对比，找出异同点。

（3）讨论搜索引擎营销的发展趋势

　　随着互联网的发展，营销人员要学会与时俱进。请大致讨论未来的搜索引擎营销会有怎样的发展。

【思考与练习】

　　1. 简述搜索引擎营销的基本流程。

　　2. 网站流量分析主要涉及哪些方面？

　　3. 简述网站 SEO 的实施步骤。

　　4. 简述竞价推广的优势。

推荐引擎营销

知识目标

➤ 了解内容推荐的原理、过程和规则。
➤ 掌握推荐引擎广告营销的概念和特点。
➤ 了解推荐引擎广告排名规则。

技能目标

➤ 掌握内容优化实施方法。
➤ 掌握推荐引擎广告受众定向及设置广告内容创意的方法。
➤ 掌握推荐引擎广告的投放流程。
➤ 掌握推荐引擎应用程序的推广方法。
➤ 掌握推荐引擎落地页的推广方法。
➤ 掌握推荐引擎线下门店的推广方法。

素养目标

➤ 培养严谨求是的科学作风和主动探索的创新能力。
➤ 激发在主动思考中开拓思维，提升触类旁通、辩证思考的能力。
➤ 唤起参与感和使命感，以饱满的精神状态和严谨的态度进行学习探索。

知识导图

扫一扫

引导案例

扫一扫

任务一　实施推荐内容优化

推荐内容优化是指在不投入广告费用的情况下，利用内容的优化尽可能多地获得广告展现的资格。营销者在实施推荐内容优化时，应首先了解内容推荐原理与过程，掌握内容推荐的规则，以满足用户需求为目标优化推荐内容。

（一）内容推荐原理

内容推荐机制的本质是从一个巨大的内容池中给目标用户匹配其感兴趣的内容。该内容池中包含海量信息，涵盖各种内容形式，如文字、图片、视频、问答、音频等。在为目标用户匹配内容时，依据要素主要有 3 个，如表 7-1 所示。

表 7-1　信息匹配的依据要素

依据要素	说明
用户画像	推荐引擎会根据用户画像来推荐用户感兴趣的内容，当用户登录账号阅读浏览时，推荐引擎会解读用户兴趣，形成用户画像，并在用户浏览过程中根据用户的点击、搜索、订阅等行为优化用户画像。如果用户不登录账号，推荐引擎会推送大众化内容，再根据用户的点击情况确定用户画像
内容标签	系统会提取内容中的关键词，或者利用 AI 识别视频或音频的内容，然后将内容分类，形成内容标签
兴趣匹配	用户画像与内容标签的重合度越高，就越会被系统认定为对该内容感兴趣，从而被推荐给这批很可能感兴趣的用户

📖案例链接

百度营销依托大数据和智能化优势，精准定向目标用户

品牌要想从海量的信息中脱颖而出，被接收并产生有效沟通，离不开大数据赋能。

蒂凡尼与百度营销联手，借助平台及大数据能力，精准定向、主动触达行业高潜用户，用多样创意展示实现品牌和用户的双向奔赴。

百度营销依托大数据和智能化优势，精准定向蒂凡尼的目标用户，将品牌信息传达给品牌偏好度高的核心群体。用户可通过百度 App 触发品牌预设"彩蛋"，并以视频的形式与沉浸式场景联动，让用户感知与品牌的深度连接，助力品牌带来更抢眼的曝光，强化用户对蒂凡尼的认知。

无独有偶，OPPO 在新机上市之际，携手百度营销，充分利用百度媒体的优势，打造百度智能技术加持的全链路营销，助力新机成功营销。

在 OPPO 新机发布当日，在 AI 技术的加持下，目标用户第一时间获取众多品牌资讯。新机开售后，根据用户搜索行为、阅读偏好和设备属性等特质，百度大数据洞察能力精准圈定目标用户，智能推荐助力新品上市营销节点层层递进，抢占用户心智，提高新品销量。

最终，OPPO 新机得到海量曝光，新机发布会直播参与人数超百万，搜索热度暴涨，用户品牌偏好和搜索收口效率均显著提高，让 OPPO 在激烈的手机新品竞争中脱颖而出。

🎓课堂讨论

请同学们分享讨论，自己在看视频或浏览网站时，推荐给自己的广告信息都属于哪些类型，是否符合自己的兴趣爱好或自己近期关注的领域，自己喜欢且印象深刻的广告信息是什么。

（二）内容推荐过程

内容在发布后并不是直接被推送给用户的，而要经过初审，而在被推荐之后，如果数据很好，还有可能被二次推荐。具体的内容推荐过程如图 7-1 所示。

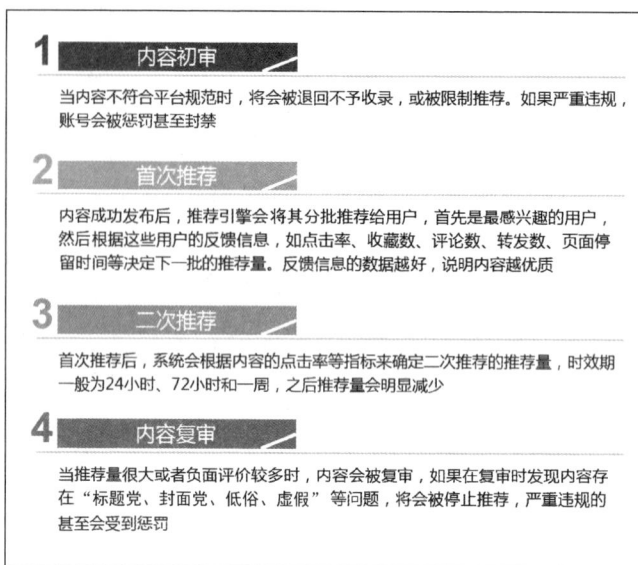

1 内容初审

当内容不符合平台规范时，将会被退回不予收录，或被限制推荐。如果严重违规，账号会被惩罚甚至封禁

2 首次推荐

内容成功发布后，推荐引擎会将其分批推荐给用户，首先是最感兴趣的用户，然后根据这些用户的反馈信息，如点击率、收藏数、评论数、转发数、页面停留时间等决定下一批的推荐量。反馈信息的数据越好，说明内容越优质

3 二次推荐

首次推荐后，系统会根据内容的点击率等指标来确定二次推荐的推荐量，时效期一般为24小时、72小时和一周，之后推荐量会明显减少

4 内容复审

当推荐量很大或者负面评价较多时，内容会被复审，如果在复审时发现内容存在"标题党、封面党、低俗、虚假"等问题，将会被停止推荐，严重违规的甚至会受到惩罚

图 7-1 内容推荐过程

（三）内容推荐规则

内容在成功发布后，会被推荐引擎分批次、按照一定的规则推荐给用户，而系统也会从以下几个方面对内容进行综合评定排序。

1. 内容合规性

内容只有符合平台规则，才能被系统推荐。例如，有的平台会设置一个可被拦截的内容库，如果创作者发布的内容匹配到拦截库，内容就会被拦截，无法发布。

内容拦截库主要包括以下几个方面。

- 标题：出现错别字、特殊符号、全外文、繁体字等信息，以及敏感信息和低俗不雅等信息。
- 正文：内容不完整、缺失内容、多段重复，或者内容低俗。
- 推广信息：含二维码、电话、网站链接等，包含一行以上的推广信息、广告图片。
- 广告：硬广告、铺垫式广告、低质量营销文章。
- 恶意推广：健康类、药物类、手表类。

创作者在发布内容之后如果发现内容中存在不合规的信息，可以及时进行修改，再次提交后平台会重新审核，但反复修改也不利于推荐。

2. 内容原创度

如今创作者之间的竞争日益激烈，平台鼓励原创内容，同时也会对原创度有很严格的技术评估手段。原创的检测机制一般是通过技术手段把内容拆解后做全网对比，如拆分为标题、文字、封面图、视频画面、背景音和对白等。

在推荐过程中，原创度高的内容会被分配更高的权重，有利于被系统推荐。以百家号为例，符合以下规则的内容方可声明原创：发布的内容由个人或团队创作而成，对作品拥有合法版权，以及账号获得原创作者标签，且享有信息网络传播及转授权的作品，有且仅有该百家号有权发布。

3. 内容垂直度

垂直度又称专业度，体现的是账号在某个领域发表内容的专注程度。创作者在同一个领域持续创作优质内容，从而吸纳同一标签下感兴趣的用户，打造个人 IP，从而产生更大的价值。

对于平台来说，由于创作者发布的每一个作品都有标签，平台会第一时间把作品推荐给同一标签的用户，如果创作者输出的内容五花八门，就会影响平台的推荐机制，进而影响作品的流量。

4. 内容质量

如果作品的内容质量很高，平台会优先推荐。内容质量的评估主要包含内容分、效果分、时效性、覆盖度、稀缺度 5 个维度，如表 7-2 所示。

表 7-2　内容质量评估的维度

评估维度	说明
内容分	综合内容本身的图文结构、图文配比、标签分类的准确度等进行评估，判断段落结构是否合理、是否图文并茂、语句是否通顺、是否有错别字、内容标签设置是否准确等
效果分	效果分在首次推荐时是 0，内容被推荐后，系统会根据点击率、点赞数、评论数、完读率、完播数、互动数等指标进行计算
时效性	内容如果具有时效性，越及时发布越好，越新的内容越能满足用户对信息时效性的要求
覆盖度	内容能够覆盖目标用户的数量，一般通过内容覆盖的标签和主题计算。覆盖度越高，内容质量越好
稀缺度	平台上同类内容较少且能满足目标用户需求的内容才是具有稀缺性的内容。内容的稀缺度会通过内容标签对应的人数和平台同类内容数的差值来计算

5. 账号活跃度

账号活跃度是影响账号权重以致影响推荐量的重要因素，如果账号长期不输出内容，活跃度就会下降，从而影响账号权重，导致推荐量减少。因此，创作者要保持稳定的内容更新频率，多与用户互动，浏览他人的内容，以此来提高账号活跃度。

课堂讨论

根据内容推荐规则来分析，你觉得推荐引擎平台上的热门内容都有哪些特质？请结合具体案例，从以上 5 个方面来展开讨论。

（四）内容优化实施

推荐内容优化可以从两个维度来进行：一是从内容推荐规则维度优化，具体来说，就是保证内容合规、内容原创、内容垂直、内容质量高、账号活跃度高、账号具有权威性等；二是从目标受众维度优化。

下面将简要介绍从目标受众维度进行内容优化的方法。

1. 分渠道设计内容页

不同推荐引擎平台的受众具有不同的特征，需求也有所不同。同样的一个页面在不同渠道要面对不同的目标受众，所以页面要根据不同渠道做适当调整，以更好地满足目标受众的需求，取得更好的营销效果。

2. 突出产品特点和价值

内容页要用简练的文字或图片突出产品的特点和价值，吸引受众的注意力，可以用简单的一句话击中受众的痛点，使其产生共鸣。

3．文案言简意赅

内容要有明确的主题和关键词，避免堆砌大段文字，而应言简意赅，简明地突出要点，其视觉焦点要突出产品介绍和活动福利，而其他诸如产品背景介绍等信息可以后置或放入其他导航页内。

4．信息分类优化

过于复杂的内容和信息罗列会使用户感到困扰，降低用户对信息的接受度。营销者可以通过增加导航来进行信息分类优化，从而节省页面空间，让用户有层次地接收落地页的信息，正确引导用户的注意力。

5．优化按钮

按钮直接影响到最终的转化效果，因此营销者要让按钮更有吸引力，例如，多处放置按钮，添加鲜艳的颜色和个性化的文案等。

6．提高信任度

营销者可以通过展示合作的客户或合作单位，以及已有的业务数据、资格证书等增加权威性，进而提高用户的信任度。

7．确保视觉统一

营销者要确保内容的风格、色调、广告创意与其他页面一致，做到视觉统一，以强化目标受众的印象。

任务二　实施推荐引擎广告营销

在信息化社会，大数据提高了用户获取信息的效率，可以更智能地帮助用户从海量信息中快速找到想要接收的信息。推荐引擎的发展让很多目的不是很明确的用户找到需要的信息，并更加了解自己的需求和喜好，所以推荐引擎的发展在互联网发展过程中发挥了巨大的作用。

推荐引擎会综合利用用户的行为、属性，内容的属性、分类和用户之间的社交关系等来挖掘用户的喜好和需求，主动向用户推荐其可能感兴趣或需要的信息。

随着国内移动互联网红利的逐渐消失，流量费用越来越高，互联网产品逐渐向精细化运营发展，越来越多的企业采用推荐引擎广告的形式来推广产品或服务。

（一）初识推荐引擎广告营销

推荐引擎广告营销是指利用推荐引擎广告来进行的营销。推荐引擎广告是一种依据用户的喜好和特点在推荐引擎上进行智能推广的广告形式，可以洞察用户意图，为用户匹配最优广告。

1．推荐引擎广告营销的概念

推荐引擎的出现让用户获取信息的方式从简单的目标清晰的数据查找，转向了更高级的更契合人们使用习惯的信息发现。在数字化时代，推荐引擎广告已经成为营销中的一把利刃，越来越多的企业采用推荐引擎广告的形式进行产品或服务的营销推广。

推荐引擎广告营销是通过收集互联网上全媒体每个用户的来源和行为轨迹，然后基于自身的技术分析出用户在网上的这些行为，对这些行为特征与共性进行标记，建立模型，从而确定用户的意图，对不同意图的用户所浏览的内容进行不同的广告展示，引导用户消费的一种营销方式。

2. 推荐引擎广告营销的特点

推荐引擎广告营销的特点如下。

（1）营销精准性

推荐引擎广告是一种精准营销的方式，在长期跟踪信息使用者后会描绘出信息使用者自己可能都无法发现的自我特点和消费习惯，进而让信息使用者对推荐引擎广告产生一种依赖性。

（2）定位方式多样化

推荐引擎广告可以通过人们一致的兴趣点进行有效的传播和推广，并且可以从兴趣词、人群的属性、所处的网络环境、不同的移动设备等方面精准定位潜在的用户群体。

（3）移动碎片化

通过收集人们的意见和感受，整理碎片化的信息，组建新的推荐引擎广告方案。

（4）广告互动性强

互动性的广告更容易被人们接纳。人们能够切身体验到广告传达的内容，与广告主之间的交流呈双向模式，进而提升营销转化效果。

（5）效果评估更准确

推荐引擎广告投放是一种数字化的营销模式，任何行为和动向都可以通过数字及时地记录下来，合理分配投放的资金。

> **案例链接**
>
> ### 推出自助广告，巨量引擎助力中小商家数字化营销升级
>
> 很多中小商家在做生意推广的过程中会遇到诸多难题：人力资源不够、经验不足、预算不足、想增长但找不到方向。为了帮助中小商家轻松做推广、更好地做生意，巨量引擎依托产品与技术能力，降低操作与投放门槛，以产品化、规模化的方式，让每一个中小商家通过自助投广告简单、高效地进行生意推广，把每一分钱都花在刀刃上，实现确定性增长，并使生意规模扩大。
>
> 巨量引擎的自助投广告操作界面简易，商家拥有手机就能一键下单，投放门槛不高，百元就能起投，同时依托系统智能技术帮助商家精准推荐，高效地找到目标消费者。
>
> 巨量引擎为商家提供了智能化的广告投放模式，涵盖投前、投中、投后三大重要阶段，操作更便捷，效果可优化。投前，商家可以自助设置效果目标，包括直播间人气、线索量等，让清晰的效果目标做投放牵引；投中，商家可以实时监测投放数据，便于及时做决策；投后，商家可以做数据分析，直观地查看投放数据，并且能够有效地指导后面的营销计划，让预算都花在刀刃上，做到心中有数。
>
> 如今，巨量引擎已经成为很多商家重要的生意推广平台，诸多中小商家在巨量引擎找到了生意增长的新可能。巨量引擎希望通过产品化、规模化的方式，让每一个中小商家都能实现"自助投广告"的方式，简单、高效地找到更多的生意增量。

3. 推荐引擎广告排名规则

推荐引擎广告排名主要受到预估收益和出价的影响。如果按照出价排名的方式，媒体广告平台只考虑广告主的出价，出价越高，广告排名越靠前。如果按照预估收益排名的方式，媒体广告平台除了需要考虑广告主的出价外，还要考虑广告内容的质量。下面将围绕按照预估收益排名方式来介绍推荐引擎广告排名规则。

预估收益是广告能够给媒体平台带来的收益预估，为千次展示有效收益，即每一千次展示可以获得的广告收入，其计算公式：预估收益=预估点击率×出价。

（1）预估点击率

不同媒体平台对预估点击率的定义基本相同，即根据推广设置的内容和评测出创意的质量综合判定的分值。预估点击率的影响因素主要如表 7-3 所示。

表 7-3　预估点击率的影响因素

影响因素	说明
历史点击率	历史点击率越高，预估点击率就越高。点击率的计算公式为点击量÷展现量，要想提高广告的点击率，一是提供更优质的创意内容来吸引用户关注，二是加价优化排名
创意相关性	主要体现在图文是否相搭配，是否与广告推广的产品或品牌信息、活动信息相关。相关性越强，预估点击率越高
落地页质量	主要体现在落地页的内容是否与创意内容高度相关、落地页打开速度是否足够快、目标用户在落地页的停留时间是否足够长。落地页质量越高，预估点击率就越高
账户的历史表现	账户在推广过程中消费是否稳定，是否有违法、违规推广等情况。账户的历史表现良好，预估点击率就高
推广商户的信用值	主要体现在企业是否能够保障企业资质的合法有效性。推广商户的信用值高，预估点击率就高

（2）出价

广告主的出价方式多种多样，分为常规出价、智能出价和创新出价。

① 常规出价。

常规出价主要有按点击出价、按展现出价和按转化出价。

● 按点击出价：CPC，指广告主平均获得每个点击愿意支付的最高成本，按照点击次数出价，当目标用户点击广告时，平台才会扣费，单纯地展现广告不扣费。

● 按展现出价：CPM，指广告主平均获得千次展示愿意支付的成本，只要展示广告内容，广告主就要为此付费。

● 按转化出价：CPA，指广告主平均获得每次转化行为愿意支付的成本，按广告投放的实际效果计价，例如按照安装下载、申请注册、激活、活跃度等来计费。

② 智能出价。

智能出价包括按优化点击出价（Optimized Cost Per Click，OCPC）和按优化千次广告展现出价（Optimized Cost Per Mille，OCPM），二者是经由推荐引擎广告发展的全新的广告投放方式。智能出价代表去人工化的智能投放，系统自动帮助企业做广告投放优化，并在企业规定的金额内完成营销目标。

● OCPC：广告主在出价基础上，依据媒体广告平台提供的多维度、实时反馈及历史积累的海量数据，根据预估转化率以及竞争环境智能化地动态调整出价，进而优化广告。

● OCPM：广告主对媒体广告平台推送的点击率和转化率进行分析，根据企业实际的推广需求，自定义广告的优化目标，并对优化目标设定出价，将广告展现给容易转化的目标用户。

③ 创新出价。

创新出价主要是指单次展现出价（Cost Per View，CPV），是推荐引擎广告展现一次所需要的费用，适用于品牌推广。CPV 的出现让广告只为有效观看付费，使广告成本基本可控。例如，当投放视频广告时，视频播放到 10 秒后开始计费，这种出价方式是为投放视频类素材的广告主量身定制的。

（3）推荐引擎广告计费机制

推荐引擎广告遵循下一名计费制，根据出价方式不同，计费公式也略有不同，如表 7-4 所示。

表7-4 不同出价方式的计费公式

出价方式	计费公式
CPM、OCPM	下一名预估收益+0.01
CPC、OCPC	下一名预估收益÷（自己预估点击率×1 000）+0.01
CPV、CPA	下一名预估收益÷（自己预估点击率×自己预估转化率×1 000）+0.01

出价方式不同，预估收益计算也有所区别，如表7-5所示。

表7-5 不同出价方式的预估收益计算公式

出价方式	计算公式
CPM	CPM=总消费÷曝光量×1 000
CPC	预估点击率×出价×1 000
OCPM、OCPC、CPV、CPA	预估点击率×预估转化率×目标转化出价×1 000

4. 广告受众定向

企业在进行推荐引擎广告营销时，要先基于目标受众进行精准定向，根据业务内容分析确定目标受众群体特征，然后通过平台有针对性地推送广告信息到目标受众面前进行广告变现，以排除向非目标受众展现广告的机会。

广告受众定向可以分为广告展示位置定向和目标受众定向。

（1）广告展示位置定向

广告展示位置定向是选择广告出现的场景。广告展示位置会直接对广告效果和广告成本产生影响。不同媒体广告平台的目标受众有不同的特点，广告主要根据不同媒体广告平台的特点选择符合企业主营业务内容和营销需求的广告展示位置。

以字节跳动为例，其巨量引擎广告投放平台提供表7-6所示的3种广告展示位置。

表7-6 巨量引擎广告投放平台的广告展示位置

展示位置	说明
优选广告位	推荐引擎依据用户对广告的历史转化行为及广告位置的效果展示，智能分配预算到不同广告媒体资源上，由系统采用智能托管的方式为广告优选展示位置
按媒体指定位置	字节跳动旗下有多个媒体（如抖音、今日头条、西瓜视频、抖音火山版等），通过巨量引擎可以在这些媒体上投放广告，满足不同用户的阅读需求
按场景指定位置	企业可以根据需要选定使用场景（如竖版视频、信息流、视频后贴和尾帧场景等），系统将广告投放到选定场景的广告位下，使广告与场景匹配，从而提升转化效果

（2）目标受众定向

不同平台目标受众定向分类的方法不同，提供的目标受众标签不同，但定向的维度基本相同，可以分为基础属性定向、行为定向、兴趣定向和场景定向。

① 基础属性定向。

目标受众的基础属性标签主要包括性别、年龄、收入水平、婚姻状况、是否有车、是否有子女、地理位置等。企业在投放广告前，要先明确哪些标签的对应受众是潜在消费者。使用的标签不能过于笼统，也不能过于细分。例如，美妆企业在选择年龄标签时，不能选择0～60岁，这种受众定向过于宽泛，因为低年龄段和高年龄段的受众可能并没有强烈的美妆产品使用需求，也不能只选择23岁的受众，否则会导致受众覆盖不完整。

② 行为定向。

行为定向主要包括App行为定向、电商行为定向、资讯行为定向和再营销定向，如表7-7所示。

表 7-7 行为定向的分类

行为定向分类	说明
App 行为定向	根据推广的产品，反向思考安装过哪类 App 的人群最有机会成为潜在消费者。按照 App 行为定向时，App 的数量不宜过少，否则覆盖的目标受众数量非常少，很难实现良好的营销效果
电商行为定向	定向与电商页面相关的行为，如浏览、搜索、下单、加入购物车、收藏等，这种定向方式适用于电商相关行业的企业
资讯行为定向	基于目标受众阅读相关资讯的行为进行定向，可以根据企业的产品确定兴趣类目，并根据受众的观看时长、观看频次、是否点赞、是否转发等指标衡量受众对产品相关类目的兴趣程度
再营销定向	根据受众的历史行为，将曾经产生过广告展示、点击、转化等行为的受众作为企业的目标受众，完成目标受众的二次召回，刺激消费或二次消费，适用于快消品行业

③ 兴趣定向。

兴趣定向是指基于受众的历史兴趣图谱，根据兴趣范围定向目标受众，其核心思想是将大量目标受众聚合成一个个清晰的受众画像，并根据受众画像来实现广告投放，例如，为喜欢买衣服的年轻女性推送刚上市的新款服装。

兴趣定向又可以分为兴趣分类定向和兴趣关键词定向，如表 7-8 所示。

表 7-8 兴趣定向的分类

分类	说明	注意事项
兴趣分类定向	企业要结合产品的特征，通过兴趣分类，找到对与自身产品相关内容感兴趣的受众进行广告的精准投放	如果同时设置兴趣分类定向和兴趣关键词定向，要避免定向过窄，以免覆盖人群数量过少，给推广效果带来负面影响
兴趣关键词定向	兴趣关键词定向的颗粒度比兴趣分类定向更细，通过关键词标签精准定位目标受众，能够有效避免广告主投放资源的浪费

④ 场景定向。

场景定向主要是针对节日场景和活动场景、气候、平台环境等进行定向，如表 7-9 所示。

表 7-9 场景定向的分类

分类	说明
节日场景和活动场景定向	配合企业的营销活动进行季节性活动或特殊事件的广告投放
气候定向	本质上是地域定向，基于实时天气数据更新，可以按照天气数据覆盖指定气象条件下的地域，适用于具有气候特征的产品生产企业或销售企业
平台环境定向	包括操作系统定向、运营商定向、手机品牌定向、网络类型定向等

企业广告主在推荐引擎上投放广告时，出价要以目标受众为核心，根据所处的时间节点、投放的广告位置和样式、选择的定向条件等要素进行调整，一般在开始时会将初始价格设定为较高的值，观察广告展现、点击等数据，再决定后续操作是降价、提价，还是暂停，或是更换素材。广告投放出高价适用于以下情形。

- 热门人群。如金融、汽车、房地产、出国游学等行业，目标人群的消费能力强，客源重合度高，价格自然就高，过低的价格基本没机会展现在目标受众面前。
- 紧俏资源。一般来说，按照资源紧俏程度进行出价排序，大致的顺序由高到低为：大图出价—组图出价—小图出价，首页出价—列表页出价—内容页的出价。
- 旺季。在品牌售卖旺季，市场销售竞争激烈，广告主出价要高于平时出价。

5. 设置广告内容创意

在设置广告内容创意时，广告创意人员要从渠道、目标受众、场景和样式等维度来考虑。

（1）渠道

广告创意的展现形式和内容表达要根据营销渠道的不同而有所区别，在设计和制作广告创意之前，广告创意人员要清楚推荐引擎广告的渠道类别、主调性和界面风格，做出与渠道相融合的内容。

渠道类型主要有新闻资讯类渠道、社交类渠道、视频/短视频类渠道、垂直类渠道等，如表 7-10 所示。

表 7-10 渠道类型

类型	说明
新闻资讯类渠道	目标受众使用这类平台是为了获取新闻信息和热点信息，所以在广告创意上要采用类新闻的形式，选择实景类图片做搭配
社交类渠道	广告创意既要符合目标受众获取信息的习惯，与关注栏的信息协调混排，又要塑造一种目标用户的专属身份，赋予一定的内涵和意义，从而激发其兴趣和情感共鸣，刺激其转发与分享
视频/短视频类渠道	目标受众使用该类型平台主要是为了娱乐消遣，所以广告创意内容要做成与主体内容一致的形式，有趣，吸引目标受众点击、点赞
垂直类渠道	汽车、美妆、数码产品等垂直类渠道的内容比较固定，目标受众使用这类平台是为了获取对自己有用的信息，所以广告创意内容要与媒体主调性和受众诉求相契合

（2）目标受众

广告创意人员在设计广告创意时，也要考虑目标受众的购买阶段。目标受众的购买阶段不同，广告创意也应不同。

- 不知道品牌：广告创意内容要表明品牌的名称、主营产品。
- 初步了解品牌，与竞品对比：广告创意内容结合产品、服务的优势解决目标受众的痛点，告知产品或服务可以产生的效果、解决的问题、具备的竞争优势，从而吸引目标受众点击。
- 品牌忠诚度较高：广告创意内容突出"活动"和"优惠"等信息，刺激目标受众产生重复消费。

（3）场景

广告创意要根据目标受众所处时间段、地理位置、天气状况等场景的不同而有所区别，设计与场景高度融合的营销物料。基于目标受众当前所处的场景特征输出信息更容易与目标受众沟通，进而增加点击量。

（4）样式

不同渠道的广告展现样式也会不同，广告创意设计要符合该渠道该类样式的特点。广告创意样式大多为文字、图片和视频的组合，不同样式的编辑重点不同。

- 文字+小图：图片中尽量减少文字内容或不显示文字内容，图片要清晰，在有限的尺寸内突出重点。
- 文字+大图：尽量使用高清、真实的图片，增强广告的质感，适当加入文字内容，如行动召唤类文案（抢先购、倒计时）、利益吸引类文案（满 100 元减 50 元）等。
- 文字+多图：多张广告图片可以分别展示不同产品或不同场景，以增加卖点和吸引点，图片之间要互相协调，颜色搭配要合理，使广告创意的整体性更强。
- 文字+视频：文字宜简短，突出重点，视频画面要有趣，吸引人的眼球，能让目标受众产生点击观看的欲望。

6. 推荐引擎广告的投放流程

推荐引擎广告的投放流程如下。

（1）分析目标群体需求

企业根据自己的主要业务内容分析确定目标受众群体特征，并进行精准的目标人群定向。

（2）制作广告创意

推荐引擎广告通常有大图、三小图两种样式，三小图的样式点击率更高。

（3）设计广告落地页

明确广告投放目的，有针对性地设计转化方式。注重内容的逻辑性，品牌背书增强信任，通过第三方评价，利用共性心理，促进用户转化。

（4）设置广告投放内容

广告投放内容通常包括年龄、性别、地域、兴趣爱好、行为习惯、手机系统等。

（5）分析广告投放效果

对投放后的数据进行监测跟踪，选择合适的统计工具。通过对数据信息的分析，对广告投放进行调整，优化广告投放效果。

（二）推荐引擎应用程序推广

App 推广的目标包括激活、下载、安装、转化等，转化目标的实现难度由低到高依次为激活、安装、下载、转化，在实际工作中，还需按照企业的实际营销需求选择不同的转化目标。

在进行目标受众定向时，App 推广不支持 PC 端定向投放。如果安装包过大，则网络选择为 Wi-Fi 时可以避免因为下载缓慢或流量不足的问题影响转化量，也能合理降低推广成本。在对 App 进行推荐引擎营销时，可以过滤已安装该 App 的目标受众，避免浪费广告费用。

营销者要考虑目标受众所使用的设备及体验感。App 升级速度较快，有时会与设备系统版本出现不兼容的情况，例如版本过低的系统无法安装最新的 App。因此，营销者应根据 App 类型选择目标受众的设备系统及版本，否则推送给那些无法安装使用的目标受众就会造成广告费用的浪费，同时也会对受众体验造成不良影响。

（1）明确营销目标

一般的营销活动目标包括两个方面：一是品牌塑造，提高市场认可度，提升用户认同；二是获取流量，扩大用户规模，延长 App 的生命周期。

（2）制定营销方案

营销者要根据企业的实际情况制定营销方案。

① 目标受众定向。

以受众身上特有的兴趣标签为导向，通过兴趣分类和兴趣关键词定向，确定有潜力产生转化的用户。

② 创意编辑与优化。

选择不同的广告展现样式进行展示，例如采用"大图+组图+小图"的创意展示方式，在内容上分析用户的核心需求点，结合自身优势因素多维度展示创意，切中用户关注点，并利用如"免费试用"等吸睛按钮增加下载量。

③ 落地页设计。

落地页应主题明确、篇幅精简，突出活动的利益点及产品优势；报名位置要突出，减少无关内容的干扰，利用"免费试用"和"送现金券"的活动刺激目标受众填写表单。表单设计应以获得重要信息为主，内容简洁，方便填写，引导目标受众看到广告创意后点击进入并注册下载。

（3）实施营销方案

营销者根据方案进行投放，完整实施营销方案。投放周期如下。

- 测试期：测试营销方案，积累前期投放数据。
- 稳定期：根据投放数据调整定向，选择优质的目标受众进行精准投放。
- 放量期：这是推广的黄金阶段，应加大推广投放力度，全面触达受众，提高获客率。
- 回收期：在获取的表单线索达到稳定量级后，进入控制成本、引导流量的阶段，通过线下客服再沟通，促使用户充值消费，从而获取盈利。

（三）推荐引擎落地页推广

落地页又称着落页或引导页，它是企业网站的一种表现形式，不仅是网页宣传企业产品或服务的主页面，还是协助网页访客搜索信息的主要工具。落地页指的是用户搜索/点击关键词后看到的第一个页面，或在相关平台上点击广告链接到企业网站上的第一个页面。

（1）落地页设计与优化

营销者通过落地页的设计与优化，可以提高网站的点击率和转化率，从而提升营销效果。在落地页的设计与优化中，营销者要注意以下几点。

① 重点突出。

落地页首屏非常重要，营销者要保证用户打开落地页后能够看到想看的内容，这样才有机会引导用户进行下一步行动，从而提高转化率。首屏的内容要承接推广标题，重点突出用户可以得到的实惠，让用户不用做过多的考虑就能快速做出决策，例如设置"领取""立即抢购""注册登录"等按钮。

落地页的设计要简洁、清晰，重点突出，可以利用色彩对比形成色差，快速吸引用户的注意力，设计思路是将重点转化按钮或区域的颜色设计成与网页整体风格对比强烈的颜色。

② 信息一致。

落地页上的信息要与推广标题保持一致，这样才能有效提高用户的转化率。例如，推广标题为"免费领取"，那么落地页的主标题也要与"免费领取"相关，如"0元购买"，同时要体现活动规则以及可以购买的产品，如"0元5天课程"，如图7-2所示。

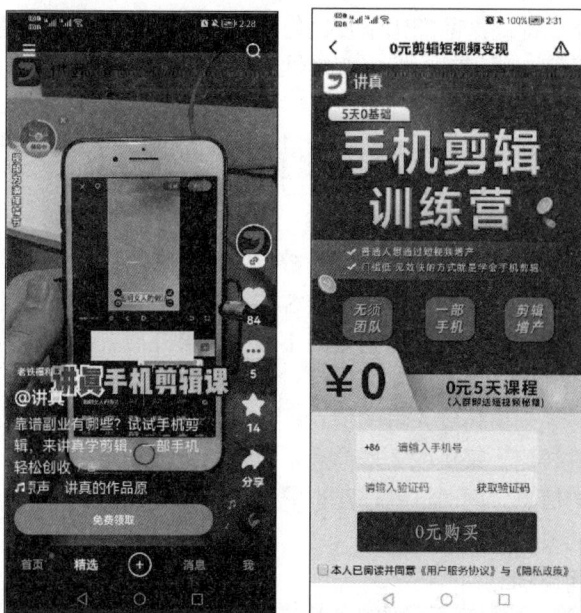

图7-2　落地页信息与推广标题一致

③ 插入案例。

真实的落地项目可以增强用户的信赖感，真实、有效且落地的数据会更加令人信服。优质的落地页要充分传达出令用户信任的信号，向用户表明报价和品牌是可信赖的。除了真实的案例外，在落地页中还可以截取老用户的评价来吸引新用户的关注，以获得新用户的信任。

④ 注意配图。

落地页的配图设计也很重要。美观并不是配图的第一考虑因素，营销者要将重点放在图片与用户的相关性上，应根据目标用户的群体特征找到产品与此群体的密切相关性，并体现在落地页上，达到引发目标用户产生共鸣的效果。

⑤ 页面结构合理。

落地页的结构设计应遵从"总—分—总"的逻辑，即开篇提出一个观点，说明产品的价值，即产品能够帮助用户解决什么问题，中间通过各种素材告诉用户企业如何能做到，最后利用数据或权威认证等为产品背书。

落地页的内容不用太多，如果过于烦琐，用户反而什么都记不住，要抓住重点内容，并不断重复，将核心价值体现出来，让用户自己感知，这样或许更能加深用户的记忆。

⑥ 路径简单。

营销者要设定好转化路径，在用户到达落地页后可以促使其在最短时间内按照设定的路径逐步完成任务，直到完成转化。同时，要确保落地页的打开是正确的、流畅的，注意落地页的加载时间，确保页面能正常打开。如果页面之间有跳转，同样要保持页面跳转的迅速和准确，不要期望用户会一直等待。

落地页的转化路径要简单易懂，操作步骤要简单，步骤越多、越复杂，用户流失的可能性也越大。营销者可以先让用户以简单的方式完成转化，再在后续流程中不断引导，使其完成整个流程。

（2）落地页推广

营销者在落地页推广过程中应注意以下 7 点。

① 明确营销推广目标。

落地页的目标主要是提升品牌口碑，主要包括 4 个方面：拉进新用户，提高账号的活跃度，引进新的流量，最后达到提高产品的销量及销售额的目的。在面对各式各样的落地页需求时，营销者要先与产品及运营沟通了解，明确营销推广目标，然后通过对此目标的层层拆解分析，最终完成对页面的信息层级构建。

优质的落地页应当达到以下效果：能够让用户产生对品牌的认知；落地页的画面让用户感觉舒适、亲和；能够让用户一眼就能获取有用的信息；能够激发用户产生强烈的消费冲动。

② 分析目标用户及其需求。

营销者需要对目标群体进行人群画像，分析目标用户特征，分析了解其需求，使落地页的推广内容具有高度的针对性，能够通过满足访客的需求来引导他们填写信息。营销者要将用户群体分为不同的群组，通过有针对性的内容向不同的人群开展有针对性的营销推广活动。

③ 采集特定人群的信息。

营销者应有针对性地采集特定人群的信息。如果没有采集正确的信息，即使吸引到了目标人群，也没有办法促进转化。采集的人群信息不只包括姓名和手机号码，还包括更多能够帮助企业进一步细化人群的信息，同时这些信息也能够向企业提供目标人群点击进入的原因，以及企业与用户之间可能的关系维护模式。

④ 为访客量身定制落地页。

企业做线上营销推广会从许多不同的来源或渠道获得流量。企业营销的目标是推广引流，做落地页的目的是为不同的受众群体规划登录页面。例如，通过不同的平台（抖音、快手、微信、知乎、头条等）到达登录页面的用户与通过搜索广告或新闻信息链接到达登录页面的用户有很大不同。

⑤ 落地页能够匹配各种浏览设备。

为了使落地页取得更好的推广效果，营销者需要在各个端口投放，这就要求落地页必须匹配各种尺寸的设备。事实证明，拥有一个适合移动设备访问的网站可以使转化次数翻倍。移动设备上的落地页应易于浏览、加载速度快、有较强的可点击性。

⑥ 表单简短，填写方便。

用户点击入口信息进入落地页，表示用户对活动信息存在不同程度的兴趣，营销者要根据用户心理提供简单化的表单，便于用户填写。用户输入的字段越少，填写表单并完成转化的机会就越大。因此，在用户登录页面创建表单时，营销者要遵从"少即是多"的原则，切忌让用户输入过多信息，以免造成用户的流失。

⑦ 外层与落地页风格一致。

一个好的落地页需要来自入口的导流图（外层）获取点击，引导用户进入落地页（内页）完成转化。外层的形式多种多样，但最终的呈现一般为文案加图或视频的形式。文案应删繁就简，让用户产生共鸣，同时还要使外层的设计风格和色系与内层的设计风格和色系保持一致，这样用户点进落地页后对相关信息的接受程度会更高。如果只是为了提高点击率，在外层使用与落地页毫不相关的元素与色系，或者是夸张的文案，反而会造成点击率高但转化率低的现象。

落地页需要依据用户的需求投放于特定的用户群体，其推广目标是优化最终的转化数据。落地页推广的关键要素是动机、能力、触发。动机即用户的需求；能力即用户使用的门槛；触发即以用户的需求为基础，促使用户产生阅读浏览或点击消费的行为。落地页设计推广的重点是触发用户动机，了解用户的需求，从而促进转化。

（四）推荐引擎线下门店推广

推荐引擎线下门店推广是以门店推广为目的的推荐引擎广告营销，需要设置门店信息，一般支持多门店同时投放。门店推广的目标可以细化为展现量、点击量、到店量和成交量，转化目标的实现难度从低到高依次为：展现量、点击量、到店量、成交量。

线下门店推广主要针对拥有线下门店的本地广告主（如餐饮企业、商场、培训机构等）。广告主在设置门店信息后，进行目标受众定向时，可以在地域定向中直接进行商圈定向，一般支持地址切换并设置门店的商圈半径。在实际展现时，目标受众会在广告下方看到门店的地理位置及距离，所以广告主要按照产品的特性等设置商圈半径，有效提高广告点击率和到店率。

（1）确定营销目标

确定推荐引擎广告营销的目标，是提高店铺的产品销量，还是提高店铺的曝光度，吸引更多客流。

（2）制定营销方案

结合产品特点、卖点分析目标受众，进行针对性投放。例如，某知名品牌电器的目标受众喜爱产品品牌，关注产品的品质，目标受众的主要特征：有一定的经济能力、购买力强、有购买高端品牌的欲望。

从品牌方面来说，优惠促销等价格因素对目标受众的购买影响比较小，而大部分目标受众更在意品牌和品质，能更理性地考察节省、环保、设计等方面，这类高端受众对产品品质、购物环境、全程服务等的要求比较高，营销者可以根据目标受众的以上特点来制定营销方案。

（3）实施营销方案

为了更好地满足线下门店引流的诉求，企业可以结合门店信息，基于 LBS 技术精准定向目标受众；在门店展示创意的同时，提供位置标签和门店电话线索组件，方便目标受众一键完成电话拨打，一键调用地图导航，高效引导目标受众到店；在落地页设计上，企业要依据目标受众需求，对活动页面、沟通方式、数据统计等进行个性化定制，实现精准定位展示，提升转化效果。

【实训：淘宝的个性化推荐引流策略分析】

1. 实训背景

在运营淘宝店铺的过程中，商家要充分利用个性化推荐带来的流量，这样才能在平台中站稳脚跟。淘宝的个性化推荐就是淘宝根据大数据分析出单个用户的购买习惯，推测出用户可能喜欢的商品类型，然后将符合的商品推荐给用户。

个性化推荐可以帮助用户快速找到自己想要的商品。不管是活动页面，还是淘宝 App 的首页，商品的排序和展示都采用个性化展示。商家要想让店铺获取更多的流量，就要想办法优化店铺、商品以及人群标签。

淘宝平台上的标签分为两种：用户标签和商品标签。这两种标签并不是相互独立存在的，而是相互影响、相互成就的。用户在淘宝进行的购买、浏览、搜索、收藏、加购等一系列行为都会被系统记录，并且系统会通过自动分析贴上相对应的标签。被贴上相应标签的用户频繁浏览的商品也会被贴上相对应的标签。

标签也有深浅之分，回购率比较高的标签属于比较深的标签，说明这个标签所对应的人群精准度高。拥有这类标签的商品也能在个性化推荐和页面展示中获得更高的权重，曝光机会也会更多一些。

因此，在日常店铺运营中，商家不仅要思考如何引入流量，还要思考如何留住流量。粉丝的增长和老客户的回购都会对商品标签产生影响。这就要求商家在运营中运用粉丝管理功能，如订阅、群聊等，通过店铺活动、VIP 活动等来增加粉丝增量，商家也可以开展一些粉丝活动来引导潜在客户进行转化。通过这样的方式强化人群标签后，商家就能更好地获取个性化流量。

2. 实训要求

请同学们在网上搜索各类推荐引擎平台的营销案例，并分析这些平台的推荐引擎营销有何异同点。

3. 实训思路

（1）使用各类推荐引擎平台

很多平台带有推荐引擎机制，如淘宝、京东、微博、快手、抖音、小红书等，请登录这些平台，打开"推荐"或"发现"栏，先搜索自己感兴趣的内容，然后刷新页面，看是否会看到与自己感兴趣的内容相关的信息，并说明你觉得哪个平台的个性化推荐功能最强。

（2）搜索这些平台的推荐引擎营销案例

搜索这些平台的推荐引擎营销案例，分析这些平台的个性化推荐机制为品牌营销做了哪些突出性的贡献，并分析这些平台的推荐引擎营销有何异同点。

【思考与练习】

1. 简述内容推荐规则。
2. 简述推荐引擎广告的投放流程。
3. 落地页的设计与优化要注意哪些方面？